suhrkamp taschenbuch 4154

W0056294

Bichsel und Religion? Hat er, der bekennende Sozialist, denn etwas mit ihr zu tun? Durchaus: Über Jahrzehnte hinweg äußerte er sich immer wieder zu religiösen Themen. In Essays und Erzählungen, aber auch in Laienpredigten zeigt er sich als wacher Beobachter, der beides zu verbinden weiß: ein existentielles Interesse an Religion und einen klaren Blick für ihre problematischen Begleiterscheinungen. Neben engagierten Plädoyers zum Verhältnis von Religion und Gesellschaft finden sich immer wieder auch Hinweise auf die religiöse Dimension der fundamentalen kulturellen Praktiken des Lesens und Erzählens. Dank bislang verstreut oder noch gar nicht publizierter Texte bietet der Band erstmals Einblick in eine facettenreiche Auseinandersetzung, in der Gott konsequent von der Welt aus in den Blick genommen wird.

Peter Bichsel, geboren 1935 in Luzern, lebt als freier Schriftsteller in Bellach bei Solothurn. Zuletzt erschienen *Dezembergeschichten* in der Insel-Bücherei (2007) und *Heute kommt Johnson nicht. Kolumnen 2005-2008* (2008).

Andreas Mauz, geboren 1973 in Chur, arbeitet als Literaturwissenschaftler und evangelischer Theologe in Zürich. Zuletzt erschienen (Mitherausgeber): *Religion und Gegenwartsliteratur. Spielarten einer Liaison* (Würzburg 2009) und Otto Nebel, *Unfeig. Eine Neun-Runen-Fuge zur Unzeit gegeigt* (Basel 2006).

# Peter Bichsel
# Über Gott und die Welt

*Texte zur Religion*

Herausgegeben von Andreas Mauz

Suhrkamp

Umschlagfoto: Isolde Ohlbaum

Verlag und Herausgeber danken Peter Bichsel für die Zustimmung, auch
unpublizierte Texte in den Band aufzunehmen, und Fulbert Steffensky
für die Genehmigung des Abdrucks des Gesprächs von Peter Bichsel
mit Dorothee Sölle. Für Hilfe bei den Recherchen im Archiv Peter Bichsels geht ein Dank an Dr. Rudolf Probst vom Schweizerischen Literaturarchiv Bern.

suhrkamp taschenbuch 4154
Originalausgabe
Erste Auflage 2009
© Suhrkamp Verlag Frankfurt am Main 2009
Suhrkamp Taschenbuch Verlag
Alle Rechte vorbehalten, insbesondere das
der Übersetzung, des öffentlichen Vortrags sowie der Übertragung
durch Rundfunk und Fernsehen, auch einzelner Teile.
Kein Teil des Werkes darf in irgendeiner Form
(durch Fotografie, Mikrofilm oder andere Verfahren)
ohne schriftliche Genehmigung des Verlages reproduziert
oder unter Verwendung elektronischer Systeme
verarbeitet, vervielfältigt oder verbreitet werden.
Satz: Hümmer, Waldbüttelbrunn
Druck: Druckhaus Nomos, Sinzheim
Printed in Germany
Umschlag: Göllner, Michels, Zegarzewski
ISBN 978-3-518-46154-9

2 3 4 5 6 7 – 15 14 13 12 11 10

# Inhalt

## *so ist es*

so ist es
sagt man

ein baum zum beispiel
ist so

so ist ein baum

und ein baum ist nicht so
und alles ist nicht so

so ist es

# I Schaut die Lilien auf dem Felde: Predigten

## Der Herr ist mein Trotz!

> Der Herr ist dein Trotz;
> er behütet deinen Fuß,
> daß er nicht gefangen werde.
> *Sprüche 3,26*

*Meine Lieben,*

schon die Anrede fällt mir schwer, soll ich sagen »meine lieben Schwestern und Brüder«, »liebe Gemeinde«, »Mitchristen«, »Mitmenschen«. Schon wenn ich Sie anrede, beginnt die Lüge, und wenn ich Sie anrede mit »meine Lieben«, dann weiß ich, daß ich unfähig sein werde, Sie alle zu lieben.

Ich bin ein Schriftsteller, und ich betreibe mit Spaß und Ärger ein Lügengeschäft, ein Fabuliergeschäft, und nun stehe ich hier und soll bekennen, was ich nicht bekennen kann.

Ich bin ein Mensch, ein Mitglied der menschlichen Gesellschaft, und ich bin das gern, und weil ich das gern bin, bin ich auch ein Opportunist, ich bin schnell unter Christen ein Christ, unter Sozialisten ein Sozialist, unter Fußballfans ein Fußballfan – und ich schäme mich nicht dafür, ein Opportunist zu sein. Ich will dazugehören, ich will mit dabei sein. Opportunismus ist auch eine menschliche Fähigkeit.

Trotzdem – nichts anderes macht mir so angst wie mein Opportunismus.

Deshalb fürchte ich mich vor einem Bekenntnis. Ich stelle mich nicht gern vor Christen und sage: »Ich bin ein Christ.« Ich stelle mich nicht gern vor Gläubige und sage: »Ich glaube an einen Gott.«

Wenn ich so etwas unter Sozialisten sage oder unter Fußballfans, dann vertraue ich mir mehr, denn dort ist es trotzig gesagt, und ich vertraue meinem Trotz.

Ich vertraue meinem »Nein, nein« mehr als meinem »Ja, ja«. Und Christ sein in unserer Zeit, das hat mit Nein sagen wohl mehr zu tun als mit Ja sagen.

Es gibt ein christliches Nein, und das wohl erschütterndste Nein stammt von Jesus selbst. »Meinet ihr, daß ich gekommen bin, Frieden zu bringen auf Erden? Nein, sondern Zwietracht«, sagt der trotzige Jesus in Lukas 12,51.

Und er meint wohl damit »Auseinandersetzung«, »Dagegen sein können«.

Mir gefällt das kleine, stille, liebe Kind, dem der Onkel zärtlich übers Haar streichelt und sagt: »Du besch e ganz e Liebe«, und es stampft auf den Boden und sagt: »Nei, e be e ganz e Böse.«

Das heißt: Ich bin nicht nur lieb und opportun, ich bin auch selbst jemand.

Ich bin ein anderer – das ist Trotz.

Und der wunderbare Satz von Dorothee Sölle ist ein trotziger Satz: »Christ sein bedeutet das Recht, ein Anderer zu werden.«[1]

Eine andere, ein anderer werden – das bedeutet das Recht, nein zu sagen.

»Der Herr ist mein Trotz!«

Ich weiß nicht, ob ich an einen Gott glaube – und Fromme werden mir diesen Satz nicht verzeihen, aber ich kann in dieser einen Sache nicht lügen – das ist schon sehr eigenartig, daß ich es in dieser Sache nicht kann, und vielleicht ist das schon ein Teil eines Gottesbeweises – aber ich kann wirklich beim besten Willen nicht wissen, ob ich an ihn glaube.

Trotzdem, trotzdem – ich brauche ihn. Nicht einfach als Tröster und Helfer, nicht einfach als einen, bei dem sich der Leichtathlet durch Bekreuzigen einen Hochsprungweltrekord erbetet – ich brauche ihn, damit das alles, was ist, nicht sinnlos ist – und damit das alles, was ist, nicht alles ist.

»Der Herr ist mein Trotzdem!«

Und wenn einer kommt, der schlüssig und endgültig beweist, daß es ihn nicht gibt – ich brauche ihn trotzdem.

Ich brauche ihn nicht, um zu überleben. Ich brauche ihn nur, um leben zu können.

Damit das, was hier ist, nicht alles ist. Damit Lernen nicht alles ist und Arbeiten nicht alles ist, damit Karriere und Landesverteidigung und Zivilschutz und Atomkraft und Krieg und Aufrüstung, schweizerische Aufrüstung, nicht alles ist.

Damit Reichtum und Villa und Jacht und Freundin zum Vorzeigen und Auto zum Vorzeigen nicht erstrebenswert sind.

Ich brauche ihn, damit ich mir vorstellen kann, daß sich jemand freut über mein Nein, daß sich jemand darüber freut, wenn ich versuche, ein anderer zu sein – versuche, trotzig auf den Boden zu stampfen, wenn mir der gute Onkel übers Haar fährt.

Ich brauche ihn, damit es sinnvoll ist, daß diese Welt mich überlebt.

Und sie wird uns nur überleben, wenn uns der Trotz gelingt, wenn uns der Widerstand gelingt. Wir Menschen haben diese Welt endgültig in unsere Hände genommen – wir haben den Weltuntergang endgültig in unseren Händen.

Und wir wissen endgültig alle, daß wir ihn schaffen können. Und wir wissen alle nicht, ob wir ihn werden verhindern können.

»Um deswillen ergreifet den Harnisch Gottes, auf daß ihr an dem bösen Tage Widerstand tun und alles wohl ausrichten und das Feld behalten möget«, schreibt Paulus an die Epheser.[7]

Das hat Paulus nicht umweltschützerisch gemeint, aber inzwischen muß ich es so verstehen: Wenn wir das Feld behalten wollen, dann haben wir Widerstand zu leisten – dann *hätten* wir Widerstand zu leisten, hätten wir endlich Widerstand zu leisten.

Ich weiß, wovon spreche, weil ich von mir selbst weiß, daß ich es nicht kann.

Ich habe zu oft in meinem Leben nicht Nein gesagt. Und

mein Mut und mein Trotz ist ein literarischer. Er gelingt mir fast nur auf dem Papier.

Mein Gott gelingt mir nicht, weil mir mein Trotz nicht gelingt.

Und hie und da staune ich, wie leicht dieser Gott den anderen gelingt, den Feldpredigern und Diktatoren, den Generälen und Bossen oder etwa unserer Bundesverfassung, die mit »Im Namen Gottes des Allmächtigen« beginnt, und so werden dann halt auch die Autobahnen in seinem Namen gebaut und die Atomkraftwerke, und dann wird eben auch ein Mehrheitsbeschluß ein göttlicher Beschluß und Widerstand heidnisch.[3]

Ich spreche niemandem, der oder die sich zum Christentum bekennt, sein oder ihr Christentum ab – auch schwache, böse, feige Menschen dürfen Christen sein.

Ich staune ab und zu nur, wie leicht es ihnen fällt. Mir fällt es schwer.

Mir fällt mein Trotz nicht leicht. Aber daß der Herr mein Trotz ist, das ist meine Hoffnung. Ich hoffe nicht auf Gott, aber ich hoffe auf unseren Trotz, der Gott ist.

Ich möchte hier leben, und ich lebe gern. Ich möchte nicht hier leben, um reich zu werden und Karriere zu machen und die ganze Welt wirtschaftlich zu beherrschen, sondern um Bücher zu lesen, Geschichten zu hören und Geschichten zu erzählen, mit meinen Freundinnen und Freunden zu lachen. Gute Menschen kennenzulernen, und ich kenne viele solche. Ich möchte es mir hier gefallen lassen. Und ich möchte weinen können und traurig sein können.

Ich möchte leben können wie Oliver Hardy und Stan Laurel, wie Dick und Doof.

Sie sind mir eingefallen, als ich auf der Suche nach trotzigen Menschen war, zwei Clowns, die es leider in Realität nicht gibt, aber die sich so schön erfunden haben.

Und wenn ich sage, ich möchte so leben können, wie sie es im Film konnten, dann meine ich nicht etwa, daß ich die

Leute so zum Lachen bringen möchte, sondern daß ich den Mut hätte, ihre Tragödie zu leben, die eine trotzige und lebensfrohe ist.

Sie nehmen ihr Leben ernst, und das finden wir komisch – und es ist sehr komisch, daß wir das komisch finden.

Sie sind trotzige Menschen, weil sie die kleinste Begegnung, das kleinste Ereignis zu Ende leben, und sie sind trotzig, weil sie jede Begegnung als Verlierer verlassen, als zufriedene Verlierer.

Sie gehen durch die Straße und sehen beim Kehricht am Straßenrand einen ausgedienten Weihnachtsbaum, und wenn Stan auf ihn zugeht und ihn aus dem Kehricht holt, dann wissen wir Zuschauer, daß dies der Anfang einer ganzen Odyssee ist, die bis zum bitteren Ende gelebt werden muß.

Natürlich wollen sie mit diesem Baum reich werden – sie sind Menschen –, aber es mißlingt ihnen, sie sind Menschen, und ihr Mißlingen ist menschlich.

Uns wirklichen Menschen aber – so scheint mir – ist alles immer wieder gelungen, die Kernspaltung ist uns gelungen, die Mondlandung ist uns gelungen, der Erste und der Zweite Weltkrieg sind gelungen, und die Kriegsgewinne sind gelungen, und Wachstum, Wachstum, Wachstum ist uns gelungen – wie unmenschlich unser Gelingen geworden ist!

Ach, wären wir doch tolpatschig wie die Clowns. Der trotzige Gott hätte sie geliebt.

Und ich hätte die beiden – Stan und Oliver – gern einmal als überzeugte, gute Christen scheitern sehen. Ich bin sicher, ihr Scheitern wäre ein anderes – ein konsequenteres – gewesen als unseres.

Ich weiß, die Geschichte von Stan und Oliver will hier nicht reinpassen. Also lasse ich sie.

Ich wollte damit nur sagen, daß ich die Hoffnung auf die Menschen nicht aufgegeben habe. Glaube, Liebe, Hoffnung hat für mich mit Menschen zu tun. Und jener Gott, der es dann schon tut – und tut, wie er will –, jener Gott, der es dann schon tut, das kann – so glaube ich – nicht der Gott der Christen sein.

Und hier wußte ich beim Schreiben nicht mehr weiter, und ich bin spazieren gegangen und habe in der Beiz einen Bauern getroffen, einen sehr aufgeklärten Bauern, der mir von seinen Vorstellungen von Landwirtschaftspolitik erzählte und sich sehr ereiferte und engagierte. Und er erzählte von seinen Zuckerrüben, von seinem Raps, von seinem Roggen, von seinen Kartoffeln und von seinen Erbsen – und ich habe dabei vergessen, daß ich an einem Manuskript saß über den sicheren Weltuntergang, und ich mochte ihn sehr, diesen Bauern, und hatte sehr Vertrauen in ihn, und ich habe mit ihm gestritten und mich mit ihm verständigt, und habe wieder eine Stunde lang an die Menschen geglaubt.

Das ist sehr schön, wenn man an die Menschen glauben kann, und wer den Glauben an sie verliert, der verliert auch seinen Gott.

Ich habe den Bauern nicht gefragt, ob er mitkäme auf die Barrikaden, in den Widerstand. Ich habe vergessen zu fragen, ob er für oder gegen Atomkraftwerke sei, für oder gegen die Landesverteidigung, für oder gegen die Revolution. Ich habe wirklich vergessen, ihn zu fragen. Ich habe den Untergang der Welt vergessen.

Das passiert mir oft, wenn ich Menschen treffe, denn nur Menschen sind meine Hoffnung, und ich gehöre nicht zu jenen, die Gott in der Natur erleben – im blauen Enzian und im weißen Edelweiß – Bäume erinnern mich nicht an Gott, nur Menschen.

Und hie und da habe ich eine ganz kleine Hoffnung. Sie ist so klein, daß sie mich sogar ein bißchen kitzelt in meinem Bauch. Hie und da habe ich die ganz, ganz kleine Hoffnung, daß es uns gelingt.

Daß es uns gelingt, nein zu sagen.

Denn das Wort der Befreiung heißt Nein.

Und der Herr ist mein Trotz.

Und ich weiß, daß ich nicht allein bin mit meinem Trotz.

Und ich weiß, daß ich diese Bibelstelle wohl allzu eigennützig, wohl allzu politisch interpretiert habe, und vielleicht auch total falsch.

Jener Hebräischkenner, der kommt und sagt, daß Luther falsch übersetzt hätte oder daß ich das Wort »Trotz« bei Luther falsch verstanden hätte. Jener Hebräischkenner wird mich nicht überraschen, denn schon in der Zwingli-Bibel ist diese Stelle anders übersetzt, es heißt dort nicht:

»Der Herr ist dein Trotz«, sondern:

»Der Herr wird deine Zuversicht sein.«[4]

Also ist mein Trotz und Euer Trotz und unser Trotz meine Zuversicht.


## Selig sind die Friedfertigen

> Selig sind die Friedfertigen; denn sie
> werden Gottes Kinder heißen.
>
> *Mt 5,9*

*Liebe Mitmenschen,*
*Liebe Mitchristinnen und Mitchristen,*

ich weiß nicht, ob ich ein Mitmensch bin, und ich weiß nicht, ob ich ein Mitchrist bin, denn Mensch sein, das ist einfach, das ist keine Leistung, das geschieht einfach so – und Christ sein, das ist auch einfach, das geschieht auch einfach so –

Wir leben in einem christlichen Land, dessen Bundesverfassung mit den Worten »Im Namen Gottes des Allmächtigen« beginnt.[5] Ich halte das zwar für Gotteslästerung und für einen Mißbrauch des Namens Gottes – was nicht etwa heißt, daß mir die schweizerische Verfassung nicht lieb wäre, aber so einfach, wie sich die schweizerische Verfassung Gott vorstellt, ist er wohl nicht.

Zudem waren es liberale Atheisten, die diesen Satz 1848 der Verfassung voransetzten, um die Konservativen zu besänftigen: Ihnen machte es nichts aus, und den Konservativen konnte es recht sein.

Von nun an war in diesem Land alles, was in der Verfassung stand, auch gottgewollt, die Militärdienstpflicht, die Landwirtschaftssubventionen, der Handel mit Spirituosen, die Todesstrafe im Aktivdienst – so einfach ist das, wir setzen Gott vor unser Tun, und dann ist es göttlich. Öffentlicher Anstand und christlicher Anstand werden damit dasselbe – unabhängig davon, daß sich jener Christus, auf den wir uns beziehen, in seinem Land nicht anständig, nicht nach der gängigen Moral verhalten hat.

»Selig sind, die um der Gerechtigkeit willen verfolgt werden; denn ihrer ist das Himmelreich.«[6]

Er, Jesus von Nazareth, auf den wir uns beziehen, ist um der Gerechtigkeit willen verfolgt worden. Wer unter uns hier versammelten Christen kann von sich sagen, daß er je um der Gerechtigkeit willen verfolgt worden ist. Ich nicht.

Ich habe als Kind gelernt, von meiner Mutter – die mich in dieser Sache angelogen hat – und von meiner sanften Sonntagsschullehrerin, die daran glaubte, daß dann Friede sein wird, wenn ich selbst mich friedlich verhalte.

Ich habe das als Kind geglaubt, und ich habe als Kind darunter gelitten, daß mir der Friede nur halbwegs gelang.

Aber meine Mutter wollte auch, daß aus mir etwas wird. Etwas werden, das heißt in dieser Welt mehr werden als die Anderen, und wer mehr werden will als die Anderen, der hat sein Streben gegen die Anderen zu stellen – Erfolg ist im Sinne von jenem Nazarener etwas Unfriedliches. Das Reich Gottes ist nicht das Reich der Erfolgreichen.

In der ganzen Bibel steht nichts davon, daß man etwas Besonderes werden müsse, daß man Erfolg haben sollte, erfolgreich sein sollte, reich werden sollte.

Aber die christlichen Gegenden – ausgerechnet die christlichen – haben ausgerechnet das geschafft. Christentum und Reichtum ist zum mindesten geographisch dasselbe geworden.

Insofern ist dieses Land Schweiz das christlichste aller Länder – das reichste aller Länder.

Und es gab auch schon den arroganten Verdacht, daß Gott dieses Land ganz besonders liebt. Warum sollten wir Gott lieben, wenn er uns bereits liebt?

Es genügt doch, daß diese Schweiz ein christliches Land ist, dann sind wir doch alle christlich genug – nämlich friedlich genug.

Ich habe als Kind geglaubt, was meine Mutter mir vorgeschwindelt hat; wenn ich selbst friedlich genug wäre, dann wäre auch Friede in der Welt, dann wäre auch der Zweite Weltkrieg zu Ende. Und ich habe als Kind versucht, dem Weltfrieden zuliebe friedlich zu sein – und ich habe damals festgestellt, daß ich nicht friedlich genug bin, und ich habe gelitten darunter, daß ich persönlich nun schuld sein sollte am Fortgang des Zweiten Weltkrieges.

Schon ein paar Jahre später fand ich meine damalige Haltung lächerlich, und ich glaubte nun, daß der Weltfriede eine politische Angelegenheit sei, und ich versuchte, mich in der Politik auf die Seite der Gerechten zu schlagen.

Nun brauchen aber diese Gerechten auch Wähler, und würden sie nur von den Gerechten gewählt, es wären zu wenige – also müssen dann auch diese Gerechten für all das sein, was nicht gerecht ist, was nicht friedlich ist.

Die Politik hat sich opportun zu verhalten, was gang und gäbe ist unter den Leuten – das ist auch gang und gäbe in der Politik. Feindschaft und Krieg und Aggression, Tod und Vernichtung aber sind gang und gäbe.

So gibt es wohl niemanden, der Geldwaschen für ein anständiges Geschäft halten würde. Aber es ist in diesem Land ein legales Geschäft. Es ist legal, sich an Waffengeschäften, an Drogengeschäften, an Entführungen und Erpressungen zu bereichern.

Aber niemand wird aufstehen und behaupten, es sei auch moralisch. Legalität und Moral sind nicht dasselbe. Ein guter Schweizer und ein guter Christ sind nicht dasselbe.

Die Schweiz sei ein Land des Friedens, sagt man, und wir alle sind vorschnell bereit, dies zu glauben – aber wir beteiligen uns an jeder Form des Krieges, wenn damit Geld zu verdienen ist. Unsere Armee sei eine friedliche Armee, sagt man. Aber sie hat auch den Zweck, unserer Waffenproduktion und unserem Waffenhandel ein Alibi zu verschaffen. Unser Zivilschutz ist friedlich, aber er hat auch den Zweck, den Krieg nicht total als unmöglich erscheinen zu lassen.

Wir Schweizer nehmen uns immer aus, und wir halten den Krieg für eine Sache der Russen, der Amerikaner, der Araber. Und wenn irgendwo von Abrüstung die Rede ist, dann gibt es auf der ganzen Welt niemanden, der so heftig davor warnt wie die Schweizer. Wenn ein russischer Außenminister sagt, daß sie unabhängig von Verhandlungen und einseitig alle chemischen Waffen vernichten wollen, dann gibt es nur ein einziges Land, das dies als Bedrohung empfindet – die Schweiz.

Ich weiß, das Thema des Kirchensonntags meint etwas anderes. Es meint zum Beispiel zu Recht Entwicklungshilfe, Solidarität mit den Ärmsten dieser Welt. Der Beitrag der reichen Schweiz ist dafür jedenfalls beschämend klein – aber ich möchte hier von etwas anderem sprechen.

Solange es immer die Anderen sind, die feindlich sind, die unfriedlich sind, und jedes Inland der Welt friedlich ist und jedes Ausland der Welt feindlich – solange jedes Land der Welt nur von Verteidigung spricht – es gibt keine Kriegsministerien mehr, nur noch Verteidigungsministerien –, solange niemand bereit ist, Schuld auf sich zu nehmen; solange ist Frieden unmöglich.

Ich muß einsehen können, daß ich selbst die Neigung zum Unfrieden, zur Ungerechtigkeit, zur Aggression habe – daß es meine Neigung zum Unfrieden ist, die Unfrieden stiftet – und nicht etwa die Neigung des Anderen.

Wer einseitige Abrüstung als lächerlich empfindet, der findet auch jenen Jesus von Nazareth lächerlich. Die einseitige Abrüstung ist eine der ältesten christlichen Forderungen.

Ich kann den Satz aus der Bergpredigt heute nur so verstehen: »Und wer dich auf die eine Backe schlägt, dem biete die andere auch dar.«[7]

Das ist persönliche einseitige Abrüstung – ein erfolgreiches Rezept, das haben wir alle im Persönlichen schon erlebt – nur braucht es viel Mut, dieses Rezept – den Mut des Glaubens.

Auch ich selbst bin kein Meister darin, und wir alle sind keine Meister – soll also der christliche Vorschlag nur deshalb schlecht sein, weil wir alle immer noch Mühe haben, es zu lernen?

Es gibt weitere Vorschläge in der Bergpredigt, die weniger oft zitiert werden, weil sie uns noch schwerer fallen: »Wer dich bittet, dem gib; und wer dir das Deine nimmt, von dem fordere es nicht zurück. [...] [L]iebt eure Feinde; tut Gutes und leiht, wo ihr nichts dafür zu bekommen hofft« – und dann kommt der eigenartige Schluß: »denn er [der Allerhöchste] ist gütig gegen die Undankbaren und Bösen«.[8]

Deshalb sollen wir den Undankbaren auch geben und den Bösen auch – weil der Allerhöchste sie liebt.

Das ist hart, das können wir alle fast nicht – wir müßten es lernen, um friedlich sein zu können.

Wir müßten lernen, unsere Feinde zu lieben. Christ sein ist viel schwerer als Schweizer zu sein.

Und vielleicht ist es in diesem Land fast unmöglich, in diesem Land, das von sich glaubt, immer und an allem unschuldig zu sein. Unschuldig wie der Pharisäer gegenüber dem Zöllner.

Wenn in diesem Land vom Frieden gesprochen wird, dann spricht man vom Ausland, weil man in diesem Land glaubt, der Krieg sei etwas Ausländisches – aber er ist bei uns so inländisch wie anderswo – wir sind am Krieg – am Krieg der Waffenhändler, am Krieg der Drogenhändler – beteiligt – wir halten ihn uns nur ein bißchen vom Leib und halten das für Unschuld.

Wir halten uns für unschuldig an dieser Welt und wollen nicht verstehen, daß jene, »die um der Gerechtigkeit willen verfolgt werden« bei uns Asyl suchen – bei uns, im Land des Friedens, im Land der Freiheit, der Gerechtigkeit und der Demokratie.

Vielleicht hat jener Kurde, jener Tamile zu Hause gehört davon, von diesem wunderbaren Land der Freiheit.

Wir aber bezeichnen ihn als Wirtschaftsflüchtling und haben ihn im Verdacht, er wolle nur unser Geld und unseren Wohlstand. Wir haben ihn im Verdacht, daß er nur dasselbe will wie wir – weil wir selbst nicht mehr an Frieden und Freiheit und Demokratie glauben – wir selbst glauben nur noch an Reichtum – und wir halten uns immer noch alle für viel zu arm und möchten noch reicher werden, und noch reicher werden und noch reicher werden.

Und wir geben nichts. Wir haben das alles selbst verdient und von Gott, der uns Schweizer liebt, geschenkt bekommen. Ob das ein Gott ist – und gar ein gerechter – der uns das geschenkt hat? Wenn – dann nur als Strafe.

Ein Reicher hat keine Möglichkeit mehr, seine Feinde zu lieben, weil er nur noch einen einzigen Besitz hat in seinem Leben, seinen Reichtum.

So sind jene, die unseren Schutz suchten, zu unseren Feinden geworden – ein paar hundert Schutzsuchende, und schon fühlen wir uns bedroht.

Der Fremde, der andere, der anders Aussehende und der anders Sprechende – das ist die Bedrohung. Ich gebe zu, daß auch mir ein paar Tamilen im Autobus auffallen, und daß sie nicht so aussehen wie Bernerbauern – sie sind mir auch fremd. Und wir haben alle gelernt, daß Fremder und Feind dasselbe sind.

Das Wort für Feind hieß im Lateinischen »hostis«, im Altgermanischen und im Altslawischen »Gosti's«. Aus diesem Wort ist unser Wort »Gast« geworden. Ein Gast, das ist ein Feind, ein Fremdling, den man bei sich aufnimmt. Gastfreundschaft hat mit Freundschaft zu Feinden zu tun.

Erst im späten Mittelalter bekam das Wort Gast unsere heutige Bedeutung. Daß man seine Feinde lieben soll, das machte aus dem Wort »Gosti's« das Wort »Gast«. Wir hätten in der Zeit einer neuen Völkerwanderung die Chance, gastfreundlich zu sein.

Wir haben die Chance bereits verpaßt.

Wir alle vertrauen dem Frieden nicht, wir vertrauen alle unserem Glauben nicht, unserem christlichen Glauben – unser Glauben ist uns so fremd geworden wie ein Tamile, wie ein Kurde, wie ein Chilene und wie ein Tscheche.

Vielleicht sind wir selbst die Fremden geworden. Wir sind uns selbst fremd. Die Angst ist etwas sehr Schweizerisches geworden – und die Zufriedenheit etwas sehr Unschweizerisches.

Zufriedensein heißt, seinen Frieden gefunden zu haben. Aber wer ist schon bereit, ihn zu suchen, oder gar, ihn zu finden.

Ich nicht.

Sie auch nicht.

Weil wir alle daran glauben, daß die Anderen damit beginnen sollten und nicht wir.

Sicher sollten wir es gemeinsam tun, und das wäre etwas Politisches – AHV, IV, Entwicklungshilfe, internationale Solidarität – aber die Idee jenes Jesus von Nazareth war eine

Minderheitsidee – sie ist es geblieben – vielleicht wollte er das, daß sein Glaube der Glaube der wenigen bleibt.[9]

Wenn ich es mir recht überlege – ich möchte gern ein Christ sein – aber ich bin keiner.

Ich habe in der Schule etwas anderes gelernt und wir alle auch. Und ich begreife mich, und ich begreife euch alle.

Wollten wir aus unserer Schweiz ein friedliches Land machen, wir müßten von unserem Reichtum abgeben. Wer will das.

Ich nicht, und sie alle nicht.

Es bleibt auch uns Schweizern noch die Hoffnung, daß der Allerhöchste die Bösen und die Undankbaren liebt.

Eine himmeltraurige Hoffnung.

Helf uns Gott.

Amen.

## Schaut die Lilien auf dem Felde

Schaut die Lilien auf dem Feld an, wie sie wachsen: sie arbeiten nicht, auch spinnen sie nicht. Ich sage euch, daß auch Salomo in aller seiner Herrlichkeit nicht gekleidet gewesen ist wie eine von ihnen.

*Mt 6,28-29*

Einmal als kleines Kind erhob ich meinen Arm gegen meinen Großvater. Er war ein echter Großvater, eine autoritäre Respektsperson in Familie und Gemeinde, ehemaliger Kavallerie-Wachtmeister und von jenen gefürchtet, die ihn als solchen kennengelernt hatten. Wir Enkel aber lernten nur seine Gemütlichkeit kennen.

Einmal aber muß er mit uns geschimpft haben, wir standen im halben Kreis um ihn herum, und er schimpfte.

Da erhob ich meinen Arm, angewinkelt, Ellbogen nach vorn. Ich mußte diese Bewegung wohl auf der Straße gesehen haben, und sie muß mir gefallen haben, und ich muß mir gedacht haben, daß dies nun die Gelegenheit sei, die Bewegung in die ansonsten einseitige Diskussion einzubringen.

Mein Großvater schaute mich an, streckte seinen Arm aus, zeigte auf mich und sagte: »Das ist er, der Eggmätteler.« Und es wurde still im Haus. Und ich stand in der Stille und war der Eggmätteler. Selbstverständlich befragte ich später meine Mutter, was das denn sei, ein Eggmätteler, aber ich kriegte nur ausweichende Auskünfte: Entfernte Verwandte halt, Bauern auf der Eggmatt, schlechte Bauern, die das Getreide zu spät ernteten, die eine fürchterliche Unordnung um ihren Hof herum hatten – und dies alles, weil sie zu gescheit waren und Bücher lasen – das waren die Eggmätteler.

Der Eggmätteler war aber nur einer, und er war die Schande der ganzen, inzwischen weitverzweigten, Familie. Er muß im späten 19. Jahrhundert gelebt haben, und persönlich gekannt hatte ihn niemand mehr. Die Angst aber, daß die Schande durch Vererbung zum ewigen Fluch werden könnte, gab es in der Familie immer noch – der Eggmätteler.

Der Großvater sprach diesen Namen nur dieses eine Mal aus. Und der Name blieb auch nicht an mir hängen. Im Gegenteil, ich wurde zum Lieblingsenkel meines Großvaters, war oft wochenlang bei ihm in den Ferien, wanderte mit ihm über die Hügel und durch die Wirtschaften. Vielleicht war auch er ein Eggmätteler. Gesprochen wurde davon nicht, ich aber trug den Namen im Herzen – ich war jemand. Und der Großvater auch.

Nun hätte man recherchieren können, im Gemeindearchiv, im Archiv der Kirchgemeinde. Das tat ich nicht. Ich hielt mich an die Familientradition der geflüsterten Angst. Sie gefiel mir.

Bruchstückweise erfuhr ich die Geschichte später von meiner Mutter, und ich setzte die Bruchstücke zusammen. Wie gesagt, ich hätte später auch recherchieren können. Die

Geschichte aber, die ängstlich überlieferte, war mir wichtiger:

Der Eggmätteler also war ein Sohn jener Bauern, die Bücher hatten und Bücher lasen, und die ab und zu vergaßen, ihre Äcker zu bestellen, weil sie andere Welten und Werte im Kopf hatten. Und dieser eine Sohn muß besonders gescheit gewesen sein. Er hatte als Jüngling die Kirche der ansehnlichen Emmentaler Gemeinde ausgemalt, und man staunte über seine Fähigkeiten und über die Pracht seiner Bilder. So beschloß man dann, daß ein solch Genialer zu studieren hätte. Man legte Geld zusammen und ermöglichte ihm das Studium in Bern. Ob er das Theologiestudium freiwillig gewählt hatte oder ob man ihm es aufgedrängt hatte, weil er etwas Rechtes und etwas Anständiges studieren sollte – das weiß ich nicht. Sicher ist, daß er sich hinter die Bücher setzte und das ganze Wissen der Welt in sich hineinsog. Und so kam er dann später als Pfarrer in jene Kirche zurück, die er als Jüngling ausgemalt hatte. Hier blieb er nicht lange. Er hielt am Sonntag eine Predigt, die den Bauern und Bürgern mißfallen hatte. Am Sonntag darauf gingen sie mit Stecken und Knütteln bewaffnet zur Kirche, holten den Eggmätteler von der Kanzel herunter, verprügelten ihn mitten in der Kirche und prügelten ihn aus der Kirche hinaus – die er niemals mehr betrat.

Vielleicht aber war der Eggmätteler wirklich fromm.

Ich jedenfalls wurde es als Kind, unabhängig von meinen Eltern und ohne ihr Zutun. Es war ihnen auch nicht recht, denn ihnen genügte die Anständigkeit, und Bekenntnis ist unanständig und stört.

So hatte ich darin als Kind meinen Eggmätteler im Herzen und unzählige Bibelstellen im Kopf. Und ich malte mir aus, was der Eggmatt-Pfarrer den Bürgern und Bauern und ihren behäbigen und stillen Frauen wohl gepredigt hatte.

Ich hatte die Bibel mit den Augen des Eggmättelers gelesen, und ich fand in diesem Buch mehr und mehr kaum einen

Satz, für den er nicht hätte verprügelt werden können. Und weil ich mir gefiel in der Unanständigkeit des Eggmättelers, wurde dieses Buch für mich zum Buch gegen den gutbürgerlichen Anstand, und Christsein zu einer Behauptung einer trotzigen Minderheit.

Und ich war damit selbstverständlich im Unrecht, denn das Recht wird durch die Mehrheit definiert, und das Christentum hatte schon längst – als Staatsreligion des Römischen Reiches – eine sichere und absolute Mehrheit gefunden. Und wären nach dem Zusammenbruch des Römischen Reiches nicht vereinzelte Römer nach Irland geflohen und hätten da über Jahrzehnte und Jahrhunderte ihre Staatsreligion weiter gepflegt – das Christentum wäre wohl nie zu uns gekommen. Irische Mönche haben es uns gebracht.

Und es muß auch Gründe gegeben haben, daß die römischen Machthaber am Christentum Gefallen fanden. Frömmigkeit, so nehme ich an, kann es nicht gewesen sein – sicher viel mehr eine gemeinsame Religion, die Ordnung schuf. Was für eine Ordnung? Die Ordnung, daß alles so bleibt, wie es ist.

Daß es so bleibt, daß die Welt keine gerechte ist, sondern eine, die genau so von Gott gewollt war – und so wurden Reichtum und Armut Gott wohlgefällig. Die Heilslehre – die Lehre von der Erlösung und vom Eingehen in das ewige Leben und von der ausgleichenden Gerechtigkeit im Himmel – wurde zum Machtinstrument der bürgerlichen Anständigkeit. Keiner hatte sich davor zu fürchten, reich zu sein. Keiner hatte sich davor zu fürchten, Kavallerie-Wachtmeister zu sein. Der Anstand der Gesellschaft wurde zur Religion. Nun war die Armee göttlich, nun waren die Steuergesetze göttlich, nun war der Staat göttlich. Die Wege Gottes waren nicht einsehbar und so auch sein Wille nicht – aber so wie es war, so wollte er es. Die Gerechtigkeit war verschoben auf die Zeit nach diesem Leben.

Es mag immer wieder Menschen gegeben haben – Arme, Geprügelte, Geschundene und Ausgenutzte –, die sich mit der Zeit danach vertrösteten und sich auf sie freuten. Aber seit es diese Heils- und Gerechtigkeitsversprechungen gibt, hat sich kein Reicher davor gefürchtet, und das wohl mit Recht. Kein Richter, kein Henker, kein Offizier hatte sich Gedanken zu machen. Sie lebten in einer gottgewollten Welt, und es fiel ihnen leicht – es fiel *uns* leicht – gottergeben zu sein.

So waren wir Schweizer auch bis vor kurzem ohne große Zweifel davon überzeugt, daß Gott unser Land vor dem Zweiten Weltkrieg geschützt hat. Die Frage, warum gerade uns, blieb irrelevant. Halt eben uns. Und das war ja nicht nichts, *wir*, immerhin *wir*. Immerhin *uns*.

Kein Wunder, daß es uns schwerfällt, all das nicht mehr glauben zu können. Kein Wunder, daß jene, die daran zweifelten, als unanständig, als gottlos galten.

Man macht aus dem Vaterland einen Gott, und die Patrioten sind dann die Frommen. Und jeder Krieg wird zum Heiligen Krieg. Von islamischen Staaten wissen wir das. In unseren sogenannt christlichen Staaten fällt es nicht auf, weil es unausgesprochen selbstverständlich ist.

So muß er also vor jenen auf der Kanzel gestanden haben, der Eggmätteler, vor jenen, denen all das, was ist und was immer war, als Anstand galt, auch der Kirchenbesuch. Er predigte vor reichen und weniger reichen Bauern, vor gemütlichen Gewerblern, vor Kavallerie-Wachtmeistern. Und unter jenen, die ihn verprügelten, wird es auch einige mausarme Knechte gehabt haben, die sich auch nichts anderes vorstellen konnten, als daß alles so zu sein hatte, wie es war, nämlich gottgewollt.

Der Zwölfjährige las also die Bibel und fragte sich dabei dauernd, was er ihnen wohl gepredigt hatte, der Eggmätteler. Hat er ihnen aus dem Matthäus-Evangelium gepredigt? »Seht die Vögel unter dem Himmel an: sie säen nicht, sie ernten nicht, sie sammeln nicht in die Scheunen; und euer himmlischer Vater ernährt sie doch. [...] Schaut die Lilien auf dem Feld an, wie sie wachsen: sie arbeiten nicht, auch spinnen sie nicht. Ich sage euch, daß auch Salomo in aller seiner Herrlichkeit nicht gekleidet gewesen ist wie eine von ihnen.«[10]

Und vielleicht hat er ihnen gesagt: »Ihr seid gemeint, ihr Mehlsäcke, ihr fetten Bauern. Ihr seid nur darauf aus, noch reicher zu werden. Und ihr übervorteilt euren Nachbarn, und ihr seid stolz darauf, daß das alles legal ist und das Gesetz es euch erlaubt. Und die Leute im Dorf ziehen den Hut vor euch, weil ihr mächtig seid, und eure Knechte und Mägde fürchten euch. Und sie wählen euch in den Gemeinderat und in den Großrat. Und ihr seid überzeugt, daß Gott euch das hoch anrechnen wird, daß ihr reich und mächtig und gefürchtet gewesen seid. Und ihr lebt nicht, ihr macht nur Karriere. Und die Leute halten euch für gescheit, weil sie glauben, daß die Gescheiten reich werden. Eher wird ein Kamel oder ein Schiffstau durchs Nadelöhr gehen, als daß ein Reicher in den Himmel kommt. Warum fürchtet ihr euch denn nicht? Weil ihr's nicht glaubt. Und wo sind sie, die Lilien auf dem Felde. Nicht auf euren fetten Wiesen. Und wie kommt ihr darauf zu glauben, daß ihr mehr seid als eure Frauen und Knechte. Und wie kommen eure Knechte dazu, an Euch zu glauben.«

Und vielleicht hat er nur gesagt: »Ihr Arschlöcher, ihr Arschlöcher, ihr verdammten Arschlöcher.«

Und die Bauern werden sich gedacht haben: »Der kommt noch dran. Der wird unsere Macht zu spüren bekommen. Denn die Knechte und die Alten und die Armen sind auf unserer Seite. Die bestaunen uns, weil wir reich und gescheit sind. Und weil wir dafür sorgen, daß alles so bleibt wie es ist. Unsere Knechte wollen, daß alles so bleibt wie es ist.«

Und vielleicht ist dem Eggmätteler jener Satz eingefallen,

den Dorothee Sölle hundert Jahre später ausgesprochen hat: »Christ sein bedeutet das Recht, ein Anderer zu werden.«[11]

Und vielleicht rief er den Knechten in den hinteren Reihen zu: »Ihr habt nicht Knechte zu sein. Das Leben, das ihr führt, hat nicht Gott eingerichtet, sondern euer Herr, und der hat es nicht für euch eingerichtet, sondern für sich selbst. Er meint nicht euch, wenn ihr ihm zujubelt, er meint sich selbst.

Ja, die Gesetze geben ihm recht. Deshalb sitzt er im Großen Rat und sagt zu allem Neuen nein. Und ihr Idioten feiert seine Siege und glaubt, daß er gescheit sei, weil er reich ist.«

Hat er vielleicht so gepredigt? Vielleicht war er auch betrunken an jenem Sonntagmorgen. Und nicht er hat gepredigt, sondern »es« hat aus ihm gesprochen oder »er«.

Was an der mündlichen Überlieferung der Geschichte bestimmt nicht wahr ist, das ist, daß der reiche Bauer am anderen Sonntag einen Stock mitgenommen hat in die Kirche. So sehr wird sich die Welt in den letzten hundert Jahren nicht verändert haben. Seine Knechte warens, die so stolz darauf waren, beim Herrn Großrat für Gotteslohn arbeiten zu dürfen. Jene, für die er gepredigt hatte, die Knechte, verprügelten ihn. Und der Herr wird genüßlerisch zugeschaut haben, und hinterher wird er gesagt haben: »Richtig war es ja nicht, aber verständlich schon, ich habe vor dieser Eskalation schon immer gewarnt. Schließlich leben wir immer noch in der Schweiz, und schließlich gibt es eine Ordnung.« Und die Knechte waren sehr stolz darauf, daß sie ihn verstanden hatten. »Er ist wie wir, und er denkt wie wir, und er sagt das, was wir denken«, sagten sie.

Es dauerte lange, Wochen und Monate, bis sich der Eggmätteler wieder im Dorf zeigte, und von da an immer mehr und in immer schlechterem Zustand. Er war zum Vaganten geworden, zum Landstreicher, zum trostlosen Säufer, zu einem jener Vögel unter dem Himmel, die nicht säen, die nicht ernten, die nicht in ihre Scheunen sammeln und die der himmlische Vater ernährt. Ein Vogel, ein schräger Vogel. Nicht schön wie die Lilien auf dem Felde, aber immerhin erfolglos wie sie.

Ob er fromm war, der Eggmätteler – ich weiß es nicht, aber wenn er es war, dann war er an nichts anderem gescheitert als an seiner Frömmigkeit, an seinem Glauben.

Denn Christentum ist kein Erfolgsrezept. Es meint nicht, reich gescheit und gesund zu werden. Es taugt weder gegen Grippe noch gegen Schlaflosigkeit, weder gegen Alkoholismus noch gegen Drogensucht. Es ist nur eine Lehre vom Zusammenleben, eine Lehre davon, daß alle dazugehören, niemand ausgegrenzt wird.

Den Römern aber muß die Heilslehre gefallen haben, die verspricht, alles gutzumachen, was wir hier auf der Erde durch Karrieredenken, durch Macht und Erfolg und Reichtum versauen.

»Gebt eure Seele Christus, und ihr seid geheilt«, ist das billige Versprechen an die Knechte. Sie haben es immer geglaubt, und sie hielten den Kaiser, das Vaterland, die machthabende Partei, den Volkstribun für göttlich – er wird es schon richten. Wie er das tun wird, danach fragt niemand, er wird einfach – die Heilslehre. Die Welt ist göttlich, und wenn wir sie so lassen, wie sie war – damals als sie noch war –, dann wird alles gut sein. Die Schweiz ist die Schweiz und damit basta. Sie ist gottgewollt – die Heilslehre.

Das Christentum war keineswegs ungeeigneter als der Islam, die konservative Macht der Mächtigen zu stützen, denn das Christentum bedarf dafür nicht einmal des Fundamentalismus, die vage Vorstellung von der Heilslehre genügt. Da muß nur einer kommen, ein neuer Trainer zum Beispiel, und alles wird gut.

Alles wird gut durch CH-Bio-Fleisch, durch irgendwelche Düfte und Steine, durch asiatische Geheimlehren, durch uralte indische Medizin.

Nur das Christentum taugt nichts gegen die Grippe, aber zu einem hat es über Jahrhunderte getaugt. Wir haben uns mit ihm eingeübt in die Heilslehren.

Inzwischen ist uns alles recht, was zum Erfolg führt, und selbst fernöstliche religiöse Meditationstechniken haben bei uns nur noch den billigen Zweck, fit zu werden für die billige Karriere.

Die Lehre jenes Jesus von Nazareth war eine Soziallehre. Sie schien in nichts dafür tauglich zu sein, die Macht der Mächtigen zu stützen. Aber die Seligpreisungen der Bergpredigt haben sich gegen jene gewendet, für die sie gedacht waren, gegen die Armen, gegen die Rechtlosen, gegen die Geprügelten.

Oder wie der Berner Dichter Peter Lehner geschrieben hat:

>»Bergprediger
heruntergekommen
ins Flachland
Feldprediger.«[12]

Die Römer jedenfalls hatten auf die richtige Religion gesetzt. Das Christentum war ein Erfolg, zwar nur ein ökonomischer, aber immerhin, die Reichen marschieren inzwischen in Kolonnen durch die Nadelöhre in den schäbigen Himmel dieser Welt. Kein christlicher Fundamentalismus stört sie dabei. Die Heilslehre ist fundamental genug.

Zurück bleibt ein wunderbarer Sozialphilosoph, Jesus von Nazareth, ein Erfolgloser. Aber immerhin, die Christen haben ihn mitzuschleppen. Ohne die Römer, die nach Irland flüchteten, würden wir ihn nicht kennen. Und vielleicht war er letztlich gar nicht so erfolglos, wir messen Erfolg nur anders.

Und ich stelle mir vor, daß ich ihn getroffen hätte in der dunklen Ecke einer schäbigen Beiz, den besoffenen, verwahrlosten, verkommenen Eggmätteler. Wir hätten zusammen einen Halben Roten getrunken. Vielleicht hätte er eine zerfledderte Bibel aus dem Sack gezogen und besoffen pathetisch aus dem Prediger Salomon gelesen: »Es ist alles ganz eitel, [...] es ist alles ganz eitel. [...] Ich sah an alles Tun, das unter der Sonne geschieht, und siehe, es war alles eitel und Haschen nach Wind.«[13] Und der Wirt wäre gekommen und hätte ihm wieder mal mit Rausschmiß gedroht. Und er hätte sich zu mir geneigt und geflüstert: »Schau mal die Kellnerin, sie war einmal wunderschön, sie ist es nicht mehr, aber wie weniger sie es ist, je mehr erinnert sie daran. Auch wer sie zum ersten Mal sieht, sieht gleich, daß sie einmal wunderschön gewesen sein muß.«

Und dann würde er wieder vor sich hinlallen oder mich beschimpfen oder alle beschimpfen oder lange gar nichts sagen.

Und vielleicht würde er dann seinen Kopf heben und sagen: »Etwas hat er vergessen in seinem Liliengleichnis, der Jesus von Nazareth – oder vielleicht hat es Matthäus vergessen aufzuschreiben –, nämlich daß die Lilien ihre Schönheit erst im totalen Verblühen entfalten – dann, wenn ihre ersten Blätter fallen und alles nur noch eine Erinnerung an Schönheit ist.«

»Ja«, sagt er, »Christentum ist eine Erinnerung an Schönheit, eine Erinnerung an das Schöne, an das Gute, an das Gerechte – immerhin«, sagt der Eggmätteler, der mit seinem Gott an dieser Welt gescheitert ist. Für ihn war das Christentum jedenfalls etwas anderes als ein Mittel gegen die Grippe.

## Ein Mann veranstaltete ein großes Gastmahl

Ein Mann veranstaltete ein großes Gastmahl und lud viele ein. Und zur Stunde des Gastmahls sandte er seinen Knecht, den Eingeladenen zu sagen: Kommet, denn es ist nun bereit. Und alle fingen gleichermaßen an, sich zu entschuldigen. Der erste sagte zu ihm: Ich habe einen Acker gekauft und muß notwendig hinausgehen und ihn besichtigen; ich bitte Dich, sieh mich als entschuldigt an. Und ein anderer sagte, ich habe fünf Joch Ochsen gekauft, und gehe hin, um sie zu prüfen, ich bitte Dich, sieh mich als entschuldigt an. Noch ein anderer sagte: Ich habe eine Frau genommen und kann deshalb nicht kommen. Und der Knecht kam und berichtete dies seinem Herrn. Da wurde der Hausherr zornig und sagte zu seinem Knecht: Geh schnell hinaus auf die Straßen und Gassen der Stadt und führe die Armen und Krüppel und Blinden und Lahmen hier herein. Und der Knecht sagte: Herr, es ist geschehen, was Du befohlen hast, und es ist noch Raum vorhanden. Da sagte der Herr zu dem Knecht: Geh hinaus auf die Landstraßen und an die Hecken und Zäune und nötige sie, hereinzukommen, damit mein Haus voll werde!

*Lukas 14,16-24*

Wie beginnen?

An nichts habe ich so lange herumgedacht wie an der Anrede, mit der Anrede beginnt die Lüge, und schon »liebe Mitchristen« bleibt mir im Halse stecken, nicht etwa, weil ich an Ihnen zweifle, sondern an mir. Christ bin ich wohl schon, aufgewachsen in einer jahrhundertealten christlichen Kultur, aber bin ich ein Mitchrist, ein Christ unter Christen, sind wir es wirklich noch gemeinsam oder nur noch als Einzelne für persönliche Notfälle, etwa für den persönlichen Tod.

Oder, wenn nicht »liebe Mitchristen«, dann halt »liebe Mitbürgerinnen, liebe Mitbürger«, denn der Bettag ist ein staatlich verordneter Feiertag. Ja gut, ich bin ein Bürger, und Sie sind auch Bürger – aber sind wir noch Mitbürger, empfinden wir unser Leben noch als gemeinsames Leben, empfinden wir unseren Staat noch als ein Zusammensein, oder doch nicht eher nur als die notwendige Grundlage für olympische Spiele, Europa- und Weltmeisterschaften. Schon jene Liberalen, die den Bettag verordneten und in ihre Bundesverfassung von 1848 »im Namen Gottes des Allmächtigen« hineingeschrieben hatten, waren zwar gute Mitbürger, aber Mitchristen waren sie eigentlich nicht. Sie standen den Kirchen sehr skeptisch gegenüber, und etliche von ihnen erklärten sich als konfessionslos. Trotzdem stand in dieser Bundesverfassung der antisemitische Satz »Bürger christlicher Konfession haben das Recht auf freie Wohnsitznahme«. Aber »christlich« meinte nicht christlichen Glaubens, sondern es meinte ganz einfach nur »nicht jüdisch«, so wie »Schweizer« inzwischen oft nur heißt: nicht Jugoslawe, nicht Türke, nicht Afrikaner – eben Schweizer, eben Christen. Und wir Schweizer bewegen uns in der Legalität, und die Legalität ist unsere Anständigkeit, alles, was legal ist, das ist auch anständig. Alles, was nicht gegen die Gesetze verstößt, ist christlich genug. Zwar haben wir noch ein Sensorium für Unanständigkeit, aber solange sich der Unanständige, der unanständige Manager zum Beispiel, in der Legalität bewegt, ist er ein Anständiger.

Soll ich also meine Predigt beginnen mit »Meine lieben Anständigen«, denn Anständige werden wir ja auch bleiben nach den Abstimmungen vom nächsten Wochenende, denn das, was wir beschließen werden, wird dann die neue Legalität sein, die neue Anständigkeit, und wir sind fein raus.[14] Anständig ist auch der Zynismus, wenn er Gesetz wird.

Zugegeben, »nett« ist kein schönes Wort. Trotzdem – und ich kann das nicht mehr ändern – meine Mutter legte Wert darauf, daß ich ein netter Bub werde, ein netter Mensch werde. Das ist mir mitunter nur halbwegs gelungen, aber umso mehr kränkt es mich, wenn ich nun von anständigen Zynikern als ein »Netter« beschimpft werde. Ich weiß nicht, ob ich wirklich christlich bin, aber es ist zum Christlich-werden.

So viel zu meinen Schwierigkeiten mit der Anrede.

Und nun also:

*Liebe Leute,*
*meine Lieben,*
die Geschichte vom Gastmahl ist eine einfache Geschichte, und wenn wir an die sprichwörtliche orientalische Gast-freundschaft denken, dann ist es sogar eine selbstverständliche.

Nur, wäre sie selbstverständlich, Jesus hätte sie nicht er-zählt.

Mir hat als Kind die Geschichte besonders gefallen. Ich habe sie mir als großes Bild vorgestellt, und das Bild war ein romantisches Bild mit Bettlern wie auf dem Theater in malerischen Lumpen, und zwar sehr lieben, freundlichen Bettlern, die glücklich waren und vor Freude strahlten. Ja, sie haben mir sehr gefallen, die Bettler, ich wäre gerne einer von ihnen gewesen, denn in Büchern und auf dem Theater sind sie großartig. Besonders aber hat mir die Formulierung gefallen: »Die von den Hecken und Zäunen«, eine liebevolle Beschreibung von jenen Armen und Elenden und wieder-um eine romantische Beschreibung. Und das alles war schon 2000 Jahre her und fand irgendwo in irgendeinem Bilder-buch-Orient statt. Bei uns aber gab es damals keine, die her-umgehangen sind an den Hecken und Zäunen.

Zwar habe ich als Kind Flüchtlingskinder gesehen und internierte, fremde Soldaten, und ich hatte kindliches Erbar-men mit ihnen, aber von den Hecken und Zäunen waren die nicht.

Aber Jahrzehnte später waren sie plötzlich wieder da, die von den Hecken und Zäunen, die, die irgendwo auf der Stra-ße herumhängen, die Leute anbetteln, in ihrem Dreck le-ben – die Arbeitslosen, die Alkis, die Drögeler, die Fremden, die Sans-Papiers, und sie sehen nicht so aus wie jene aus der kindlichen Bilderbuchvorstellung. Sie gleichen in nichts dem großartigen Jean Gabin im Film als Clochard.[15]

Die von den Hecken und Zäunen.

Wer würde sie einladen zum großen Gastmahl? Ich wohl nicht. Und Sie? Würden Sie sie einladen? Bitte, ich wäre so froh, wenn *Sie* sie einladen würden. Ich könnte mich auch mit einem kleinen Beitrag an den Kosten beteiligen.

Denn ich kann sie leider nicht einladen, denn ich habe eben ein Grundstück gekauft und muß hinausgehen und es besichtigen, ich bitte Sie, entschuldigen Sie mich. Ich habe eben zwei Pferde gekauft, und gehe jetzt hin, sie zu prüfen. Ich habe keinen Platz, ich muß arbeiten, ich habe zu tun, mir geht es auch nicht gut, ich muß meine Ruhe haben. Ich bitte Sie, mich zu entschuldigen.

Nicht mehr die Gäste fallen aus, sondern der Gastgeber. Nicht mehr die Gäste stammeln ihre Entschuldigungen, sondern der mögliche Gastgeber.

Ich habe die Geschichte endlich verstanden. Es sollte meine Geschichte sein. Aber ich kann nicht, und Sie können auch nicht.

Ende – eine nutzlose Geschichte.

Und so erzählt die Geschichte vom Gastmahl von einem Wunder, und sie erinnert mich an Johann Peter Hebel, der in seinen »Biblischen Geschichten« mitunter die Wunder natürlich erklärte. Jenes Wunder der Witwe, die vom hungernden Propheten Elias gebeten wird, ihm mit dem letzten Tropfen Öl und dem letzten Rest Mehl ein Brot zu backen, und sie tut es, und Hebel schreibt: »Die liebe Armut hat oft ein größeres Vertrauen zu Gott und zu unbekannten Menschen als der Reichtum, der nur die Sorgen und die Furcht vor der Zukunft mehrt [...].« Und an jedem Tag war im Krüglein wieder ein bißchen Öl und im Topf ein bißchen Mehl. Und Johann Peter Hebel vermutet, daß es wohl gute

Leute aus der Nachbarschaft waren, die das Krüglein und den Topf heimlich ein bißchen füllten. »Denn für seine Wunder braucht Gott die Hände der Menschen.«[16]

Und Hände hätte ich zwar, aber ich kann nicht – bitte entschuldigen Sie mich. Aber wir könnten es ja gemeinsam tun, wir könnten gemeinsam ein Bettagswunder tun – mit unserer gemeinsamen Einrichtung, dem Staat. Aber der Staat privatisiert sich weg zur prosperierenden Schweiz AG, und die Freiheit ist mehr und mehr nicht mehr etwas Gemeinsames, sondern nur noch ein Angebot für rücksichtslose Einzelkämpfer, für jene, denen Legalität Anständigkeit genug ist.

Und es gibt auch unter ihnen durchaus Fromme. Die nehmen die Geschichte vom großen Gastmahl nicht als ein Wunder, sondern eben als simples Gleichnis. Ein Gleichnis für jenes göttliche Gastmahl, das dann irgendwo in irgendeinem Jenseits stattfindet.

Aber solange ich selbst ein Diesseitiger bin, ist mein Gott ein diesseitiger Gott oder keiner.

Der Herr, der hier einlädt, schickt seinen Knecht erst zu den Armen, Krüppeln, Blinden und Lahmen – und schon das ist bewundernswert –, und dann schickt er ihn auf die Landstraße zu den Zäunen. Dort sind die Aussätzigen, die Eiterbeuligen, jene, die nicht zu uns gehören, die Ausgestoßenen, jene, vor denen wir uns ekeln – die Fremden. Das Wort Gast hatte ursprünglich die Bedeutung von »Fremder«, von »Feind«.

Die Gastfreundschaft, das wäre die Freundschaft zu einem Fremden. Bei uns ist sie verkommen zu einem Werbeargument für die Hotellerie. Bezahlte Freundschaft? Es gibt dafür ein Wort. Und jener Schweizer, der nach seinen Ferien in der Türkei erzählt, wie er von fremden einfachen Leuten in ihr Haus und zu Tisch geladen wurde, beendet seine Geschichte mit dem Wort »und alles gratis«, wie wenn er im Ausverkauf ein Schnäppchen gemacht hätte. Und dann noch der Satz: »Die mögen uns Schweizer eben.« Also hält er es für *seine* Leistung, denn er gehört zu jenen, die man mag. Das muß noch lange nicht heißen, daß er jene anderen mag.

Angenommen, nur angenommen, wir hier, die wir hier versammelt sind, wären die Gutmeinenden, die Netten oder, um hochzugreifen, die Gerechten – nur angenommen –, dann wüßten wir zwar, daß wir wenige sind und in der Minderheit. Aber hier unter uns wären wir alle – und mir wäre es wohl, zusammen mit jenen von den Zäunen, unter uns allen.

## *Aber die Schlange war listiger als alle Tiere*

»Aber die Schlange war listiger als alle Tiere auf dem Felde, die Gott der HERR gemacht hatte, und sprach zu dem Weibe: Ja, sollte Gott gesagt haben: Ihr sollt nicht essen von allen Bäumen im Garten? Da sprach das Weib zu der Schlange: Wir essen von den Früchten der Bäume im Garten; aber von den Früchten des Baumes mitten im Garten hat Gott gesagt: Esset nicht davon, rühret sie auch nicht an, daß ihr nicht sterbet! Da sprach die Schlange zum Weibe: Ihr werdet keineswegs des Todes sterben, sondern Gott weiß: an dem Tage, da ihr davon esset, werden eure Augen aufgetan, und ihr werdet sein wie Gott und wissen, was gut und böse ist. Und das Weib sah, daß von dem Baum gut zu essen wäre und daß er eine Lust für die Augen wäre und verlockend, weil er klug machte. Und sie nahm von der Frucht und aß und gab ihrem Mann, der bei ihr war, auch davon, und er aß. Da wurden ihnen beiden die Augen aufgetan, und sie wurden gewahr, dass sie nackt waren, und flochten Feigenblätter zusammen und machten sich Schurze.«

*Gen 3,1-7*

Das ist auf den ersten Blick eine banale Geschichte. Es ist kaum nötig, sie noch einmal zu erzählen. Alle kennen sie. Es ist wohl die bekannteste Geschichte der ganzen Bibel. Es mag Leute geben, die die Weihnachtsgeschichte oder die Geschichten von Karfreitag und Ostern nicht kennen, aber die Geschichte von der Eva mit dem Apfel kennen alle. Die Männer machen mit ihr ihre Witzchen. Die Karikaturisten melden mit ihr ihre Bedenken gegenüber der Frau schlechthin an – keine andere Geschichte der Bibel wurde derart selbstverständlich mißbraucht, und sie verkommt auch immer wieder zur Zote. Die Frau ist die Verführerin, und der Mann ist fein raus, und selbst der Richter, der einen Fall von Vergewaltigung zu beurteilen hat, wird irgendwo im Hinterkopf die Geschichte von der Verführerin gespeichert haben. Es ist eine der Grundgeschichten der männlichen Herrschaft – die Sünderin und der schuldlose Mann, dem sie untertan zu sein hat. Es ist für viele Männer und für ganze männliche Kulturen die letzte biblische Geschichte, an die man selbstverständlich glaubt – Gott wollte es so und damit basta. Und dafür, daß Gott es so wollte, können wir nichts.

Die Schlange hat Eva verführt. Und Eva selbst ist damit zur Schlange geworden, zum listigen Weib, zur Verführerin, zur Sünderin. Und Luther und auch Zwingli brauchen denn auch in ihren Übersetzungen für die Schlange das Eigenschaftswort »listig«. Ich habe mir sagen lassen, daß sie genausogut das Wort »klug« oder »gescheit« hätten gebrauchen können. Mit ihrer Wortwahl gaben sie der Geschichte ihre fatale Richtung und ihre fatale Tradition – die Diffamierung der Frau.

Denn daß die Frau zum Beispiel in unserem Land erst seit sehr kurzer Zeit das Stimmrecht hat, war auch nichts anderes als die Folge einer Tradition, und es gab auch keine anderen Argumente gegen das Frauenstimmrecht, außer eben, daß es schon immer so war.[17] Und ich erinnere mich, daß mir das als Jüngling sogar noch einigermaßen einleuchtete, und ich bin nicht sicher, ob nicht auch diese Tradition letztlich religiösen Ursprungs ist.

Eben – Gott wollte es so. Wollte er das wirklich? Wollte er wirklich, daß wir Menschen kein Leben haben, das wir in die eigenen Hände nehmen können? Wollte er wirklich, daß wir nicht erkennen können, nicht unterscheiden können? Wollte er wirklich, daß wir nicht einmal IHN erahnen können, wollte er wirklich eine Menschheit, die dumpf und zufrieden und ohne Interessen ihre ewig langen Tage im Paradies verbringt?

*Mein* Gott jedenfalls wollte das nicht. Ich selbst brauche einen Gott, weil mir die Vorstellung, daß das, was wir Leben nennen, nichts anderes als ein entwicklungsgeschichtlicher Zufall sei – weil mir diese Vorstellung eine grauenhafte Vorstellung ist. Ich möchte, daß dieses Leben gemeint ist, ich möchte, daß ich gemeint bin, daß meine Freundin gemeint ist – und daß wir alle auch meinen können.

Ich glaube an die Freiheit des Christenmenschen oder wie es Dorothee Sölle so wunderbar formulierte: »Christ sein bedeutet das Recht, ein Anderer zu werden.«[18]

Ich bin der Eva zutiefst dankbar dafür, daß sie mich mit ihrem freien Entscheid für den Apfel in dieses Leben hineingeboren hat. Es ist mir – Entschuldigung – mehr wert als ein ewiges Leben im Paradies.

Und Leben ist voller Dilemmas. Ich werde älter, und der kleine Choleriker in mir macht sich mehr und mehr breit – ich ärgere mich noch und noch. Nein, es ist nicht nur eine Freude. Aber zwischendurch setze ich mich und schaue mir kleine Ausschnitte des Lebens an, und sie gefallen mir: Ein Sonnenaufgang, die Krokusse in meinem Garten, der freundliche Gruß des Busfahrers, ein Lächeln meines Nachbarn – und all das könnte ich nicht erkennen und nicht unterscheiden, ohne daß Eva in den Apfel gebissen hätte.

Ich kann mir nicht vorstellen, daß Gott interessiert daran sein könnte, daß ich seine Schöpfung nicht erkennen kann, daß ich meine Frau, meine Freundin nicht erkennen kann.

Dann werdet ihr Euer Leben selbst in die Hand nehmen

können, sagt die Schlange zu Eva, und Eva hat ihr und unser Leben in die Hand genommen, als sie den Apfel in die Hand nahm. Das Leben ist ein Dilemma, und auch das Dilemma ist göttlich. Wir wüßten von nichts, wenn Eva nicht das göttliche Gesetz überschritten hätte. Das Dilemma bringt mich zum Denken, ich denke gern, und dafür bin ich dankbar.

Sollte aber Gott gewollt haben – und ich wünsche mir das –, daß die Frucht vom Baume der Erkenntnis gegessen wird, warum verbietet er es denn?

Mir fällt dazu die Geschichte »Vor dem Gesetz« von Franz Kafka ein.

Vor dem Gesetz steht ein Türhüter. Zu diesem Türhüter kommt ein Mann vom Lande und bittet um Eintritt in das Gesetz. Aber der Türhüter sagt, daß er ihm jetzt den Eintritt nicht gewähren könne. Der Mann überlegt und fragt dann, ob er also später werde eintreten dürfen. »Es ist möglich«, sagt der Türhüter, »jetzt aber nicht.« Da das Tor zum Gesetz offensteht wie immer und der Türhüter beiseite tritt, bückt sich der Mann, um durch das Tor in das Innere zu sehn. Als der Türhüter das merkt, lacht er und sagt: »Wenn es dich so lockt, versuche es doch trotz meines Verbotes hineinzugehn. Merke aber: Ich bin mächtig. Und ich bin nur der unterste Türhüter. Von Saal zu Saal stehn aber Türhüter einer mächtiger als der andere. Schon den Anblick des dritten kann nicht einmal ich mehr ertragen.« Solche Schwierigkeiten hat der Mann vom Lande nicht erwartet, das Gesetz soll doch jedem und immer zugänglich sein denkt er, aber als er jetzt den Türhüter in seinem Pelzmantel genauer ansieht, seine große Spitznase, den langen dünnen schwarzen tartarischen Bart, entschließt er sich doch lieber zu warten bis er die Erlaubnis zum Eintritt bekommt. Der Türhüter gibt ihm einen Schemel und läßt ihn seitwärts von der Tür sich niedersetzen. Dort sitzt er Tage und Jahre. Er macht viele Versuche eingelassen zu werden und ermüdet den Türhüter durch seine Bitten. [...] Er wird kindisch, und da er in dem jahrelangen Studium des Türhüters auch die Flöhe in seinem Pelzkragen erkannt hat, bittet er auch die Flöhe ihm zu helfen und den Türhüter umzustimmen. Schließlich wird sein Augenlicht schwach und er weiß nicht ob es um ihn wirklich dunkler wird oder ob ihn nur seine Augen täuschen. Wohl aber erkennt er jetzt im Dunkel einen Glanz, der unverlöschlich aus der Türe des Gesetzes bricht. Nun lebt er nicht mehr lange. Vor seinem Tode sammeln sich in seinem Kopfe alle Erfahrungen der ganzen Zeit zu einer Frage die er bisher an den Türhüter noch nicht gestellt hat. Er winkt ihm zu, da er seinen erstarrenden Körper nicht mehr aufrichten kann. Der Türhüter muß sich tief zu ihm hinunterneigen, denn die Größenunterschiede haben sich sehr zuungunsten des Mannes verändert. »Was willst du denn jetzt noch wissen« fragt der Türhüter, »Du bist unersättlich.« »Alle streben doch nach dem Gesetz«, sagt der Mann, »wie so kommt es, daß in den vielen Jahren niemand außer mir Einlaß verlangt hat.« Der Türhüter erkennt, daß der Mann schon am Ende ist und um sein vergehendes Gehör noch zu erreichen brüllt er ihn an: »Hier konnte niemand sonst Einlaß erhalten, denn dieser Eingang war nur für dich bestimmt. Ich gehe jetzt und schließe ihn.«[19]

Die Tür zum Gesetz bei Kafka war von Anfang an für den Mann vom Lande bestimmt.

Die Frucht vom Baum der Erkenntnis war für uns, war für mich bestimmt, und das Erkennen auch, und auch das Dilemma und die Endlichkeit des Lebens. Die Geschichte von der Eva und dem Baum der Erkenntnis ist die Geschichte von der Frau, die das Leben gebiert.

Es ist die Geschichte von der Menschwerdung, der Mensch als emanzipiertes Wesen, und der Schritt in die Emanzipation ist auch der Schritt über Grenzen. Den ersten Emanzipationsschritt hat nach biblischer Überlieferung eine Frau getan. Sie hat es für uns alle getan, unser Leben, das, was wir Leben nennen, begann mit Eva.

Und besonders Bibeltreue unter Ihnen werden mir vorwerfen, daß ich hier eine Geschichte sophistisch uminterpretiere. Das mag stimmen, und ich mache das gern und immer wieder. Und auch, daß ich das kann, daß ich mehreres nebeneinander denken kann, daß ich Geschichten und Ereignisse hinterfragen kann, auch das habe ich Eva zu verdanken.

Wir Männer haben es ihr schlecht verdankt und sind ihr und ihren Töchtern, unseren Frauen, immer wieder im Wege gestanden, wenn sie weitere Emanzipationsschritte machen wollten – und wir sind damit nicht nur ihnen, sondern auch uns selbst im Wege gestanden. Der Preis dafür, daß wir erkennen können, daß wir denken und dagegen denken können, der Preis dafür ist, daß wir alle sterblich sind. Das heißt wohl nichts anderes, als daß wir wohl die einzigen Wesen auf dieser Welt sind, die wissen, daß ihr Leben mit Sicherheit endlich ist.

»Glaubt doch das nicht«, sagte die Schlange, »auf keinen Fall werdet ihr sterben.« Tausende von Jahren später hat der menschgewordene Sohn Gottes, Jesus von Nazareth, dasselbe gesagt.

Mir fällt es schwer, mir ein Leben vorzustellen ohne Dilemma, ohne Sorgen und Schwierigkeiten, ohne gut und böse. Ob es ein Leben nach dem Tod gibt, wäre dann auch die Frage, ob es weiterhin Schwierigkeiten, Mühen und Plagen gibt – ob es weiterhin ein Denken und ein Erkennen, eine Erkenntnis gibt. Denn Leben ohne Dilemma ist kein Leben.

Vorläufig aber denke ich noch, und denke dagegen und noch mal dagegen. Ich lebe gern. Ich lebe gern als Mensch.

Dafür bin ich Gott und seiner klugen Eva dankbar.

# II  24. Dezember: Geschichten

## 24. Dezember

Immer am 24. Dezember, immer um vier Uhr nachmittags, treffen sich Otto und Peter im Restaurant »Rössli«. Das war zwanzig Jahre so etwas wie ein Zufall, aber letztes Jahr sagte Peter, daß er leider nicht kommen könne, weil er ausnahmsweise für das Kochen des Rollschinklis verantwortlich sei, und dieses Rollschinkli habe eine Kochdauer von fast zwei Stunden, und um sieben sei die Familie versammelt. Da sagte Otto: »Aber das ist doch eine Tradition, daß wir uns treffen am 24. Dezember um vier Uhr.« Seither ist der Zufall eine Tradition.

Am 24. Dezember um vier Uhr holt Franz Brunner seine Jagdflinte aus dem Schrank. Schon seit über dreißig Jahren holt er am 24. Dezember seine Jagdflinte aus dem Schrank. Nicht eigentlich, um sie zu putzen, vielmehr, um sie zu streicheln. Das Entfernen des Laufs und das Sieben des Laufs ist unwichtig und nur eine Gewohnheit. Viel wichtiger ist das Polieren der kleinen Silberbeschläge am Schaft. Am 24. Dezember streichelt Franz Brunner die Silberbeschläge seiner Jagdflinte. Franz ist sonst kein zärtlicher Mensch.

Am 24. Dezember bestellen Otto und Peter im Rössli einen halben Roten. Sie treffen sich oft im Rössli, jede Woche dreimal. Aber am 24. Dezember ist es etwas anderes, ist es eine Tradition.

Am 24. Dezember um vier Uhr holt Walter Binswanger seine Schuhschachtel aus dem Kasten, wie immer am 24. Dezember. Bevor er sie öffnet, streichelt er sie. Walter Binswanger ist sonst kein zärtlicher Mensch.

Am 24. Dezember gegen vier Uhr rennt Fritz zum Einkaufszentrum. Er hatte, wie immer, gesagt, daß ihm kein Weihnachtsbaum ins Haus komme. Um vier Uhr schließen die Läden. Nun rennt er doch noch. Jahr für Jahr überrascht er seine Frau damit, daß er doch einen Weihnachtsbaum bringt. Fritz kauft sonst nie im Zentrum, er findet das Zentrum scheußlich. Fritz mag das Wort »Blautanne«, das klingt so schön. Sonst mag Fritz wenig.

Um vier Uhr zwanzig bestellen Otto und Peter einen zweiten Halben.

Um vier Uhr zwanzig zündet Franz Brunner eine Zigarette an. Es ist die erste in diesem Monat. Franz Brunner raucht im Dezember nie, er beginnt erst wieder an Weihnachten. Barbara Brunner, seine Frau, freut sich, wenn er wieder raucht. Er war nicht auszuhalten. Die Flinte strahlt.

Weil sich Otto und Peter gut kennen, wissen sie heute nicht, über was sie sprechen sollen. Man kann jetzt nicht über irgend etwas sprechen.

Walter Binswanger öffnet den Deckel seiner Schuhschachtel. In der Schachtel ist für jeden Mieter eine Karte. Binswanger hat ruhige, anständige und regelmäßige Mieter. Er hat heute nichts einzutragen. Er zählt heute nicht zusammen. Heute freut er sich nur über seinen Besitz, und er spricht die Namen seiner Mieter zärtlich aus: Graber, Leuenberger, Moser, Hürlimann. Frau Binswanger mag ihren Mann wieder, wenn er die Namen seiner Mieter mit den Lippen nachbildet.

Otto und Peter langweilen sich.

Immer am 24. Dezember um halb fünf bringt Fritz der anderen Frau die Alimente. Er bringt sie immer am Ende des Monats, aber im Dezember ist das etwas anderes. Es ist sonst immer ein wenig ärgerlich, im Dezember ist es ein wenig traurig. Es ist traurig, weil Fritz sich ein wenig freut. Er bringt sehr schöne Geschenke mit.

Otto und Peter sind ein wenig nervös. Sie haben heute noch anderes zu tun. Sie bestellen vielleicht doch noch einen letzten Halben.

Franz Brunner raucht seine erste Zigarette ganz bewußt, ab jetzt wird er wieder viel rauchen und ohne Genuß. Das ist eine wunderbare Zigarette am 24. Dezember. Er drückt sie aus, geht zum Schrank und holt die Ordonnanzpistole. Ordonnanz ist ein wunderschönes Wort, denkt Franz. So wie das Wort Ordonnanz klingt, so stellt sich Direktor Brunner das Leben vor.

Otto und Peter.

Nur am 24. Dezember sitzt Binswanger hemdsärmlig hinter seiner Schuhschachtel. In Sachen Mieter hält er nichts von Computern. Daß er das alles von Hand auf weiße Karten schreibt, das hält Binswanger für Menschlichkeit. Walter wäre nicht auszuhalten, sagt seine Frau, wenn er nicht seine Mieter hätte.

Von den Alimenten weiß die Frau von Fritz nichts. Das ist recht so, denkt Fritz. Aber irgendwie trennt es Fritz von seiner Frau. Fritz ist an Weihnachten immer ein wenig allein.

Peter muß jetzt dann wirklich nach Hause, und Otto hat auch noch etwas zu tun.

Immer am 24. Dezember um zwanzig vor fünf sagt Brunner: »Gopfriedstutz«. Brunner flucht sonst viel und laut, aber heute – wie immer am 24. Dezember – sagt er es fast zärtlich. Er sagt es, weil heute – wie immer am 24. Dezember – die Feder vom Verschluß der Ordonnanzpistole wegfliegt. Brunner kriecht unters Kanapee, die Feder liegt Jahr für Jahr immer am selben Ort, eine Handbreit vor dem hinteren rechten Fuß des Kanapees.

Die Mieter mögen Herrn Binswanger nicht. Aber Herr Binswanger legt Wert darauf, daß ihn seine Mieter mögen. Das wissen die Mieter. Herr Binswanger kann sehr förmlich werden, wenn man ihm die Zuneigung verweigert. Aber die Enkel mögen Großvater Binswanger. Das ist Binswangers Weihnacht, daß er gemocht wird von seinen Enkeln.

Es gibt nichts Friedlicheres als eine Jagdflinte, denkt Direktor Brunner. Weihnachten hat für ihn mit Jagd zu tun. Er sagt: mit dem Wald. Die Ordonnanzpistole, das ist Heimat, sagt Brunner. Er besitzt auch einen Browning. Jahr für Jahr fürchtet sich Frau Brunner davor, daß er auch noch den Browning reinigen und streicheln könnte. Das ist eine schreckliche Vorstellung für Frau Brunner. Aber so ist Brunner nicht.

Um halb sechs legt Peter vorsichtig das Rollschinkli ins Wasser. Bei achtzig Grad zwei Stunden ziehen lassen. Das ist eine Tradition.

Nach der fünften Zigarette wird Brunner schon wieder ein wenig mürrisch.

## Lesebuchgeschichte

Am 24. Dezember betritt der Zeitungsverkäufer das Comestibles-Geschäft und fragt umständlich nach Kaviar. Er habe schon davon gehört, er wisse auch, daß es teuer sei, aber er wisse nicht, wie es schmecke, und er sei heute abend allein, und da möchte er einmal Kaviar essen. Er läßt sich den Geschmack beschreiben und kauft das Gläschen, bezahlt sehr viel dafür und läßt sich erklären, wie man Kaviar ißt und wie man das Gläschen öffnet (die Kante eines Geldstücks unter den Rand des Deckels schieben und hin und her bewegen, bis das Geräusch von austretender, beziehungsweise eintretender Luft hörbar wird, dann kann der Deckel mühelos entfernt werden).

24. Dezember
25. Dezember
26. Dezember

Am 27. Dezember betritt der Zeitungsverkäufer erneut den Laden, findet das Mädchen nicht, das ihn bedient hat, und muß nun einem anderen Mädchen – wiederum umständlich – erklären, daß er am 24. Dezember Kaviar gekauft habe, daß er sich alles habe erklären lassen, daß er auch am selben Abend in seinem Zimmer versucht habe – zwei Stunden lang – das Gläschen zu öffnen, daß es ihm aber nicht gelungen sei.

Der Inhaber des Ladens, der sich an den Kauf vom 24. Dezember erinnert und auch bereits Freunden davon erzählt hat – von der Bescheidenheit und Größe einfacher Menschen vielleicht –, der Inhaber bemüht sich selbst, dem Zeitungsverkäufer noch einmal die Technik des Öffnens zu erklären, liebevoll und unter Erwähnung des Wortes »Vakuum«, ganz einfach so die Kante einer Münze unter den Rand des Deckels schieben und hin und her bewegen. Der Zeitungsverkäufer nickt, lächelt verlegen, entschuldigt sich mehrmals für die Störung, wie er sagt, sagt dann mehrmals:

»Ich muß irgend etwas falsch gemacht haben«, läßt es sich zur Sicherheit noch einmal erklären und sagt: »Ich werde es aufbewahren und es an Silvester noch einmal versuchen«, und dann – schon unter der Tür – »wenn es an Silvester auch nicht aufgehen sollte, dürfte ich es dann zurückbringen?«

Das ist die Geschichte, und erst jetzt, nachdem ich sie aufgeschrieben habe, anderthalb Jahre später, fällt mir auf, daß ich den Zeitungsverkäufer schon lange nicht mehr gesehen habe. Ich kann also dem Leser noch einen Schluß anbieten, der ihm sicher gefallen wird:

Wochen später findet man eine verwesende Leiche im Bett (die Boulevardpresse gibt sich entsetzt und genießt ihr Mitleid), und Gerichtsmedizin und Polizei stellen anhand von sicheren Anhaltspunkten fest, daß der Tod zwischen dem 28. und 31. Dezember eingetreten sein muß. Neben dem Bett steht ein ungeöffnetes Gläschen Kaviar. Ein guter Schluß.

Aber was geschieht, wenn er weiterlebt, wenn es ihm gelingt, das Gläschen zu öffnen an Silvester, oder wenn er es zurückbringt am 3. Januar? (Denn selbstverständlich hat der Inhaber des Ladens versprochen, das Gläschen zurückzunehmen, und er hat sich auch vorgenommen, bei Gelegenheit dem Zeitungsverkäufer einen kleineren Geldbetrag in die Hand zu drücken.)

Die Geschichte ist wahr. Der Inhaber des Ladens hat sie mir am 28. Dezember erzählt, und ich habe sie oft weitererzählt. Das Ende der Geschichte ist mir nicht bekannt, ich habe den Inhaber nie nach dem Ende gefragt, vielleicht weil die Geschichte kein Ende braucht, oder weil ich mich fürchte davor.

Ich habe, wenn ich die Geschichte erzählt habe, den Zeitungsverkäufer auch beschrieben, weil meine Freunde in der Stadt ihn bestimmt schon gesehen haben. Er war lang und hager, schwarze Kleidung, Gilet, etwa siebzig Jahre alt, und er ging von Restaurant zu Restaurant, um seine Zeitungen zu verkaufen. Aber er sah nicht aus wie einer, der sonst in Wirtschaften geht, und er hatte keine Routine im Zeitungenverkaufen; er rief seine Zeitungen nicht aus, machte keine Späße, sondern ging schüchtern von Tisch zu Tisch und bedankte sich mehrmals, wenn jemand eine Zeitung kaufte. Oft drehte er sich, nachdem er vom Tisch weggegangen war, noch einmal um und bedankte sich nochmals, weil er nicht sicher war, ob er sich schon bedankt hatte, und er wünschte mehrmals einen schönen Abend.

Sein ehemaliger Lehrer wäre mit ihm zufrieden gewesen.

Sein ehemaliger Lehrer wäre mit ihm zufrieden gewesen, denn er hatte ihm beigebracht, nicht zu stören, was auch immer geschehen möge, nicht zu stören. Das hatte der Zeitungsverkäufer vor sechzig Jahren gelernt. Jetzt stört er nicht, jetzt fällt er nicht auf, und vielleicht hätte er das Gläschen Kaviar doch besser gestohlen. Damit hätte er endlich einmal gestört.

Sein Lehrer hatte ihm von der Größe der Armut und der Größe der Demut erzählt, und deshalb ist das nicht die Geschichte vom Zeitungsverkäufer, sondern die Geschichte vom ehemaligen Lehrer, der mit seinem Schüler zufrieden gewesen wäre.

Der Lehrer lebt nicht mehr, und der Zeitungsverkäufer ist tot. Ich kenne den Namen des Zeitungsverkäufers nicht. Ich kenne nur den Namen der Zeitung. Es ist die Zeitung, die der Inhaber des Ladens täglich liest. Selbstverständlich ist der Ladeninhaber unschuldig, selbstverständlich auch der ehemalige Lehrer, der mit seinem ehemaligen Schüler zufrieden gewesen wäre.

So bleiben als mögliche Schuldige nur noch ich und du, und vielleicht die Zeitung, ganz abgesehen davon, daß er das Gläschen Kaviar doch besser gestohlen hätte.

# Kinderfragen

Warum ist der Himmel so weit von der Erde entfernt?
Wieso gibt es nur männliche Gartenzwerge?
Warum dürfen Kinder nicht alles tun, was die Erwachsenen tun?

Bevor die Erde war, war alles dasselbe, alles war nur Himmel, und das, was heute die Erde ist, war darin aufgelöst, dann wurde es getrennt in Himmel und Erde.

Als die Erde noch ganz neu war und die Leute sehr klein, denn die ersten Menschen waren ganz klein, noch kleiner als Zwerge – damals also war der Himmel noch sehr nahe an der Erde, so nahe, daß sich die Menschen bücken mußten, um den Anfang des Himmels zu sehen, denn der Anfang des Himmels war genau da, wo die Erde aufhörte. Himmel und Erde berührten sich. Und auf der Erde war alles gleich groß, die Blumen und die Bäume und die Menschen, die Mäuse und die Elefanten, die Berge und die Täler. Alle waren gleich groß. Die Menschen waren so groß wie die Blumen, die Elefanten waren so klein wie die Menschen, die Löwen so groß wie die Mäuse.

Und sie lebten friedlich nebeneinander, und niemand hatte mehr Macht als die Anderen. Die Katzen fraßen die Mäuse nicht, von den Bergen stürzten keine Lawinen herunter, weil die Berge zu klein waren. Und weil die Berge so klein waren, war kein Skifahrer schneller als die Anderen, kein Fußballer war besser als der andere, kein Hochspringer sprang höher als der andere. Und die Erwachsenen quälten ihre Kinder nicht, weil sie genau gleich groß waren wie ihre Kinder – nämlich klein.

Und alle atmeten dieselbe Luft ein, und die Luft war zwischen den kleinen Bäumen, zwischen den Blumen, den kleinen Bergen, zwischen den Elefanten und den Menschen, und die Luft berührte die Erde.

Und alle atmeten diese Luft ein, denn diese Luft war das Leben. Wer diese Luft einatmete, lebte. Und die Menschen bückten sich immer wieder zum Boden und sagten: »Schau her, hier beginnt die Luft, und hier beginnt die Erde – hier berühren sie sich.«

Die Luft, das ist nämlich der Himmel. Überall, wo Luft ist, da ist auch der Himmel. Und die Menschen fühlten sich sehr gut in der Luft, und sie atmeten den Himmel ein, den ganzen Tag. Und weil sie wußten, daß sie den Himmel einatmen, waren sie ganz friedlich und freundlich, und die Erwachsenen quälten ihre Kinder nicht, und die Lehrer waren genausogroß wie die Kinder. Und wenn die Eltern in die Schule kamen, sahen sie nicht, welches der Lehrer oder die Lehrerin war. Und wenn später noch andere Eltern in die Schule kamen, sahen sie nicht, welches nun die anderen Eltern waren und welches die Kinder. Und alle lernten von allen, die Eltern von den Kindern, die Kinder von den Eltern, und alle atmeten gemeinsam den Himmel ein.

Das Wichtigste war, daß nicht nur die Kinder von den Eltern lernten, sondern auch die Eltern von den Kindern. Die Kinder kamen nämlich immer wieder aus jener Luft – aus dem Himmel –, und sie wußten Dinge, die die Eltern schon längst vergessen hatten. Und sie erzählten den Eltern vom Himmel und daß er aus Luft ist und daß man ihn einatmen kann.

Nun kamen aber schon damals die Kinder nicht nur aus dem Himmel, sondern sie wurden auch geboren von ihren Müttern. So waren die Mütter – die Frauen – den Kindern immer etwas näher als die Väter und Männer. Und die Frauen wußten deshalb immer etwas mehr als die Männer über die Luft, über das Leben, das aus der Luft kommt, über das Leben, das man einatmen kann, und über den Himmel, der aus Luft besteht.

Und wenn auch alle gleich groß waren – damals –, die

Frauen waren ein bißchen anders als die Männer, sie konnten Kinder zur Welt bringen, und sie hörten ihren Kindern zu, und sie wußten sehr viel über das Leben.

Die Männer aber wollten ganz anders sein. Sie wollten stark sein, und sie wollten groß sein. Und sie wollten sehr gescheit sein, und deshalb hörten die Männer – die immer noch klein waren – ihren Kindern weniger gut zu als die Frauen.

Die Väter stellten sich auf die Zehenspitzen, damit man glaubte, sie seien größer als die Anderen, und sagten mit tiefer Stimme: »Das ist doch alles Blödsinn. Wir sehen keine Luft, und wir sehen keinen Himmel.«

»Doch, schau mal, er ist blau«, sagte das Kind zum Vater, und der Vater sagte: »Blödsinn!«

»Mit all diesen Kleinen wollen wir nichts mehr zu tun haben«, sagten die Männer, »wir wollen groß und gescheit werden, und wenn da oben der Himmel ist, dann wollen wir auf ihn zuwachsen«, und sie wurden größer und größer, und es nützte nichts, daß die Kinder ihnen zuriefen: »Der Himmel ist doch hier unten – schaut, hier berührt er die Erde.«

Und als die Männer groß waren – etwa so groß wie die heutigen Gartenzwerge, aber doch viel größer als ihre Frauen und Kinder –, da konnten sie die Frauen und Kinder nicht mehr verstehen, sie konnten sie nicht einmal sehen, weil die Kinder nun soviel kleiner waren als die Väter, und die Väter hörten nichts mehr vom Himmel, und alles Friedliche und Freundliche fehlte ihnen. Und weil sie von ihren Kindern nichts mehr lernen konnten, wurden sie sehr dumm und kalt und versteinerten langsam. Sie wurden Gartenzwerge, versteinerte Gartenzwerge. Es gibt nur männliche Gartenzwerge, weil die Frauen damals klein und gescheit geblieben sind und die Kinder auch – und deshalb gibt es auch keine Gartenzwergkinder.

Ein paar Männer übrigens sind damals auch klein geblieben.

Und die Erde, die Welt, wurde älter und älter, und auch die Kleingebliebenen vergaßen mehr und mehr, was sie von ihren Kindern, die aus der Luft kamen und von Frauen geboren wurden – was sie von ihren Kindern immer wieder gelernt hatten.

Und auch sie sagten plötzlich: »Wo ist der Himmel? Wir wollen ihn sehen!« Und sie wurden auch größer und größer, weil sie glaubten, das Blaue, dort oben, das sei der Himmel, und sie könnten ihn sehen, wenn sie größer wären.

Denn das Blaue dort oben – und das wußten die ganz kleinen Kinder damals noch –, das Blaue dort oben, das gibt es gar nicht, das sieht nur so aus, wenn nämlich sehr viel Luft übereinander aufgetürmt ist, dann sehen wir Menschen die Luft als blau – dabei ist es nur Luft, genau dieselbe Luft wie hier auf der Erde. Und diese Luft hier auf der Erde ist genau die gleiche Luft wie die dort oben, die blau ist, die Luft hier unten ist auch der Himmel.

Inzwischen ist die Welt schon sehr alt, und die Menschen sind größer und größer geworden. Und je größer sie wurden, um so mehr schrien sie: »Wo ist der Himmel? Wir wollen sehen, ob es einen Himmel gibt. Wir wollen wissen, ob es einen Himmel gibt.«

Die Menschen waren inzwischen so groß, daß sie den Anfang des Himmels nicht sehen konnten, und der Anfang ist ganz unten, dort wo sich der Himmel und die Erde berühren.

Und es gibt inzwischen nur noch eine Sorte von kleinen Menschen, die Kinder. Die legen sich hie und da auf den Boden, riechen an der Erde und atmen die Luft und den Himmel ein.

Und hie und da sagt ein Kind zu seinem Vater: »Ich habe den Himmel eingeatmet«, und dann sagt der Vater: »Blödsinn«, weil der Vater doch schon sehr groß ist und sich nicht mehr bücken will zur Erde und nichts davon wissen will, daß dort unten der Himmel die Erde berührt.

Und weil er weiß, daß die Kinder etwas wissen, was er nicht weiß, sagt er: »Aber ich bin groß. Ich muß nichts wissen, ich muß nicht zur Schule gehn, ich kann schlafen gehn, wann ich will.«

Und dann sagt er: »Ihr Kinder dürft aber das alles nicht.« Nur weil die Kinder klein sind, dürfen sie nicht alles tun, was die Erwachsenen tun dürfen, nur weil sie klein sind.

Die Menschen waren aber alle einmal klein, alle gleich klein, und alle durften dasselbe, und sie atmeten die Luft ein, und die Luft war der Himmel.

Es ist ein Elend für die Menschen, daß sie groß geworden sind. Sie sehen, weil sie groß sind, den Anfang des Himmels nicht mehr.

Und deshalb, nur deshalb, möchten sie etwas mehr dürfen als die Kinder, die den Himmel noch kennen, weil sie ganz unten den Anfang des Himmels noch einatmen.

# III Das Fest des Dazugehörens: Kolumnen

## Im Winter muß mit Bananenbäumen
## etwas geschehen

Großväter haben, oder hatten, eine Neigung zur Geographie. Sie hatten alte Atlanten und zeigten ihren Enkeln Grönland, Afrika und Australien. Sie kannten den Pazifik und den Atlantik und den Indischen Ozean, und sie kannten den Unterschied zwischen afrikanischen und indischen Elefanten.

(Ich hatte erst kürzlich am Biertisch wieder einen Streit darüber, welche die größeren seien und welche die längeren Ohren hätten. Ich habe tapfer die Meinung meines Großvaters vertreten und kam damit in die Minderheit, aber ich bin überzeugt, daß mein Großvater recht hatte: Die indischen, das sind die großen mit den kleinen Ohren.)

Von einem andern Großvater habe ich gehört, der schnitzte in einer Fabrik in Kleinlützel ein Leben lang Edelweiße und Alpenrosen auf Tabakpfeifen und Spazierstöcke, mehrere in einer Minute für einen lächerlichen Lohn, und darunter schnitzte er die Namen von Dörfern, schöne Namen. Zermatt, St. Moritz, Andermatt, Adelboden, Mürren. Und er schnitzte diese Namen liebevoll – sehr schnell, aber liebevoll –, und er dachte sich dabei etwas. Es ist ihm nicht aufgefallen, daß er noch nie da war, und er starb, ohne auch nur einen dieser Orte gesehen zu haben. Es ist unwahrscheinlich, daß er den Wunsch hatte, diese Orte zu sehen – es ist wahrscheinlich, daß er den Wunsch hatte, aber es ist unwahrscheinlich, daß er ihm bekannt war. Sicher hatte auch er eine Landkarte, und er hat sich die Orte auf der Landkarte gesucht, und als auf dem Kalender das Matterhorn kam, da brachte er es nicht übers Herz, das Blatt nach einem Monat abzureißen, und seither hing an der Wand der September 1924, und er wurde nach und nach blaß und brüchig und gelb, vielleicht – sehr wahrscheinlich nicht, man stellt sich die Einfachen immer zu sentimental vor. Aber eine Landkarte hatte er.

Mein Großvater hatte in seinem Garten in Zofingen einen Bananenbaum. Ich weiß nicht, ob man Bananenpalme sagt, er sagte jedenfalls Bananenbaum. Ab und zu trug er ganz kleine, embryonale Bananen. Essen konnte man sie nicht. Ich versuche mir inzwischen vorzustellen, was mit diesem Baum im Winter geschah. Eigenartig, jede Möglichkeit wird sofort zum Bild und zur realen Vorstellung: der Bananenbaum im Winter im Garten, in Zeitungen eingehüllt und in einem Torfmullberg – oder das Loch im Garten im Winter, wo der Baum ausgegraben wurde und der »Baum« im Keller mit Stroh eingewickelt oder so – ich weiß es nicht. Ich werde zwar weiterhin am Biertisch von Elefantenunterschieden sprechen – wenn es sein muß oder wenn das Gespräch die Gelegenheit ergibt –, aber ich werde mich nicht auf die Äste hinauslassen und behaupten, mein Großvater in Zofingen habe einen Bananenbaum im Garten gehabt – ich kann es mir nicht leisten, weil ich nicht weiß, was mit ihm denn eigentlich im Winter geschah, und eines ist klar: Im Winter muß mit Bananenbäumen etwas geschehen.

Ich hatte das mit Großvaters Bananenbaum völlig vergessen. Kürzlich war ich zum ersten Mal in den Tropen. Und was mich überraschte, war, daß mich alles erinnerte. Ich kannte das bereits alles aus meinen Vorstellungen.

Die Bananenbäume sind wirklich so wie der Bananenbaum meines Großvaters, dasselbe Grün. Und ich hatte eigentlich meinen Großvater vergessen – hier in den Tropen erinnerte ich mich wieder an ihn. Ich wäre gern zurückgekommen und hätte meinem Großvater gern mitgeteilt, daß sie wirklich so sind, die richtigen Bananenbäume, daß sie genauso sind wie seiner. In diesem Sinne habe ich ihn wieder einmal mehr vermißt.

Es ist etwas schwierig, wenn man weit weg ist. Man hat dann Zeitunterschiede und ein anderes Klima, und der Mond hängt etwas anders am Himmel, und man versucht sich mit Wörtern wie Äquator oder Roßbreiten zu beeindrucken. Es ist unvorstellbar, daß mein Großvater diese Gegend je erreicht hätte, aber er legte Wert darauf, mir von diesen Gegenden zu erzählen.

Er hatte ein Buch mit dem Titel »Vögel der Welt« und ein Buch mit dem Titel »Säugetiere der Welt« mit Farbtafeln, auf denen das transparente Metzgerpapier festklebte und so einen schönen Ton von sich gab, wenn man es abzog. Ameisenbären und Beuteltiere, Okapis und Nashörner waren ihm und mir nicht fremd, und er formte aus Ton Elefanten und Giraffen und bemalte sie mit Goldbronze.

Etwas anderes ist mir noch eingefallen in den Tropen, nämlich daß ich einmal Missionar werden wollte. Ich erinnerte mich an die Sonntagsschule und an die Lichtbildervorträge von Missionaren im Keller unserer Kirche und an einen freundlichen Mann, der uns »Weißt du wieviel Sternlein stehen« in irgendeiner Eingeborenensprache vorsang.

Ich habe daran gedacht, als ich mit denen, die man als Eingeborene bezeichnet, sprach, und ich konnte mir nicht vorstellen, was geschehen wäre, wenn man mich hierhergeschickt hätte.

Hierhergeschickt übrigens mit dem Geld meines Großvaters. Er war ein sehr frommer Mann, und er muß sehr viel Geld für die Mission gespendet haben, und seine Frau hat für den Missionsbasar gestrickt und gehäkelt, ein Leben lang. Meine Großmutter war keine lebensfrohe Frau. Sie war sehr prüd. Irgendwie muß sie aber dauernd Lendenschürze vor ihren Augen gesehen haben. Ich kann mir das kaum vorstellen. Der Bananenbaum vor Großvaters Haus muß auch – irgendwie – mit Mission zu tun gehabt haben.

Ich habe mich vorsichtig erkundigt nach christlicher Mission bei Hindus und Buddhisten, und ich habe vorsichtige Antworten bekommen, höfliche Antworten, keine Ablehnung. Einer wußte, daß sie von ihnen die Schrift haben. So alles nur schlecht haben sie nicht gemacht.

Ich hätte ihm lange erzählen müssen, nach meiner Rückkehr. Er hätte – da bin ich sicher – seinen Atlas geholt und die Tierbücher, und ich bin fast sicher, daß er mich nicht gefragt hätte nach der Mission.

Mein Großvater war ein interessierter Mann, und er war bescheiden und fromm. Ich kann mir ihn nicht vorstellen als Tourist, unvorstellbar, daß er gereist wäre – kein Matterhorn, kein Niagarafall, keine Akropolis.

Erdnüßchen und Orangen hatte er nicht nur gern. Er hat sie verehrt. All das mit Afrika und Südsee und so gehörte irgendwie mehr zu seiner Welt als zu meiner. Irgendwie hat er sich von Mission mehr versprochen als von Christentum, und von Geographie und Zoologie mehr als von Politik.

Die Tropen haben mich an meine Kindheit erinnert, nicht etwa an Bubenträume, vielmehr an die Träume meines Großvaters. Sie sind so etwas wie eine alte Welt, wie eine Welt, die man vor vierzig Jahren beschrieben bekam.

Wenn Touristen davon sprechen, daß dies mit Bali bald vorbei sein werde, dann trauern sie eigentlich nichts anderem als der Welt ihrer Großväter nach. Die Entwicklungsländer haben darunter zu leiden, daß mein Großvater in seinem Garten einen Bananenbaum hatte und daß er Erdnüßchen verehrte, und vielleicht, ich weiß nicht –

Nichts gegen meinen Großvater, ich mag ihn.


## Nostradamus

In der Buchhandlung steht ein etwa zwölfjähriger Junge und erkundigt sich nach den Werken von Nostradamus.[1] Die Buchhändlerin weiß, wo sie stehen, er ist offensichtlich nicht der erste, der danach fragt.

Eine erschreckende Szene: Ein Zwölfjähriger erkundigt sich nach der von der Bild-Zeitung genüßlerisch angepriesenen Katastrophe, erkundigt sich nach dem dritten Weltkrieg und dem Weltuntergang.

•Der 15. März 1982 wird da und dort genannt, es ist nicht das erste Weltuntergangsdatum. Schon der Apostel Paulus soll überzeugt gewesen sein, daß er ihn erleben werde, Luther soll sich damit beschäftigt haben. Was wohl neu ist, ist, daß wir inzwischen wissen, wie er stattfinden würde. Nicht die Sonne würde erkalten, nicht der Mond auf die Erde abstürzen, nicht das Innere der Erde explodieren, nicht ein Gott würde sie zerstören, sondern ein Mensch. Wir kennen die entsprechende Technik, zum mindesten ihren Namen und ihre Wirkung. Wir kennen die Bösen, und wir kennen die Guten. Und wir hoffen, daß sich die Bösen vor den Guten fürchten werden und daß die Guten noch schrecklichere Waffen entwickeln, damit sich die Bösen noch mehr fürchten müssen.

Inzwischen können wir uns unterhalten über Sinn und Unsinn der Astrologie, über Killerkonstellationen und eben über diesen Nostradamus, der schon immer recht gehabt haben soll, wie man hinterher rekonstruieren konnte. Immerhin stammen seine Prophezeiungen aus dem 16. Jahrhundert, und nachdem wir für das Glätteisen der Großmutter schon Unsummen auf den Tisch des Antiquars blättern, muß doch 16. Jahrhundert noch teurer und entsprechend wertvoller und wahrer sein. Ein Schreiber aus dem 16. Jahrhundert kann schließlich nicht irren, soviel Ehrfurcht vor Geschichte und Antiquitäten haben wir doch alle.

Ich weiß, daß ich mit diesen Zeilen ein paar Leute ärgern werde, aber ich tu das gern, sie ärgern mich auch. Ich nehme an, daß das, was ich hier tu, für sie ein Sakrileg, eine Gotteslästerung ist. Aber ich finde diese Partygespräche über Nostradamus zum Kotzen. Ich finde jene, die da rumgehen und nachweisen, daß jener Nostradamus immer recht hatte, grauenhafte Blödiane.

Warum freuen sie sich eigentlich so darüber, daß er recht

hatte? Warum freuen sie sich so darauf, daß er wieder recht haben wird?

Wir könnten doch einfach zusammensitzen und, in einem sozusagen letzten demokratischen Akt, darüber entscheiden, ob er recht bekommen soll, und wenn wir dafür eine Mehrheit finden, dann wird alles Weitere ein leichtes sein. Denn die Chance, daß er in nächster Zeit recht bekommt, ist groß. Seine Anhänger können sich freuen. Sie werden wohl auch befriedigter sterben als wir anderen, die nicht an ihn glauben.

Es wird auch darüber philosophiert, warum wir ausgerechnet jetzt wieder auf Nostradamus kommen: unsere Ohnmacht gegenüber dem Schicksal der Welt? die Unsicherheit der Zeit? die kommende Jahrhundertwende?

Was mich allerdings viel mehr erschreckt, ist die Beobachtung, daß das Thema Redaktoren von Zeitungen verschiedenster Qualität und Schattierungen offensichtlich gelegen kommt: als Füller zum Beispiel, wenn man sonst nichts Sensationelles oder Unterhaltendes findet.

Leben wir denn in einer so zufriedenen Zeit, daß wir die Sensations- und Horrormeldungen zusammenkratzen müssen? Wohl kaum – aber wir langweilen uns sehr schnell, die Schreckensmeldungen haben einen kurzen Reizwert. Wenn ein erschreckendes Ereignis nicht Tag für Tag eskaliert, dann langweilt es uns. Der Vater ruft schon längst nicht mehr »Ruhe!«, wenn das Wort Polen am Radio fällt. Der Vater sucht das südamerikanische Land auf dem Globus nicht mehr; daß die Zahl der Gefangenen stabil bleibt, das läßt die Gefangenen vergessen. Wir langweilen uns und werfen der Tagesschau vor, daß sie langweilig sei. Wir sind am Fernsehen anwesend bei den Rekorden dieser Welt, und wir wundern uns nicht mehr.

Ich kenne die Prophezeiungen des Nostradamus nicht, sie interessieren mich nicht. Ich möchte nur wissen, ob er vorausgesagt hat, daß wir uns alle bitter langweilen werden in den achtziger Jahren und angeödet den Ablauf unserer Geschichte anschauen werden. Aber wenn sie schon langweilig ist, diese Geschichte, dann soll sie doch wenigstens sinnvoll sein, und sinnvoll wäre sie wohl dann, wenn einer mit seinen Voraussagen recht hätte.

Ich bin jedenfalls überzeugt, daß breitgetretene Langeweile und Angeödetheit zu einem Kriegsgrund werden könnten.

Ich erinnere mich, wie ich als kleiner Bub mit der Großmutter am Radio saß und Kriegsnachrichten hörte und wie meine Großmutter sagte: »Ich weiß gar nicht mehr, was vor dem Krieg in den Nachrichten kam – was werden die wohl nach dem Krieg erzählen?«

Sie hat damit nicht gemeint, daß sich die Leute nach dem Krieg langweilen werden. Aber man könnte ja ihren Ausspruch nachträglich so interpretieren, und dann wäre meine Großmutter auch eine Prophetin wie Nostradamus, der sicher recht bekommt, wenn uns nichts anderes mehr als Nostradamus einfällt.


## Dummheit ist Macht

Die zwei, die vor mir über die Brücke gehn, sind offensichtlich Brüder, der eine etwa zehnjährig, der andere zwanzig. Der kleine redet sehr aufgeregt auf den anderen ein, und der ältere antwortet väterlich bedächtig und erklärt die Dinge. Sie sprechen spanisch, ich verstehe kein Wort, aber der Tonfall macht sie zu Brüdern, und der Tonfall läßt Fragen und Antworten erkennen. Und plötzlich sprechen sie Schweizerdeutsch, völlig akzentfrei. Sie wechseln die Sprache, wohl ohne es selbst zu bemerken, und sie sehen jetzt, während sie Schweizerdeutsch sprechen, plötzlich auch nicht mehr wie Spanier aus. Es ist ein schönes Gespräch zwischen dem wissenden älteren Bruder und dem fragenden kleinen. Ich hätte gern weiter zugehört, aber dann sprechen sie wieder spanisch.

Erst gestern mußte ich wieder einmal in der Beiz bei angetrunkenen Bauarbeitern die Italiener und die Spanier verteidigen. Man sagte, sie seien Tiere und strohdumm und hätten keine Ahnung.

Die Theorie ist alt, daß der unterste Schweizer in der Rangordnung einen braucht, der noch weiter unter ihm ist und den er unterdrücken kann. Vielleicht aber sind die Italiener und Spanier doch etwas ungeeignet dazu. Sie sind Wissende, sie können zwei Sprachen, kennen zwei Kulturen – sie haben einen weiteren und größeren Horizont. Vielleicht sind sie weniger als der Schweizer in die Schule gegangen, aber vielleicht waren sie bessere Schüler. Ich stelle mir vor, daß nur jene den Weg ins Ausland schaffen. Oder ganz einfach: Sie wissen zuviel, also haßt man sie.

Am Stammtisch demonstriert der kleine Sohn des dummen Wirts den Gästen, daß er schon lesen kann. Er holt sein Schulbuch und beginnt, mühsam zu buchstabieren. Ich war zwar mal Lehrer und auch mal Vater, aber ich habe das schon lange nicht mehr gehört, und ich höre fasziniert zu: dieses Gehacke, jede Silbe wird wie ein eigenes Wort betont und überbetont. Man muß es als Zuhörer selbst zusammensetzen und hat den Eindruck, daß der Buchstabierende den Sinn nicht mitbekommen kann. Aber es fasziniert auch, daß sich hier einer Sprache erobert, sich Buchstabe für Buchstabe vorkämpft, Silbe für Silbe erobert und mit Überbetonung quittiert und in Besitz nimmt.

Ein Betrunkener am Tisch, ein sehr stumpfer Mensch, hört auch zu. Ich wundere mich, daß er zuhört, aber es geht ihm wohl ähnlich wie mir. Er erinnert sich, erinnert sich vielleicht daran, daß er auch einmal einer war, der Lesen lernte und etwas Gescheites werden wollte.

Der Kleine liest die Josefsgeschichte, jene mit den sieben

mageren und sieben fetten Jahren aus dem Buch Mose.[2] Plötzlich brüllt der Wirt aus der Küche: »Hör doch auf mit dem Quatsch, wir haben doch nicht Weihnachten!« Der Kleine versteht, was der Vater meint, und sagt: »Aber, das ist doch ein ganz anderer Josef.« Und nun geht es los, und die Gäste beteiligen sich lachend: »Etwa der Vater von Josef oder der Bruder – ein Zwilling vielleicht.« Der Kleine versucht es noch einmal zu erklären, sanft und wissend. Es ist hoffnungslos, er ist der Kleine, er kann doch nicht der Wissende sein. Er packt seine Sachen zusammen und zieht sich zurück.

Die Wissenden haben es schwer. »Und wer viel lernt, der muß viel leiden«, hat schon der Prediger Salomon gesagt.[3] Er hat es genauso gemeint, wie das der Kleine erfahren hat: wie das oft fremde Gäste bei uns erfahren.


## Die heilige Zeit der Gewalt

Diese Zeit heißt »Die heilige Zeit«, aber wer sie so nennt, der meint etwas ganz anderes. Wenn der Wirt sagt »Die heilige Zeit«, dann verwirft er seine Arme verzweifelt, und er spricht das Wort aus in einem Tonfall von Resignation. »Die heilige Zeit«, sagt er, wenn sich seine Gäste anbrüllen, wenn sie sich am Kittel packen, wenn sich der Wirt schlichtend dazwischenstellen muß – Zeit der Verzweiflung.

Man spricht davon, am Stammtisch, daß die Versicherungen verlorene Schirme nicht mehr bezahlen. Wir Ehrlichen sind die Dummen, wird festgestellt. Dann wird auch festgestellt, daß »wir« nicht dumm sind und daß es keinen Sinn hat, ehrlich zu sein. Sonst kommt man zu nichts. Und dann wird festgestellt, daß »wir« nur nicht ehrlich sind, weil es Unehrliche gibt, »wir« aber sind die Gerechten.

Einer sitzt da, der braucht von Zeit zu Zeit sein Taschentuch, um seine Tränen zu trocknen. Ich hätte ihm nicht zugetraut, daß er weinen kann. Dazwischen tobt er und haut auf den Tisch – »Die heilige Zeit«, sagt der Wirt –, und der Weinende spricht von Umbringen, nur von Umbringen, wobei ihm selbst nicht klar ist, ob er davon spricht, daß man ihn umbringen wolle, oder ob er sich selbst umbringen oder ob er jemanden umbringen wolle.

Gewalt ist etwas Totales. Es spielt keine Rolle, wer wen oder was – einfach umbringen. Die Sache ist die, daß ihm seine Freundin davongelaufen ist. Es ist fast eigenartig, daß ihm das weh tut. Es tut ihm so weh wie jedem anderen. Aber seine Wut bezieht sich auf etwas ganz anderes. Sie hatte nämlich kein Recht, ihm davonzulaufen. Sie war sein Besitz.

Es wird am Stammtisch darüber diskutiert, ob man die Freundinnen schlagen soll oder nicht. Einer sagt, er hätte mal eine Freundin gehabt, die hätte er nicht geschlagen, die sei ihm dann davongelaufen.

Ein anderer erzählt, daß ein Türke auf dem Bau ihm die Hand auf die Schulter gelegt hätte, als er zu ihm etwas sagte. Dem hätte er aber eine Kelle Mörtel ins Gesicht geworfen. Man muß sie in die Schranken weisen, sonst werden sie frech.

Und da sitzt einer, den habe ich noch nie so gesehen. Er hat so was Sanftes. Nun fragt ihn einer nach seiner Freundin, und er sagt, er habe seit vorgestern eine neue. Also ist er verliebt. Er sieht so aus, wie Verliebte aussehen – ganz sanft.

Dann sagt er: »Eine Wunderkatze!« Das ist also alles. Ich frage mich, woher er überhaupt die Fähigkeit hat, verliebt zu sein. Und die alte Freundin habe noch die Frechheit gehabt zu meckern, als er mit der neuen geschmust habe. Da habe er ihr aber eine gelangt.

Der Weinende erklärt, daß es Frauen viel leichter hätten, einen Freund zu finden. Die müßten ja nur fragen, für Männer sei das viel schwieriger. Er glaubt das wirklich, er glaubt das wirklich!

Einer sagt, daß jeder ein Idiot sei, der die leeren Flaschen nicht in den Kehricht werfe, schließlich bezahle er Kehrichtsteuer. (Würde er bezahlen, wenn er bezahlen würde.)

Warum fällt ihm im selben Augenblick das alternative Zaffaraya in Bern ein.[4] Diese verfluchten Schwächlinge, sagt er, alles Mitläufer. Umbringen, sagt er.

Immer schlagen, immer umbringen. Sich durchsetzen, sich nicht auf die Kappe scheißen lassen, immer der Stärkere sein. Der Wirt verwirft die Arme und sagt »Die heilige Zeit«.

Die Zeit der Gerechten. Hier sitzen die Gerechten. Ihre Feindbilder sind intakt, das halten sie für Gerechtigkeit.

Astrid Lindgren – die wunderbare Autorin von »Pippi Langstrumpf« – hat kürzlich in einem Vortrag am Radio folgende Geschichte erzählt: Ein Kind hat irgend etwas angestellt, und seine Mutter sagt zu ihm: »Dafür mußt du deine Prügel kriegen, geh vors Haus und suche einen Stecken, mit dem ich dich verprügeln kann.«

Der Bub geht und kommt lange nicht zurück. Endlich kommt er und sagt: »Ich habe nirgends einen Stecken gefunden, aber ich habe hier einen großen, schweren Stein, den kannst du ja nach mir werfen.«

Da nahm die Mutter ihren Bub in die Arme und weinte.

»Wenn du mir Schmerzen zufügen willst, dann kannst du das doch auch so tun, daß du den Stein nach mir wirfst«, sagte der Bub.

Die Mutter nahm den Stein und legte ihn aufs Küchenbrett. Und sie wußte ab jetzt, daß schlagen immer töten heißt.

Das ist eine wunderschöne Geschichte. Aber jene, die sie glauben, nennt man Pazifisten oder Feiglinge oder Drückeberger oder Schwächlinge.

Wir aber sind die Gerechten, und die Gerechten haben die Ungerechten zu schlagen. So einfach ist das.

Ich wünsche ein siegreiches Weihnachtsfest.

Ostern ist vorbei. Erinnern Sie sich noch, wie wir uns vor einer Woche »Frohe Ostern« und »Schöne Festtage« gewünscht haben?

Haben wir nun wirklich den Opfertod und die Auferstehung Christi gefeiert? Nein, das haben wir wohl nicht. Ich bin nicht einmal sicher, ob ein Pfarrer oder Bischof das getan hat. Aber wir haben gut gekocht an Ostern oder uns bekochen lassen. Viele haben an Karfreitag Fisch gegessen – einen teuren Fisch, wenn schon, selbstverständlich: Seezunge, Dorade, Hecht. Die ersten Spargel – teuer – auch, die hat man sich am Donnerstag gekauft, und die Verkäuferin hat »Schöne Ostern« gewünscht – und irgendwie haben wir uns alle auf Ostern gefreut. Und Ostern wird trotzdem nie so richtig Ostern.

In Sachen Weihnachten haben wir uns bereits daran gewöhnt: Der Dezember ist ein Streß, Geschenke und Geschäfte, und das Fest zu Hause will nicht mehr so richtig gelingen. Aber es muß trotzdem sein, das Fest, es muß auch sein, wenn wir nicht an jenen glauben, der an Weihnachten geboren wurde. Und viele haben den Verdacht, daß uns die Geschäfte das Weihnachtsfest versauen.

Das kann nicht wahr sein, denn vor Ostern sind die Verkaufsgeschäfte viel weniger aggressiv als an Weihnachten, und an Pfingsten treten sie überhaupt nicht in Erscheinung, und wir werden uns auch vor Pfingsten »Frohe Pfingsten« wünschen, und wir werden auch vor Pfingsten einen guten Braten einkaufen, und irgendwie haben wir vor den Feiertagen doch immer die Vorstellung von etwas Besonderem.

Die Feiertage sind nicht besonders, weil sie uns zur Gewohnheit geworden sind, zu einer noch größeren Gewohnheit als der Alltag.

Eine Woche vor Ostern traf ich am Morgen in der Beiz verkaterte und betrunkene Leute. Sie waren sehr laut und sehr fröhlich. Sie feierten den Schweizermeistertitel des SCB Bern. Nein, sie waren nicht in Lugano, sie hatten nicht einmal alle das Spiel im Fernsehen gesehen. Aber sie feierten (versuchten zu feiern) das große Ereignis, und sie gingen für einen Tag, für zwei Tage nicht zur Arbeit – das ist ein hoher Preis für den Glauben an den SCB Bern –, und ich, der ich keine Neigung zu Eishockey habe, verstehe das eigentlich nicht.

Vier Tage feiern in Erinnerung an den Tod und die Auferstehung jenes Jesus von Nazareth ist kein hoher Preis – das sind staatlich festgelegte Feiertage, auf die wir uns jedes Jahr freuen und die uns Jahr für Jahr mißlingen.

Denn in Wirklichkeit sind das keine Feiertage, sondern nur zufällige Freitage.

Der besoffene Markus aber in der Beiz, der feiert diesen unnötigen Sieg von Bern eine ganze Woche, und ich kann das nicht nachvollziehen – ganz einfach nur deshalb, weil mir der Glaube fehlt.

So sind denn auch die Feiern zum Jahr 1991 nicht etwa gescheitert, weil »Kulturschaffende« – in Leserbriefen heißen sie »sogenannte Kulturschaffende« – nicht mitmachen wollten, sondern nur, weil 1991 nicht mehr ist als Weihnachten, Ostern und Pfingsten – nicht etwa die 700-Jahrfeier mißlingt uns, sondern alle Feiern.[5]

So entscheidet sich halt dann der besoffene Markus für einen eigenen Glauben, für den Glauben an den SCB Bern. Dafür muß ich unter den verlogenen religiösen und nationalen Verhältnissen fast Verständnis haben. Der Glaube von Markus – er weiß es nicht – ist irrational, also echt.

Im übrigen ist Markus auch ein Nationalist, gegen Tamilen, gegen Ausländer, gegen alles, aber – wenn man ihn fragen würde – für die Schweiz. Zwar nicht für die Tessiner (Lugano), nicht für die Jurassier, nicht für die Thurgauer, aber für die Schweiz – nämlich dafür, daß er ein Schweizer ist und eben nicht ein Ausländer.

Ich weiß nicht, ob der Glaube von Markus an den SCB Ersatzreligion ist oder Ersatzpatriotismus. Es ist wohl nur eine Ersatzfeier, weil unsere Feiern so verlogen geworden sind.

Und wenn die Serben nicht mehr wollen und wenn die Kroaten nicht mehr wollen und wenn die Ukrainer nicht mehr wollen und wenn die Jurassier nicht mehr wollen, die Letten, die Estländer – dann ist das vielleicht doch nichts anderes als die Suche nach der echten, der eigenen Feier – endlich etwas, das man überzeugt feiern kann. Die Feier der Leute in der DDR war eine wunderbare, und sie führte in den Kater wie die Feier von Markus.

Immerhin, die Suche nach Irrationalität ist vielleicht gar kein so schlechter Weg. Und wenn all die Bewegungen – auch die von Markus mit seinem SCB – auch einen sehr nationalistischen Eindruck machen – letztlich werden sie zur Auflösung der Nationen führen, zum Ende der verlogenen Feiern.

## Zum Beispiel das mit den Käfern

Weihnachten, Neujahr: Die Zeitungen rufen wieder an, eine kleine Umfrage: »Was sind Ihre Wünsche fürs neue Jahr?« Ich mag darauf nicht antworten. Oder dann die Frage: »Was sind Ihre Utopien für die nächsten zehn Jahre?« Ich kann darauf nicht antworten. Also keine Wünsche? Ja, ich habe keine Wünsche, wenn damit persönliche Wünsche gemeint sind. Also keine Utopien? Ja, wenn damit Hoffnungen gemeint sind. Ich spiele kein Lotto, weil ich mich vor der Million fürchte. Sie würde mein Leben verändern, davor fürchte ich mich. Hoffnungen – die Hoffnung, daß ein Engel kommt und das alles wegnimmt, die finanziellen Sorgen, das mit den Drogen, das mit den Asylanten, das mit der Arbeitslosigkeit.

Ich möchte zum Beispiel, daß ein solcher Engel die Käfer in meiner Wohnung wegnimmt. Ich habe genug davon, sie umzubringen. Bei jedem Zerquetschen habe ich ein schlechtes Gewissen. Sie stören auch nicht sehr – ich fürchte mich nur vor ihrer Vermehrung. Und es sind Lebewesen, es sind Kreaturen. Sie gehören zur Vielfalt an Lebendem in dieser Welt. Ich habe nichts, gar nichts gegen sie. Und ich meine, ich hätte sie umzubringen. Schädlinge? Ich könnte keinen Schaden nachweisen, den sie mir angerichtet haben. Sie sind auch scheu und fliehen Licht und Menschen. Ich könnte hier ruhig schlafen mit ihnen. Aber sie stören. Man hat keine Käfer in der Wohnung. Wer Käfer in der Wohnung hat, ist ein unordentlicher Mensch. Ich möchte ein ordentlicher Mensch sein. Ich möchte mich nicht vor Besuchern für diese Käfer entschuldigen müssen, behaupten müssen, sie seien neu und ich hätte vorher noch keine gesehen. Also bringe ich sie um, und ich nehme ihnen das persönlich übel, daß ich sie umbringen muß. Ich hasse sie, weil sie mich schuldig machen. Wären sie nicht hier, sondern irgendwo im Käferland, dann könnte ich ruhig ein unschuldiger Mensch sein. Ich bin kein Rassist, aber sie – die andere Rasse, die Rasse Käfer – beweist mir tagtäglich, daß ich ein Rassist bin. Das nehme ich dieser Rasse übel, daß sie mir beweist, daß ich einer bin.

Wenn sie doch endlich weg wäre, die Arbeitslosigkeit! Wenn sie doch endlich weg wären, die Flüchtlinge, die Drogen! Ob die Kriege in aller Welt noch ein bißchen bleiben dürften?

Wie feiern wir eigentlich Weihnachten unter diesen Bedingungen? Wohl genauso wie letztes Jahr, wie vorletztes Jahr. Ist »feiern« überhaupt das richtige Wort, wäre »machen« nicht zutreffender?

Wie macht zum Beispiel jener Weihnachten, den ich kürzlich im Bahnhof Zürich erlebt habe. Ich stehe auf der Rolltreppe. Plötzlich beginnt hinter mir jemand zu schreien:

»Du dreckiges Schwein, du Affe, Sauhund« usw., ich drehe mich um, hinter mir steht eine junge Frau, bleich und erschrocken. Hinter ihr ein gutgekleideter, absolut seriös aussehender Geschäftsmann, Aktenkoffer, Anzug, Mantel. Er eilt oben an der Treppe an mir vorbei. Ich bleibe entsetzt stehen, und nun kommt ein Mann auf mich zu – offensichtlich Ausländer, so wie ein Asylant eben aussieht – und sagt zu mir in recht gutem Deutsch: »Der spinnt wohl, dem geht es nicht gut«, und er versucht mich zu trösten. »Das darf man nicht ernst nehmen«, sagt er. »Wissen Sie, ich arbeite hier, schon lange und jeden Tag. Ich bin kein Flüchtling. Ich habe eine Arbeitsbewilligung, eine Aufenthaltsbewilligung, schon lange.«

Wäre der Schreihals, der Beschimpfer ein Skinhead gewesen, eben so einer, wie man sich Neofaschisten vorstellt, ich wäre zwar auch erschrocken, aber so einer hätte wenigstens in meine Vorstellung gepaßt. Was mich hinterher doppelt erschreckte, war mein falsches Geschichtsbild. Die wirklichen Nazis waren nämlich nicht Skinheads und wilde Horden, sondern auch recht ordentliche Geschäftsherren, Buchhalter, Handwerker.

Ich versuche mir vorzustellen, wie jener Geschäftsherr von der Rolltreppe Weihnachten macht. Wohl so wie wir alle: die Enkel auf den Knien und von ihnen geliebt. Ein Weihnachtsfest in Unschuld. Schuldig sind jene anderen, die uns zu Tätern machen.


## Die Weihnachtsgeschichten

25. Dezember, ob wir Christen sind oder nicht, wir kommen nicht um ihn herum. Wir sitzen da, und vielleicht ist es ein bißchen langweilig, vielleicht auch ein bißchen zu heiß – so viele Leute sind nur an Weihnachten in der Stube, es ist ein

bißchen viel –, und dann die Kerzen, und auf die Heizung hätte man verzichten können.

Aber irgend etwas müßte doch jetzt geschehen: Man erinnert sich, man erinnert sich ein bißchen, und man hat fast alles vergessen. Aber dann beginnt Tante Sabine zu erzählen: »Wie hat er nur geheißen, der Schreiner – der hatte so eine Frau –, der war doch immer dabei. Spielt ja keine Rolle, wie er geheißen hat, aber ebenjener Schreiner – nein, nicht der Feierabend, das war ein anderer –, jener Schreiner also, wenn wir als Kinder in der Weihnachtszeit …«

Es ist so schrecklich, Tante Sabine hat ein so schlechtes Gedächtnis. Dabei hätte sie so viel zu erzählen. Und sie erzählt so schön.

Ich kannte einen, der hatte ein gutes Gedächtnis, ein hervorragendes sogar, nämlich ein absolutes. Alles, was er erlebte, prägte sich für immer in sein Gedächtnis, an alles erinnerte er sich so, wie wenn es gerade jetzt – eben in diesem Augenblick – geschehen würde. Jeder Zeitungsartikel, jedes Buch, das er gelesen hatte, war im Original in seinem Kopf gespeichert. Ich war ein Jüngling damals, und ich habe jenem Mann eine Menge Wissen zu verdanken. Er führte mich ein in die Philosophie, wir hatten lange theologische Gespräche. Und was auch immer war, er wußte es, konnte es zitieren, mit Seitenzahlen, mit Datum, und er hatte nie das Pech, den Autor eines Zitats oder gar den Titel eines Buches nicht mehr zu wissen.

Nicht viele Menschen mochten ihn, aber einige schon, und mir war er sehr wichtig. Er war zwar streng und unbestechlich, aber er war genau und gerecht. Ich hatte damals das Glück, ihn für zwei, drei Jahre zu kennen. Länger konnte unsere Freundschaft nicht dauern. Wir bekamen Schwierigkeiten. Ich interessierte mich für andere Literatur, für andere Musik und vor allem für andere Dinge des Lebens, und ich erlebte seine Fähigkeit mehr und mehr als Unfähigkeit. Er war nicht etwa fähig, sich alles zu merken – im Gegenteil, er war unfähig zu vergessen. Er war ein armer geplagter Mensch, und erst Jahre später erfuhr ich, daß er Ärzte in aller Welt besuchte, in der Hoffnung, sie könnten ihn von seiner Krankheit befreien.

Nicht vergessen können, das heißt dann auch, daß alles im Original bleibt, daß jede kleine Beleidigung so bleibt, wie sie in jener schrecklichen Sekunde war. Das heißt dann auch, daß man seinem Gesprächspartner die Chance nicht mehr geben kann, daß man sagt: »Ja, ich weiß es auch nicht mehr, ja irgendwie so hat er geheißen ...«

Ich denke zwar immer noch in großer Verehrung an ihn, und es tut mir immer noch weh, daß wir uns verloren haben – aber er wurde für mich unmöglich: Ein strenger, gerechter und selbstgerechter Mann – man konnte mit ihm ganz einfach nicht reden.

Und am 25. wird Tante Sabine wieder erzählen: »Wie hat er nur geheißen, der Schreiner damals – nein, so hat er nicht geheißen ...«, und sie wird erzählen, und sie wird sich zwischendurch über ihr schlechtes Gedächtnis beklagen. Und dann wird sie sagen: »Da fällt mir noch ein ...«, und dann werde ich mich an meinen Freund mit dem totalen Gedächtnis erinnern. Ihm konnte in seinem ganzen Leben nichts einfallen. Es war einfach alles schon da. Und er war der schlechteste Erzähler. Er konnte überhaupt nicht erzählen, weil Erzählen immer mit Erinnerung zu tun hat, und ein absolutes Gedächtnis erinnert sich nicht.

Erzählen hat mit dem Erinnern zu tun und das Erinnern mit Vergessenkönnen und Wiederfinden – mit dem langsamen Einfallen.

Übrigens: Vergessenkönnen ist auch die Voraussetzung des Verzeihens. Weil Erzählen mit dem Vergessen und dem Erinnern zu tun hat, ist es etwas Friedliches. Deshalb wohl gibt es Weihnachtsgeschichten. Mein Mann mit dem Gedächtnis kannte sie alle auswendig – er konnte sie nur nicht erzählen. Er hatte die Fähigkeit nicht, sie in seinem Kopf nach und nach zu suchen. Im übrigen, er war ein friedlicher Mensch, aber der Frieden muß ihm sehr schwergefallen sein.


## Erzählen gegen den Tod

Zwei Feste – als wir Kinder waren – hatten mit Nacht zu tun, Weihnachten und der Erste August, eine Winternacht und eine Sommernacht.[6] (Sankt Nikolaus war etwas anderes: Ich nahm es Tante Anni ein Leben lang übel, daß sie dem Sankt Nikolaus glich, und Sankt Nikolaus war ein dunkles Fest – es hatte nicht mit Licht zu tun.)

Sehr wahrscheinlich habe ich die Nachtfeste auch verwechselt und durcheinandergebracht. Sie hatten mit Licht zu tun, und sie hatten mit Nacht zu tun, und die Nacht war etwas, das den Erwachsenen vorbehalten war. Der Wunsch, erwachsen zu werden, hatte auch damit zu tun, an der Nacht teilhaben zu können. Als es endlich soweit war, als die Nächte selbstverständlich wurden, war Weihnachten nicht mehr das, was es war und der Erste August schon gar nicht.

Weihnachten läßt sich zwar noch irgendwie herstellen, aber es läßt sich nicht mehr erleben als der kleine Schrecken, daß da irgend etwas vorgeht im verschlossenen Wohnzimmer. Eines Tages steht man auf der anderen Seite, auf der Seite der Macher, der Seite der »Betrüger«. Nein, nicht daß ich meinen Vater für einen Betrüger hielt, ich wußte schon längst, daß er der kleine Schrecken im verschlossenen Wohnzimmer war. Erst als ich die Seite wechselte – ich zögerte es so lange hinaus, wie ich bei meinen Eltern wohnte, also bis zwanzig –, kam ich mir als Verräter vor, als einer, der den Glauben aufgegeben hatte.

Immerhin, Weihnachten läßt sich noch einigermaßen – als Erinnerung – herstellen, der Erste August nicht mehr. Das Durcheinanderbringen der beiden Feste hat Gründe, und irgendwie war der Erste August fast das frömmere Fest: Ein Licht durch die Nacht tragen, ein rotes Licht mit einem weißen Schweizerkreuz – es war Krieg in Europa, und davon wußten wir, und wir trugen die Schweiz durch die Nacht, als wäre sie ein Licht für Europa.

Nein, mein Vater war kein Betrüger, als er den Weihnachtsbaum schmückte, und er war kein Betrüger, als er mir erzählte vom Krieg und den verfolgten Juden und vom roten Kreuz und von der Schweiz. Und ein richtiger Lampion war rot und hatte ein weißes Kreuz – daran hatte ich geglaubt, damals in der Nacht, an eine Schweiz wie an das Christkind. Aus, Ende!

Eine andere Nacht, »Geschichten aus Tausendundeiner Nacht«, ist mir geblieben. Da gibt es wunderschöne Geschichten, inzwischen tausendjährige – sie sind es geworden, tausend Jahre, und nicht das Reich, an das auch Schweizer geglaubt hatten –, und da gibt es unscheinbare Geschichten, Geschichten, die fast keine sind, die nur irgendwas Erzähltes sind, sie gefallen mir am besten.

Scheherezade hat sie ihrem Verlobten erzählt, dem König von Samarkand. Und sie hat so lange erzählt, tausendundeine Nacht, bis er den Vorsatz, sie hinrichten zu lassen, aufgab. Mir stockt der Atem, wenn ich diese Geschichten lese. Auch hier habe ich beim Lesen, beim »Zuhören«, die Nacht im Kopf. Und die Geschichten sind auch so etwas wie ein Licht in der Nacht.

Sie sind nicht nur ein Licht des Glaubens, sondern ein Licht gegen die Verzweiflung. Scheherezade erzählt verzweifelt. Solange sie erzählt, lebt sie. Und es fällt ihr so wenig ein, wie uns allen einfällt – nur erzählen, für immer erzählen. Die Geschichten, die eigentlich keine sind, das sind die eigentlichen Geschichten der Scheherezade – erzählen, damit erzählt wird.

Damals, als ich ein Lampion durch die Nacht trug – es war Krieg in Europa, und ich war noch keine zehn –, da gab

es auch ein Plakat, das mich beeindruckte: der Schatten-
riß eines Mannes mit Hut, er hatte den Finger auf die Lippen gepreßt, und darunter der Schriftzug: »Wer nicht
schweigt, schadet der Heimat!« Ich wußte, was das bedeutete, mein Vater hatte es mir erklärt – Landesverrat, der Verrat
an meinem leuchtenden Lampion. Und wir haben geschwiegen.

Sicher, die Situation der Schweiz – eine Insel mitten im
Krieg – war eine fast verzweifelte. Und unser Mittel gegen
die Verzweiflung war das Schweigen. Das hatte seinen Sinn
und schien sinnvoll.

Scheherezade aber hatte verzweifelt erzählt – gegen den
Tod erzählt.

Ein anderes Plakat hat nach dem Krieg gefehlt. Man hatte
es vergessen: »Wer jetzt nicht erzählt, wer jetzt nicht redet,
schadet der Heimat.« Und wir haben geschwiegen. Und
die, die versucht haben, zu erzählen – Alfred A. Häsler:
»Das Boot ist voll« –, galten als Störenfriede.[7]

Nun werden wir – fünfzig Jahre später – vom Ausland gezwungen, doch noch zu erzählen, und wir versprechen hoch
und heilig, es zu tun.[8] Ob wir das noch können nach so lan-
gem Schweigen?

Gestern habe ich einen guten alten Freund getroffen, den
ich schon jahrelang nicht mehr gesehen habe. Wir haben uns
beide gefreut. Aber wir hatten uns nichts zu erzählen. Wer
sich so lange nichts erzählt hat, kann nicht einfach so mit Erzählen beginnen. Wir haben uns auseinandergeschwiegen.


## Probleme, Probleme

Etwas vom Gemeinsten, was ich in letzter Zeit gehört habe,
war die Verlautbarung des Pressesprechers des Bischofs von
Chur, der auf die Besorgtheit der Kantone über die Zustände

im Bistum erklärte: »Haben die Kantone keine anderen Probleme?«[9]

Das ist überheblich und zynisch, und es ist nichts anderes als eine Verachtung der Probleme, ein Lächerlichmachen von allem. Die Aussage ist nicht nur eine Gemeinheit, sie ist auch nicht nur eine Dummheit, sondern sie ist Dummheit schlechthin (ohne Artikel), so wie das Anmaßen eines Doktortitels nicht *eine* Dummheit war, sondern Dummheit.

Denn die Antwort auf die dummdreiste Frage des Pressesprechers ist einfach: »Ja, die Kantone haben Probleme, viele Probleme und fast nur Probleme. Und die Welt hat Probleme, dieselben wie die Kantone und noch mehr!«

Nur das Bistum hat wohl keine, weil es offensichtlich nicht von dieser Welt ist – wenn auch die Karriere von Bischof Haas von dieser Welt ist. Doktortitel zum mindesten sind weltlich, und die Karriere von Bischof Haas ist diesseitig, und er wird sie auch diesseitig genießen, diesseitig verteidigen und diesseitig an ihr leiden; denn einen Fehler möchte ich hier nicht machen, nämlich den Fehler, daß ich nun sage: »Ihre Probleme möchte ich haben«, und damit die Dummheit des Pressesprechers zurückgebe.

»Deine Probleme möchte ich haben«, das ist ausnahmslos und immer ein bösartiger Satz. Wer weiß schon davon, ob der Weinkrampf eines zweijährigen Kindes ein kleineres Problem ist als für seinen Vater der Betreibungsbeamte, ob der Liebeskummer eines Sechzehnjährigen ein kleineres Problem ist als ein komplizierter Beinbruch?

Oder, um es noch an einem Beispiel zu demonstrieren: Ein Polizist verpaßt einem Autofahrer eine Parkbuße, und der Autofahrer sagt: »Haben Sie keine anderen Probleme?« Selbstverständlich hat der Polizist andere Probleme – er hat vielleicht einen Sohn, der nicht gut tut, er hat eine Frau, die krank ist, er hat für sich selbst einen schlechten Bericht von seinem Arzt, er hat einen Vorgesetzten, mit dem er sich nicht versteht, und Ärger mit dem Präsidenten des Schützenvereins. Gemessen daran ist das Verteilen von Parkbußen wirklich eine kleine Sache, aber ...

Oder ich würde in einem Laden auf einen Mangel der gekauften Ware aufmerksam machen, und der Verkäufer würde sagen: »Haben Sie keine anderen Probleme?« Dann wäre das ein gemeiner und schlechter Verkäufer, auch wenn er recht hätte – ich habe wirklich andere und größere Probleme. Nur habe ich eine solche Verkäuferin, einen solchen Verkäufer noch nie getroffen.

Der Pressesprecher von Bischof Haas ist ein solcher Verkäufer. Ob der Pressesprecher und sein Bischof deshalb weltfremd sind? Ich glaube nicht, denn Karriere ist etwas Weltliches, und die Karriere des Bischofs, der falsche Doktor gehört durchaus zur Karriere, ist wohl doch gründlich mißlungen – für immer. Das müßte er ja nun wohl in Demut einsehen, aber Demut ist eine Eigenschaft von einfachen Menschen und nicht von Karrieristen.

Von was schreibe ich da? Nein, nicht vom Bischof und seinem Bistum, nur von einem Satz, der zynisch, dumm und herabwürdigend ist. »Haben die Kantone keine anderen Probleme?« Doch, Herr Bischof, wir haben andere Probleme, wir alle – die Zweijährige und die Achtzigjährige, der Arbeitslose und der Spekulant, der Mörder und die Heilige und die Kantone auch –, für Sie aber ist das nur ein Anlaß zu Zynismus, ein Anlaß, Ihre Karriere verzweifelt zu verteidigen.

Da lobe ich mir jenen, den ich kürzlich getroffen habe und der – als von den Holocaust-Geldern[10] gesprochen wurde – ganz still und leise, was sonst nicht seine Art ist, gesagt hat: »Leider, leider sind meine eigenen Probleme nicht politischer Natur.« Das hat mich beeindruckt, und ich zweifelte kurz an meinem politischen Engagement, denn ich weiß ein bißchen von seinen Problemen – ja, er hat welche.

Ja, Herr Bischof, er hat andere Probleme. Beruhigt Sie das?

## Ein außerordentlich flugtüchtiger Engel

Änneli ist gestorben, das Änneli – nicht die Anna, nicht die Anna Gygax, wie sie nun heißt in der kleinen Notiz unter Todesfällen –, das Änneli, sächlich, eine Sache also. Viel gibt es über sie nicht zu sagen, sie ist neunzig geworden, das ist schon fast alles.

Und ich weiß nicht viel mehr über sie. Trotzdem, sie hat einen Nachruf verdient. Die Pfarrerin, die sie beerdigen soll, hat mich schon angerufen, sie hat gehört, daß ich sie kenne aus der Kneipe. Ich kann der Pfarrerin nicht helfen, ich kann ihr nur sagen, wie sie ausgesehen hat, vielleicht noch, wie sie war. Sie war einfach da wie eine Sache. Und man wird sie vermissen in der Stadt wie eine Sache, wie ein Haus, das weder historisch noch schön war und auch sonst keine Bedeutung hatte. Und das einzige, was von ihm noch einige Zeit bleibt, ist die Erinnerung daran, daß hier einmal ein Haus stand. Das Haus selbst wüßte nicht mehr über sich selbst, es hätte keine Geschichte. So wie auch Änneli kaum etwas über sich zu erzählen gehabt hätte. Ich glaube, sie wußte von sich selbst nicht mehr als wir. Aber sie war das Änneli, alle in der Stadt wußten das, und irgendwie waren alle irgendwie stolz darauf, daß sie wußten, daß das das Änneli war.

Sie hat jedenfalls einen Nachruf verdient. Und weil es von ihr nichts zu erzählen gibt, ist die Tageszeitung ungeeignet für einen Nachruf. So schreiben wir ihn hier auf Kunstdruckpapier und stellen das Änneli ins »Plateau«, mitten hinein in Aufsätze, die es nicht verstanden hätte, auch wenn es die Buchstaben gekannt hätte, mitten hinein in Bilder, die ihm nicht gefallen hätten.[11] Da gehört es hin, denn die Welt, in der es gelebt hat, war ihm kein bißchen weniger fremd als diese.

Alle kannten das Änneli. Es aber kannte niemanden. Die Leute seiner Umgebung hatten keinen Namen. Sie hießen Du – »Du, Mann«, »Du, Frau«.

Nur einer hatte einen Namen, der Kari. (Eigenartig, männliche Namen bleiben im Schweizerdeutschen auch in der Verkleinerungsform männlich, weibliche Namen werden in der Verkleinerungsform sächlich.) Der Kari Gygax war ihr Mann. Er war ihr Mann, aber alle hielten ihn für ihren Freund. Man hielt sie für zwei, die im Alter durch Zufall zusammengekommen sind. Man wollte sie nicht als Paar, sie war das Änneli, er war der Kari. Und sie waren alt, das war alles, was sie waren.

Sie gingen täglich in die Kneipe, das kleine Änneli mit schnellen festen Schritten auf seinen Säbelbeinen, der lange Kari an seinem Stock mit müdem, schleppendem Gang drei Meter hinter ihr, sie schnell, er langsam, und der Abstand blieb dabei immer derselbe – drei Meter. Sie sprachen kaum miteinander oder höchstens darüber, was sie bestellen sollten, auch wenn es immer dasselbe war, er ein Bier, sie einen Tee. Und dann wurde der Kari gefragt, ob er jetzt gehen wolle oder ob er noch bleiben wolle, und Kari murrte etwas Unverständliches. Irgendeinmal stand er dann unvermittelt auf, nahm seinen Stock und ging langsam zur Tür. Sie schnellte auf, rannte ihm nach, überholte ihn, um den Abstand von drei Metern wiederherzustellen, und sie gingen nach Hause, sie schnell, er langsam, mit immer demselben Abstand.

Und nur etwas paßte nicht ins Bild, ab und zu sangen sie zusammen in der Kneipe, Jodellieder mit unzähligen Strophen in wunderschönen Küchenterzen, und sie waren beide sehr stolz darauf, daß sie jodeln konnten, und sie bekamen auch Applaus, aber aufgefordert zum Jodeln wurden sie eigentlich nie.

Das Jodeln war das einzige, was nicht ins Bild passen wollte. Denn das waren sie eigentlich, ein Bild, ein stummes Bild, das sich einem einprägen mußte, das vielleicht nichts bedeutete, aber da war.

Vor zehn Jahren, als Änneli achtzig wurde – sie erzählte ein Jahr vorher und ein Jahr nachher kaum von etwas anderem, Alter war ihr Thema, Alter war ihr Leben –, sagte sie allen, daß sie nur einen Wunsch habe, daß der Kari sie überlebe, und das sagte sie so, wie wenn sie es auswendig gelernt hätte in der Schule, wie ein Gedicht. Und als dann der Kari bald darauf starb, erzählte sie allen, daß der Kari gestorben sei, und auch das, wie wenn sie es auswendig gelernt hätte, und sie brach nicht zusammen, und sie ging den gleichen Weg, genau gleich schnell. Und sie jammerte später nur über den Tod von Kari, wenn sie einen Tee bezahlt haben wollte, und den kriegte sie dann auch. Was die Leute tun rings um sie, wußte sie nicht, aber alle waren lieb, die Fixer und die Säufer und die Damen und die Herren. Sie aber arbeitete ein Leben lang hart als Putzfrau, stapfte mit Kessel, Taschen und Besen durch die Stadt, und Kari ging hinter ihr, blieb dann in der fremden Wohnung in einer Ecke stehen und wartete, bis sie geputzt war, und ging dann wieder hinter ihr. Und als er starb, änderte sich nichts an ihrem Gang. Sie putzte jetzt nicht mehr und bekam ihr Geld von der Fürsorge und wußte nicht, wie das alles funktioniert.

Sie fragte den ganzen Tag, sie fragte und fragte und verstand die Antworten nicht. »Früher«, sagte sie, »war da unten an der Ecke eine Bank, da konnte man Geld holen, aber die Bank ist jetzt nicht mehr dort, und ich weiß nicht, wo sie ist.« Und sie forderte alle auf, doch mit ihr zu kommen und die Bank zu suchen, wo man Geld holen könne. Nein, Änneli war weder debil noch dumm, sie war gewitzt, sie brachte sich durch, sie war kräftig, und wäre sie hundert geworden oder zweihundert, niemand hätte sich gewundert, Häuser werden mitunter auch alt, und zwar vor allem jene, die bereits alt sind.

Und das war sie, das Änneli, sie war ein Leben lang eine alte Frau, niemand – auch die Ältesten in der Stadt nicht – erinnerte sich daran, daß Änneli einmal jung war.

Ich trage seit Jahren in meiner Brieftasche ein Foto von ihr herum. Sie hatte mir das Foto einmal geschenkt, und sie wußte, daß ich es mit mir herumtrage, und forderte mich immer wieder auf, es allen zu zeigen.

Auf dem Foto steht ein kleines Mädchen, ärmliches Sonntagskleid, mit zwei dünnen, rachitischen Beinchen in zu großen Nagelschuhen neben einer Ziege. Das Kind kann nicht älter sein als zwölf, aber es hat den Kopf einer alten Frau, den Kopf von Änneli – alle erkennen sie gleich. Das kleine arme Kind und die alte Frau waren damals fünfunddreißig. Dazu fällt mir nichts ein, aber es beschäftigt mich.

In der kleinen Notiz über ihren Tod steht auch ihr lediger Name: Karbowski. Niemand hat je diesen Namen gehört. Vielleicht ist dieser Name ihre Geschichte, die niemand kennt, vielleicht auch sie selbst nicht.

Etwas aber ist mir nach dem Tod eines Menschen noch nie passiert. Ich stelle mir das schnelle und kräftige Änneli immer wieder fliegend vor. Sollte es wirklich Engel geben, Änneli wird ein außerordentlich flugtüchtiger Engel sein.

## Weiße Weihnachten

Weihnachten, ein Fest der Erinnerung: wie weiß war sie doch damals, wie still und wie bescheiden. Das Fest, das ist wohl wieder einmal vorbestimmt, wird uns wohl mißlingen. Sie wird wohl kaum weiß sein und still und bescheiden wohl gar nicht. Die Erinnerung, die wunderbare, macht die Gegenwart schal. Und dies nicht nur für die Siebzigjährigen, die sich an die dreißiger Jahre erinnern, sondern auch für die Dreißigjährigen, die sich an die siebziger Jahre erinnern, und wohl auch für die Zwölfjährigen, die sich an 1995 erinnern. Für alle war sie damals wohl weiß, still und bescheiden.

Und davon, das ist das Elend, wissen die heutigen Jungen eben nichts mehr. Und so ist es wohl einfach: Die heutigen Jungen sind schuld daran, daß das Fest mißlingt. Und das mit der Kommerzialisierung war noch nie so schlimm wie dieses Jahr. Es gab, so lang ich lebe, noch kein Jahr, wo ich das nicht gehört hätte.

Ein paar Tische weiter sitzen die Stammtischbrüder. Sie haben gehört – nein, nicht gelesen, sondern gehört –, daß es um die Lesefähigkeit der Jugendlichen schlecht bestellt sei. Und der eine sagt wirklich: »Wir konnten noch lesen mit sechzehn.« Ich kenne ihn. Ich habe ihn noch nie mit einer Zeitung gesehen, und wenn ich ihm meine Zeitung hinüberschiebe und sage: »Lies das mal«, dann sagt er, er habe seine Brille vergessen. Ich nehme an, daß auch er in seinem Alter weitsichtig sein muß, aber ich habe ihn noch nie mit Brille gesehen. Er besitzt keine. Wie kommt er denn dazu, sich als Analphabet darüber aufzuhalten, daß die heutige Jugend nicht mehr lesen kann. Er stellt sich vor, daß er es konnte, als er jung war.

Und jetzt – es war zu erwarten – die Klage darüber, daß die heutige Jugend verweichlicht sei. Der Verteidigungsminister hat es in die Welt gesetzt und offene Ohren gefunden (mit Ausnahme der Spitzensportler selbstverständlich). Und die Stammtischbrüder stellen fest, daß die Jungen nur noch herumhängen, saufen und kiffen, und dann kommen ihre Militärgeschichten, und was für harte Kerle sie noch waren. Auch der Dreißigjährige am Tisch erzählt von seiner Jugend. Und wäre ein Siebzehnjähriger hier, dann wüßte auch der zu erzählen, wie hart sie noch in ihrer Jugend arbeiten mußten.

Und all das war damals, als das Weihnachtsfest noch weiß, still und bescheiden war. Damals, als die jungen Leute noch nachts allein im Wald standen. Damals, als man noch abtrocknen mußte. Damals, als man noch ein kleines, vom Vater zusammengebasteltes Holzspielzeug geschenkt bekam. Damals, als wir alle noch in bescheidener Armut gelebt haben und dabei hart und stark geworden sind – zum Beispiel richtige Schweizer geworden sind, die nachts allein und furchtlos im Wald standen. Damals 1938 oder damals 1973 oder damals 1995. Jedenfalls damals. Damals, als die Jugend noch lesen konnte – als wir noch lesen konnten.

Ja, davon sind sie überzeugt, die Stammtischbrüder: Aus ihnen ist jedenfalls etwas geworden. Schweizer zum Beispiel, richtige Schweizer sind sie geworden. Mit ihnen sollte der Verteidigungsminister seine Armee machen: Wie die alten Eidgenossen – ein bißchen Schnaps, und keiner mehr wäre ihnen gewachsen. Ja, Schweizer – eben Schweizer, die Jungen haben keine Ahnung mehr davon.

Und eine andere Eigenschaft haben sie auch erreicht: Sie sind erwachsen geworden. Und wenn man erwachsen ist, dann darf man: Man darf ins Kino, man darf nach Hause gehen, wann man will – dann darf man alles. Und wenn man erwachsen ist, dann muß man nicht mehr, dann muß man zum Beispiel nicht mehr lesen können. Die Männer am Stammtisch sind, ohne zu erröten, entsetzt darüber, daß die Jugend Mühe hat mit dem Lesen. Sie sind etwa so entsetzt, wie wenn sie hören, daß die Jugend heute nicht mehr abtrocknen muß. Daß Erwachsene das nicht müssen, ist für sie selbstverständlich.

Muß deshalb die Jugend immer für unsere Schwächen herhalten, weil wir Erwachsenen uns längst vom Zwang der Tugenden verabschiedet haben? Wir müssen nichts mehr. Wir sind, im Unterschied zu den Jungen, etwas geworden: Wir sind Erwachsene geworden.

Die heutige Jugend aber, die gab es schon immer. Und sie war schon immer verwöhnt und verweichlicht und interesselos. Sie glich schon immer jenen Erwachsenen, die schon immer überzeugt waren, eine andere Jugend gehabt zu haben. Weshalb sind sie denn so geworden, diese Erwachsenen, trotz ihrer anderen Jugend?

Ja, es gibt genügend Gründe dafür, daß uns – uns Erwachsenen – das Weihnachtsfest mißlingt. Unsere Verlogenheit zum Beispiel, unsere verlogene Erinnerung. Sollte Ihnen Ihr Weihnachtsfest aber wirklich mißlingen, dann bleibt Ihnen der Trost, daß auch Ihre Kinder sich dereinst an eine weiße, stille, ruhige und bescheidene Weihnacht erinnern werden. Und daß auch Ihre Kinder dereinst ihren Kindern entsprechende Vorwürfe machen werden. Ich wünsche jedenfalls Ihren Kindern ein entsprechendes Fest.

## Vor dem Haus steht ein Baum

> Gedächtnis – Woher weiß ich denn, daß das Wort, dessen ich mich lange erinnern wollen, endlich, wenn es gefunden ist, das gesuchte ist?
>
> *Jean Paul*

»Weißt Du«, schrieb Hemingway an Sherwood Anderson, der sich beklagt hatte, daß er nie ins Ausland komme, »ich war eigentlich auch noch nie in der Fremde, denn ich bin Amerikaner, und wo Amerikaner sind, ist immer Amerika.«[12] Man kann das durchaus vordergründig interpretieren, als Kritik am amerikanischen Imperialismus. Aber es könnte auch noch mehr heißen: Sobald die Wildnis berührt ist, ist sie nicht mehr wild. Auch im Fremden sind wir immer noch wir selbst.

Nein, auch wenn es selbstverständlich ist, daß wir es alle sind und zu sein haben, ich bin kein Naturfreund – ich bin ein Zivilisationsfreund. Ich ziehe die Bahnhofshalle dem wunderschönen Sonnenaufgang vor, und der Kräutertee ist nicht etwa – wie wir meinen – von Natur aus gesund, er wurde es erst, als er von Menschen entdeckt wurde, als er eingebracht wurde in die Zivilisation. Die Wildnis auf der Fotografie ist keine mehr – sie ist damit eingebracht in unsere Ordnung, in unsere ästhetische Ordnung zum Beispiel. (Ich staune immer wieder, wie die Fotografen die schreckliche

Sauordnung in meinem Büro aufräumen, auf ihren Bildern kriegt sie ihre Ordnung.)

Die unberührte Natur, der Sonnenaufgang, mag uns durchaus, und wohl nicht zu Unrecht, als göttlich erscheinen, mein Gott aber ist ein Teil der Zivilisation.

Als Kind wollte ich Missionar werden. Ich wollte in die Wildnis, nach Afrika. Ich wollte die Wilden zu Christen machen, ich wollte sie wohl zivilisieren. Ich wäre auch selbst gern in eine Missionsschule gegangen – in jene Schule, wie ich mir vorstellte, wo man nichts anderes lernt als die Buchstaben. Die Missionare waren überzeugt davon, daß die Zivilisation mit den Buchstaben beginnt, mit den Buchstaben der Schrift, der Heiligen Schrift.

Warum eigentlich muß ich wissen, wie der Vogel mit dem rötlichen Gefieder an meinem Futterhäuschen heißt. Er selbst kennt seinen Namen nicht, und er heißt in allen Sprachen anders. Für mich aber wird er erst richtig schön, wenn ich seinen Namen kenne. Und die Suche nach seinem Namen ist vorerst die Suche nach Buchstaben, und wenn er endlich gefunden – woher weiß ich denn, daß es der gesuchte ist? –, dann steht er in aufgereihten Buchstaben vor meinen Augen.

Ich weiß nicht, ob der Baum vor meinem Haus schön wäre, würde er nicht »Baum« heißen. Und ich weiß nicht, ob mir das überhaupt einfallen würde, wäre »Baum« nur eine mündliche Bezeichnung und nicht ein Wort mit vier Buchstaben. Mit ihnen, mit diesen Buchstaben, entreiße ich ihn der Wildnis, der Natur – mit diesen vier Buchstaben wird er zu einem Teil meiner Zivilisation. Mit diesen vier Buchstaben erinnert er mich nicht nur an sich selbst, sondern auch an alle anderen, die auch »Baum« heißen. Er wird so zum Baum der Bäume. Durch die vier Buchstaben kriegt er sein Pathos. Er ist mehr als nur er selbst – ein Baum.

Doch, doch – »Sonnenaufgang« ist ein schönes Wort –, in Wirklichkeit wohl schon, weil es mich an Sonnenaufgänge erinnert –, aber nicht nur deshalb, sondern auch weil der wirkliche Sonnenaufgang damit zu einem Wort geworden ist. Mit ihm, mit seinen dreizehn Buchstaben, nehme ich die Sonnenaufgänge in Besitz, ein Bild eines Sonnenaufgangs zeigt nur einen, das Wort aber sind alle Sonnenaufgänge.

»Vor dem Haus steht ein Baum.« Ich erinnere mich an diesen Satz. Er ist wie kaum ein anderer in mein Hirn eingebrannt. Ich erinnere mich daran, wie er eines Tages im Setzkasten des Erstkläßlers stand, mühsam zusammengefügt mit einzelnen Buchstaben. Weder ein Haus hatte ich mit ihm entdeckt noch einen Baum – nur Sprache, sichtbar gemachte Sprache. Ich erinnere mich an meine Glückseligkeit: Was hier stand, das war ein Satz, nichts anderes als ein Satz. Zudem ein handwerklich gefertigter Satz, Buchstabe für Buchstabe in die Hand genommen, mit zittrigen Fingern auf die Linie gefügt. Hier stand er nun, eingemeißelt in Steinschrift.

Heute noch brauche ich zum Schreiben eine Tastatur. Mir fällt nichts ein, wenn ich nicht die Buchstaben der Tastatur vor den Augen habe. Immer noch baue ich Sätze zusammen, immer noch mit zwei Fingern, schön langsam ein Buchstabe nach dem anderen. Die Vorstellung, daß ich mal mit zehn Fingern und blind schreiben gelernt hätte, läßt mich erschrecken. Ich baue meine Sätze, Buchstabe für Buchstabe. Und mir scheint, wenn die Sätze mißlingen, mißlingen sie immer noch gleich wie dem Erstkläßler. Sie brechen auseinander. Ich hätte mit dem Zehnfingersystem meinen Satz mit dem Baum verloren. Ich hätte ihn nicht mehr vorsichtig aufbauen können, vorsichtig der Wildnis entreißen. Noch immer versuche ich den Satz mit dem Baum wieder und wieder zu schreiben, immer wieder mit verschiedenen Buchstaben in verschiedener Reihenfolge. Ich bin der Steinschrift treu geblieben.

Ob das für irgend etwas nützlich ist? Für die fortschreitende Welt wohl kaum. Die einen sehnen sich nach der unberührten Natur, und die anderen haben die Freiheit der Wildnis entdeckt, die Freiheit der Postmoderne, die Freiheit des endlichen Endes der Aufklärung. Zwar beklagt man noch, daß die Jungen mit Buchstaben wenig am Hut haben, die Erwachsenen haben sie längst über Bord geworfen.

Nur noch der Computer verteidigt, vorläufig, die Buchstaben. Warum komme ich mir ausgerechnet vor der Tastatur des doch modernen Computers als alter Mann vor? Zwar nicht in der Wildnis, aber einsam schon.

## Die Linsen meiner Mutter

Esau hat dem Jakob sein Erstgeburtsrecht – also sein Erbrecht – für ein Linsengericht verkauft. Viel mehr erzählt die Bibel von Esau nicht. Ab jetzt ist es die Geschichte von Jakob.[13]

Ich aber wollte mehr wissen von Esau, und ich habe als kleines Kind meine Sonntagsschullehrerin immer wieder mit Fragen nach Esau genervt. Ich war sicher, daß sie mir etwas verheimlicht. Ich wollte wissen, wie und wer jener ist, der für einen Teller Linsen auf ein ganzes Reich verzichtet.

Meine Kollegen damals hatten nicht das geringste Verständnis für Esau. Sie verabscheuten Linsen und verabscheuten Esau. Ich aber liebte sie. Ich liebte Esau, der sich für das Leben, nämlich für die Linsen, und gegen den Erfolg und die Karriere entschieden hatte.

Mein Tag beginnt mit Kochen. Nein, nicht mit Essen, nicht mit Frühstücken, sondern mit Kochen. Ich taste mich mit Kochen ans Leben heran. Ich brauche viel Zeit zum Wachwerden, und ich genieße es, die Zeit des Erwachens zu verlängern – langsam und tastend ins Leben einzutreten. Kochen erinnert mich. Beim Schälen von Knoblauch denke ich an meinen längst verstorbenen Freund Schampi Gerwig. Als ich ihm mal sagte, daß sich Knoblauch besser schälen läßt, wenn man ihn halbiert, sagte er, daß das nur mit frischem Knoblauch funktioniert. Ich vergaß mich zu wehren – es funktioniert auch mit altem Knoblauch. Und Schampi starb, bevor ich es ihm mitteilen konnte. (Max Frisch: »Wenn Sie an Verstorbene denken: wünschen Sie, daß der Verstorbene zu Ihnen spricht, oder möchten Sie lieber dem Verstorbenen noch etwas sagen?«) Würde Schampi eines Tages plötzlich vor mir stehen, ich würde ihm sagen, daß ich ihm vergessen habe zu sagen, daß das durchaus auch mit altem Knoblauch gelingt.

Ja, das ist banal. Aber das Leben beginnt im Banalen.

Beim Schneiden von Zwiebeln fällt mir Hugo Leber ein – die Geschichte dazu ist zu lang und noch banaler. Sie ist nicht mitteilenswert, trotzdem ist es mir eine wichtige Geschichte.

Kochen erinnert, erinnert an das Leben, erinnert an meine Mutter. Sie war eine gute Köchin. Ich glaube, sie war das wirklich, wenn ich auch weiß, daß das alle Mütter waren und sind. So wie bei Mutter wird es nie mehr, das Kochen und das Leben.

Ich habe mir heute Linsen gekocht. Ich mag Linsen immer noch, aber nicht mehr so sehr, daß ich wie Esau ein Königreich dagegen eintauschen würde. Sie sind wunderbar, meine Linsen, aber ich habe es längst aufgegeben, so gute Linsen wie die meiner Mutter zu erwarten. Was ich auch immer mache, und sosehr ich mich auch immer beschränke, es wird ihnen immer der Glanz der selbstverständlichen Einfachheit fehlen.

Rezepte hatte meine Mutter nur für das Kuchenbacken. Fürs Kochen hatte sie keine. Die Linsen wurden gekocht, das war alles. Und dieses wunderbare Gewürz, das dann alles so schmecken ließ wie eben nur die Gerichte der Mutter – dieses wunderbare Gewürz hieß Salz.

Ja, meine Linsen – heute morgen – waren sehr gut. Ich bin auch längst wieder einfacher und bescheidener geworden mit dem Würzen. Nach langen kulinarischen Umwegen nähere ich mich wieder der Küche meiner Mutter. Vielleicht sind es inzwischen fast dieselben Linsen. Aber was mir offensichtlich seither abhanden gekommen ist, das ist die totale Begeisterung, dieses »Morgen gibt's Linsen!«. Ist es vielleicht nichts anderes als die abnehmende Begeisterung für das Leben – diese Begeisterung, für die Esau sein ganzes Reich fahren ließ?

Immerhin, die Linsen erinnern mich daran. Sie erinnern mich an ein Leben, für das man sich begeistern kann.

Kochend versuche ich mich am Morgen an das Leben heranzutasten. Ich erwache kochend in das Leben hinein, schön langsam – die Zwiebeln, die Karotten, der Lauch und die Kartoffeln und der Sellerie und die große Unordnung, das Chaos in der Küche, und dann das Abwaschen – kein Chaos ist leichter zu bewältigen wie jenes der Küche, und wenn ich schon um sieben irgendwo sein muß, dann stehe ich schon um vier auf. Denn etwas muß vorher sein: das Erwachen.

Übrigens, und das muß nun der Wahrheit zuliebe doch noch erwähnt werden. Jakob hatte die Linsen gekocht. Er soll im Gegensatz zum wilden Jäger Esau, der dem Jakob später nach dem Leben trachtete, ein ruhiger Mensch gewesen sein. Am frühen Morgen bin ich das auch.

Warum ich das schreibe? Um für einmal zu schweigen über das Grauen dieser Welt. Am Morgen gelingt mir das Schweigen.

## Die heilige Zeit

Mein treuer Leser Egon teilte mir schon vor zwei Wochen mit, daß meine nächste Kolumne in die Weihnachtswoche fällt. Und als ich nicht darauf reagierte, sagte er es ein zweites Mal.

Ich wußte gleich, was er damit meinte. Das war nicht irgendeine zufällige Bemerkung, das war ein Auftrag – oder noch mehr, es war Egons Hoffnung auf eine Geschichte, eine richtige Geschichte, eine Weihnachtsgeschichte.

Egon ist nicht nur mein bester Leser, er ist auch ein strenger Leser – ein Leser, der weiß, was er will, und er will eine Geschichte.

»Erzähl mir doch was, erzähl mir doch was«, wie Stefan, der ab und zu anruft, seinen Namen sagt und grüßt und dann schweigt und meine Frage, ob er noch da sei, mit einem knappen Ja beantwortet und weiter schweigt.

Es ist mir auch schon gelungen, mitzuschweigen, einfach auch nichts zu sagen – dann verabschiedet er sich nach ein paar Minuten und wünscht einen schönen Abend.

Offensichtlich möchte er einfach, daß mit ihm geredet wird. Aber was soll ich reden? Halt irgend etwas – aber nichts ist schwerer als das Irgendetwas.

Ja, Egon, ich weiß, du wirst dich auf diese Kolumne stürzen. Du wirst sie lesen und bitter enttäuscht sein.

Ich sitze in der Beiz und suche verzweifelnd nach einem Thema für diese Kolumne. Eben ist ein leicht angetrunkener Weihnachtsmann in seinem Coca-Cola-Kostüm, der lange da saß, wieder auf die Straße gegangen, um Nüsse zu verteilen. Vielleicht sagt auch er zu den Kindern: »Erzähl mir doch was!«

Nein, lieber Egon, du bist nicht der einzige, der von mir – warum immer von mir? – eine Weihnachtsgeschichte erwartet. Es haben auch dieses Jahr wieder einige Zeitungen angerufen und gefragt, ob ich ihnen eine Weihnachtsgeschichte schreiben könnte.

Noch nie wurde mir eine Ostergeschichte abverlangt, noch nie eine Pfingstgeschichte.

Es gibt nur drei Arten von Geschichten: die Geschichten, die Kindergeschichten und die Weihnachtsgeschichten.

Und von keiner der drei wissen wir so genau, wie sie zu sein haben, wie eben von den Weihnachtsgeschichten. Sie spielen in der Kälte, im Schnee, im Dunkeln – und sie haben mit jenem Ereignis vor 2000 Jahren in Palästina wenig zu tun.

Sehr wahrscheinlich war es der Stern von Bethlehem, der die Nacht nötig machte – und Nächte haben kalt zu sein, und schon sind die Nächte deutsch und verschneit, und die Palmen werden zu Fichten.

Ich weiß, Egon, du möchtest nicht so eine Weihnachtsgeschichte von mir, sondern eine andere, eine ganz andere, die aber dann doch eine richtige Weihnachtsgeschichte sein soll.

Geschichten erzählen ist Umgehen mit Zeit. Eine Geschichte hat ihre Zeit, hat einen Anfang und ein Ende, wie das Leben.

Umgehen mit Zeit – die Weihnachtszeit, das klingt so schön: Zeit haben, die Zeit lang werden lassen –, die Sehnsucht danach, nur zu sein und Zeit zu haben. Das muß auch mit dem Jahresende zu tun haben, mit dem verlorenen Jahr, mit der verlorenen Zeit: »Erzähl mir doch was, erzähl mir doch was« – eine lange Geschichte, eine Geschichte die lange Zeit dauert, eine Geschichte über die lange Zeit, di längi Zyt, eine Geschichte über die Sehnsucht, die Sehnsucht, die uns die Zeit lang macht – längi Zyt.

Und solange erzählt wird, wird nicht geredet, wird nicht argumentiert, wird nicht gestritten – Erzählen ist friedlich, und der wahre Frieden ist eine große und wunderbare Erzählung, eine Ahnung, eine Sehnsucht, ein Umgehen mit der langen Zeit.

Das ist es wohl, was uns in dieser Weihnachtszeit so

streßt – nicht einfach die Einkäufe und die Umstände und das Gedränge im Warenhaus, sondern jetzt –, am Ende des Jahres, am Ende eines Zeitabschnittes liegt die Erinnerung daran, daß es eine Zeit gibt, eine Zeit, mit der wir umgehen sollten, die uns gehören sollte. Aber wir haben sie verloren – nun suchen wir sie und hetzen ihr nach. Aber die Zeit ist langsam und erreicht uns nicht mehr.

»Ja, ja – die heilige Zeit«, sagen die Leute und meinen damit nichts Schönes. Sie meinen damit, daß es mehr Betrunkene gibt in der Kneipe, daß die Leute unfreundlich werden, unfriedlich und bösartig – und sie reden und reden und reden.

Erzählen aber ist etwas anderes als Reden – Erzählen ist eine eigenartige Form von Schweigen, Erzählen ist der Weg in die Stille.

Lieber Egon, selbstverständlich hast du ein Recht auf eine Geschichte – aber nicht nur der Zuhörer muß für sie die Stille finden, sondern auch der Erzähler.

Seit zwei Wochen suche ich diesen Weg in die Stille. Aber auch ich habe in dieser Zeit die Zeit verloren. Eine Geschichte wäre jetzt eine Lüge.

Aber erinnerst du dich, es kam schon vor, daß wir uns in der Beiz trafen, uns gegenübersaßen und schwiegen. Das kann wunderschön sein, mit jemandem schweigen zu können.

Das ist wie das Eintauchen in eine große Geschichte. Erzählen ist Einüben in das Schweigen, und wir lassen für einmal diese Seite sozusagen eine weiße Seite sein: weiß wie Schnee und weiß wie eine Weihnachtsgeschichte.

## *Der Glaube an die Muskatnuß*

Unser Onkel Eduard war ein gläubiger Mensch, das heißt – man kann das nicht banal genug sagen –, er glaubte. Er glaubte nicht nur an Gott und an Jesus von Nazareth, er glaubte auch an eine Welt und an eine Schöpfung. Und er glaubte an die Menschen, daß es kaum auszuhalten war: Wenn wir aus dem Kino kamen und entsetzt über den Film schimpften, auf den wir hereingefallen waren und der nun wirklich scheußlich war, dann wies er uns sanft zurecht und sagte, daß das sicher nicht einfach sei, so einen Film herzustellen, daß da sicher sehr viele Leute daran gearbeitet hätten, daß die sich bestimmt unendlich Mühe gegeben hätten und daß wir nun nicht das Recht hätten, ihre Arbeit einfach als ein Nichts zu bezeichnen. Onkel Eduards Sanftmut trieb uns immer wieder zur Rotglut: Wir waren jung und bezogen unsere Energie aus dem Ärger – er aber glaubte staunend.

Er bestaunte Magellan, von dem er annahm, ich weiß nicht, ob zu Recht, daß er die Muskatnuß nach Europa gebracht hatte. Oder war es Marco Polo? Vielleicht auch beide. Er bestaunte also Magellan, und er hatte in seiner Jackentasche stets eine kleine Raffel und eine Muskatnuß, und auf alles, was er aß, kam ein bißchen Muskatnuß, auf Sandwich und Obst, in die Suppe und auf das Steak – im Restaurant war uns das oft peinlich, und wir versuchten es zu verhindern. »Zwei Kühe hat man damals eingetauscht gegen eine Muskatnuß«, sagte er dann ernst und entsetzt, und wenn wir das belächelten, dann waren es schnell Schlösser und halbe Königreiche, die gegen eine Muskatnuß eingetauscht worden waren.

Er beharrte darauf, daß eine Muskatnuß ein hoher Wert sei – unabhängig vom heutigen Preis. Und daß eine Muskatnuß aus dem fernen Osten eben ein Kulturgut sei und daß wir uns vorstellen müßten, wie das war, als der erste Europäer – ein König wohl – diesen Geschmack zum ersten Mal auf seiner Zunge hatte. Und von wie weit her sie kam und auf was für mühsamen Wegen. Und sie kam für ihn, den frommen Christen, wohl auch aus jenem Heidentum, das tapfere Missionare dem Christentum zuführen wollten – und sie war auch der Stolz jenes Magellans, auf den der Onkel Eduard so stolz war.

Warum erzähle ich das?

Weil ich ihn halt mochte, den Onkel Eduard mit seiner Muskatnuß, mit seinem Magellan und mit seiner Welt, die keine schlechte Welt sein konnte – und weil er mich, je älter ich werde, an meine Jugend erinnert, als ich durchaus auch die Neigung hatte zu glauben: an Corbusier und Mies van der Rohe, an Picasso und Klee, an Tolstoi und Adalbert Stifter, an Hugo Ball und Tristan Tzara und an eine moderne Welt, die auf uns zukam und auf die ich mich freute.

Heute bin ich so alt wie er damals – damals, als wir ihn belächelten für seinen naiven Glauben an Muskatnüsse. Und heute fällt er mir ein, wenn mir meine Treulosigkeit einfällt: Picasso ist mir nicht mehr so wichtig, und ein Leben ohne Hugo Ball und Emmy Hennings ist sehr vorstellbar geworden, und für moderne Architektur würde ich wohl kaum mehr auf die Barrikade gehen. Ich habe offensichtlich meinen Glauben verloren.

Das war es wohl – Onkel Eduard und seine Muskatnuß, ein tägliches Training des Glaubens –, und nicht die Muskatnuß war wichtig, sondern der Glaube an sie. Seine Muskatnuß war nichts anderes als eine Behauptung – eine Behauptung, an der er seinen Glauben übte, nicht den Glauben an die Muskatnuß, sondern den Glauben an und für sich.

Irgendeinmal, wohl in seiner Jugend, mußte er sich entschieden haben, Magellan zu lieben. Dabei ist er nicht einmal ein Magellan-Kenner geworden – so wie es wohl mehr fromme Menschen gibt, die keine Theologen sind, als etwa umgekehrt –, und er übte seinen Glauben an das Irreale an einem realen Gegenstand, an einer Muskatnuß. Bestimmt hätte er den Verlust der Muskatnuß weniger gefürchtet als den Verlust des Glaubens an sie.

Und der Verdacht ist wohl berechtigt, daß er vielleicht nur süchtig war, so wie andere süchtig sind auf Süßigkeiten, oder vielleicht ist in der Muskatnuß sogar etwas, das Süchtigkeit bewirken kann. Mir jedenfalls ist Onkel Eduard und seine Muskatnuß eingefallen, weil ich schon seit einiger Zeit – dort, wo Eduard seine Nuß hatte, in der Jackentasche – keine Zigaretten mehr habe. Bereits beginne ich sie zu vergessen, bereits vermisse ich sie nicht mehr sehr.

Und eigentlich sind mir nicht die Zigaretten, nicht ein Genuß abhanden gekommen – sondern eine Sucht, mit der ich in Symbiose gelebt habe, ich bin ihr untreu geworden, und meine Fähigkeit zur Untreue erschreckt mich.

So wie sie auch Onkel Eduard erschreckt hätte. Es ging Onkel Eduard nicht um die Muskatnuß, es ging ihm um den Glauben an sie. Und so wie sich Eduard wohl fürchtete, den ganzen Glauben zu verlieren, so fürchte ich mich nun, die ganze Sucht zu verlieren – auch die Sucht auf Buchstaben und Bücher, die Sucht auf Musik, die Sucht auf Liebe und Zuneigung. Der Glaube an die Muskatnuß ist etwas Ernstes.

## Heute ist Sonntag

Also: Kalbsragout, Kartoffelstock, Gemüse, Salat. Das Kalbsragout weiß, am Tag zuvor Knochen angebraten mit Wasser aufgesetzt, stundenlang auf kleinem Feuer gekocht, gewürzt, gepflegt, probiert – Pfefferkörner, Zwiebel, Knoblauch, Karotten, Sellerie, ein wenig Lauch; den Kartoffelstock selbst gemacht – sehr aufwendig gekocht, als ginge es um ein Bankett.

Dabei bin ich allein, ich koche nur für mich selbst. Aber es ist Sonntag, und am Sonntag gibt es ein Sonntagsessen, den Teller schön angerichtet, den Tisch gedeckt – Sonntag.

Ich setze mich an den Tisch und habe plötzlich Lust auf eine ganz gewöhnliche Bratwurst mit Zwiebelschweize und gewöhnlichen weißen Spaghetti.

Aber es ist Sonntag, und am Sonntag gibt es ein Sonntagsessen – ob mir das paßt oder nicht. Es will mir nicht so recht schmecken – ich habe den Geschmack der Bratwurst im Kopf.

Mein Vater erzählte, daß es dort in der Nähe, wo er als Kind war, einen Papagei gab, der immer am Sonntagmorgen früh – und nur an einem richtigen Sonntag – das Lied »Sonntag ist's heut« krächzte.

Auch das fällt mir ein an einem Sonntag – überhaupt mein Vater, am Sonntag trug er sein Sonntagskleid: Hemd, Krawatte, hellgrauer Anzug, und nachmittags ging es auf den Sonntagsspaziergang, auf den verhaßten Sonntagsspaziergang, der Vater im hohlen Kreuz mit seinem Filzhut, mit seinem Stockschirm – ein Schirm, über den man ein hölzernes Rohr ziehen konnte – mit großen Schritten voraus, die Mutter und ich und später auch die Schwester etwas unwillig folgend. Das mußte so sein: Sonntag und Sonntagsspaziergang – anständige Familien gingen am Sonntag spazieren: Sonntagskleider, Sonntagsschule, Sonntagsbraten und Sonntagsspaziergang.

Wenn es mal neue Sonntagskleider gab, dann wurden die alten zu Werktagskleidern. Mein Vater – Handwerker, Maler – fuhr auch in Anzug und Krawatte zur Arbeit, auf dem Fahrrad. Er war so gekleidet wie die Anderen am Sonntag – aber die Kleidung war der Werktagsanzug und ohne Hut – Hut und Schirm, das war Sonntag.

Dabei war mein Vater auch ein leidenschaftlicher Bergsteiger, und als Bergsteiger war er so gekleidet wie die Bergsteiger. Das konnte auch sonntags sein, dann entfiel der Spaziergang.

Nun sitze ich also an meinem Ragout. Der einzige schäbige Rest eines ehemaligen Sonntagsrituals. Ich habe einen Beruf ohne feste Arbeitszeiten. Ein Montag ist für mich kein besonderer Tag und ein Freitag auch nicht. Meine Woche kennt keine Einteilung, trotzdem bleibt es mir wichtig: Heute ist Montag, heute ist Dienstag, Mittwoch – und dann eben: Heute ist Sonntag.

Ab und zu beneide ich jene, die mittags aus dem Fabriktor kommen und sich gegenseitig wünschen, gut zu speisen: »E Guete!« Und ich erschrecke, wenn mir jemand ein schönes Wochenende wünscht. Wer ein Wochenende hat, der hatte auch eine Woche – irgendwie hatte ich keine, wenn ich sie auch durchaus verbracht habe. Ich war zwar mal Lehrer mit einem wöchentlichen Stundenplan, aber wir kamen nicht gemeinsam aus dem Schulhaus und wünschten uns einen schönen Abend.

So bleibt mir nur der Sonntag als spezieller Tag – aber er gelingt mir nicht. Das Ritual des Sonntagsspaziergangs, der Sonntagskleider, zu denen man Sorge zu tragen hatte, war mir als Kind zwar ein Greuel – aber ein Sonntag ohne Ritual ist halt dann kein Sonntag mehr.

Ich glaube, nicht nur mir, sondern uns allen sind die Rituale mehr und mehr abhanden gekommen. Die Kirchen sind nicht einfach nur leer aus Desinteresse, sondern sie sind es vor allem auch, weil wir entritualisiert leben. Die Kneipen sind nicht etwa leer, weil die Männer nicht mehr trinken, sondern weil das Trinken entritualisiert wurde. Das Feierabendbier zwischen fünf und sechs – und etwas mehr – hatte zwar auch nur mit Alkohol zu tun, aber es war eingebettet in ein Ritual. Die privatisierte Partygesellschaft braucht keine Rituale mehr: Bier ist Bier und zu Hause billiger.

Nur die Gemeinschaft braucht Rituale – aber die Gemeinschaften haben sich privatisiert. Wir leben alle mehr und mehr in Gettos, in luxuriösen mitunter, aber in entritualisierten Gettos.

Ja, der Sonntagsspaziergang. Ich hatte die Eltern immer wieder im Verdacht, daß sie ihn eigentlich nicht für sich, sondern für die Nachbarn machten – eine anständige Familie geht spazieren. Allein, und nur für sich allein, kann man das nicht.

Nein, ich werde nicht spazierengehen. Ich werde mir keinen Sonntagsanzug kaufen, und ich werde den alten Anzug nicht am Werktag austragen.

Zu sehr habe ich mitunter gelitten unter solchen Ritualen. Daß ich sie hinter mir hatte, erschien mir als Freiheit. Jetzt sitze ich in meiner Freiheit, und der Sonntag ist keiner mehr.

Trotzdem weiß ich, daß Sonntag ist. Irgendwie erwarte ich ihn auch eine Woche lang, gehe freitags oder samstags einkaufen in Erwartung des Sonntags.

Und dann sitze ich an meinem Ragout und sehne mich nach werktäglichen Bratwürsten und bilde mir ein, daß Bratwürste weniger einsam machen.

## Etwas weihnächtliche Nostalgie

Den Bahnhof lernte ich mit Emil kennen. Er war jener, der den ganzen Fahrplan, das ganze Kursbuch auswendig kannte – jener, der selber wohl kaum je einmal mit der Bahn fuhr, aber tagelang am Bahnhof stand, die Nummern der Züge und die Typenbezeichnungen der Lokomotiven leise vor sich her sagte und dabei versuchte, ja nicht aufzufallen, weil er – dem vieles verboten war – fürchtete, man könnte ihm auch den Bahnhof eines Tages verbieten.

Ich verehrte Emil. Er war für mich ein richtiger Erwachsener. Einer, der alles, was man wissen mußte, wußte, und einer, der Zeit hatte, sehr viel Zeit hatte. So einer wie Emil wollte ich werden. Und oft, wenn er mir einfällt, denke ich daran, wie wenig gefehlt hat, daß ich das fast geschafft hätte.

Ich weiß nicht, was ich von ihm gelernt habe, ich weiß nur, daß es sehr viel war, daß er zu jenen gehörte, die mich wesentlich geprägt haben. Ich habe von ihm zum Beispiel gelernt, in Bahnhöfen herumzustehen, ohne jeden Grund in Bahnhöfen zu stehen, ohne etwas zu tun, ohne etwas zu bestaunen oder zu beobachten. Nur hier zu sein, nur zu existieren, nur zu leben.

Emil, das fiel mir erst viel später auf und als er längst nicht mehr lebte, war debil.

Damals, als sehr kleines Kind, fiel mir nur auf, daß er anders war, ganz anders als alle anderen; und vielleicht auch, daß seine Welt eine andere war.

Und so wurde mir dann der Bahnhof zur Mitte jener anderen Welt.

Der Bahnhof wurde mir zum Ziel meiner Flucht, und meine Bahnfahrten führten in Bahnhöfe. Traurigkeit führte mich auf den Bahnhof. Ärger und Freude führten mich auf den Bahnhof. Und der leichte Hang zum Unanständigen – die drei Zigaretten für einen Batzen aus dem Automaten, der Micky-Mouse-Film aus den Guckkasten für 20 Rappen – führte mich zum Bahnhof.

Später dann auch das Bahnhofbuffet, zweiter oder gar dritter Klasse.

Und hier waren sie denn auch, die Figuren der Gegenwelten, die Scheiternden und die Gescheiterten, die Aufschneider und Hochstapler, die Willigen und die Unwilligen und dann auch – schon bald nach dem Krieg – die Italiener, die hier ihrem Italien etwas näher waren.

Dampflokomotiven gab es schon damals nur noch wenige, aber ihr Rauch blieb irgendwie noch jahrzehntelang hängen, und meine Mutter fragte: »Warst du wieder auf dem Bahnhof«, wenn ich schwarze Hände hatte.

Heimat ist nicht etwas aus Glas und Stahl. Heimat hat immer ein bißchen den Duft, aber auch die Düfte von Küche, von Kohl und Lauch und Verbranntem. Und auch das ist vorbei, wir wissen inzwischen, daß die Rösti nicht mehr dunkelbraun und schon gar nicht mehr an den Ecken schwarz werden darf. Die Rösti mag so auch gut sein, vielleicht sogar ein bißchen besser, aber sie erinnert nicht mehr an Rösti. Was ist das für eine Qualität, die nicht erinnert?

So wie der Bahnhof nicht mehr an Bahnhöfe erinnert. Ja, es ist wunderbar, wie sauber er geworden ist. Meine Hände werden nicht mehr schwarz in Bahnhöfen. Sie sind jetzt so steril geworden wie Einkaufscenter, so globalisiert und normiert wie Flughäfen, auf denen noch nie die Italiener aus Langeweile und Heimweh herumgestanden sind. Die Eisenbahnen gleichen den Flugzeugen, die Bahnhöfe den Flughäfen.

Und vor lauter Umweltschutz vergessen wir die Welt zu schützen. Weil uns der Umweltschutz gründlich mißlingt, weil wir wissen, daß uns die Katastrophe sicher ist, weil wir wissen, daß es uns nicht gelingen wird, den Ausstoß von Kohlendioxyd zu verringern – weil wir wissen, daß uns das mit der Umwelt nicht gelingt, machen wir uns daran, wenigstens die Welt zu säubern, zu säubern bis zur Sterilisation – es lebe die Modelleisenbahn, es lebe die McSBB: rauchfrei, keimfrei, schmutzfrei und lebensfeindlich.

Nein, ich schreibe hier nicht vom neuen Rauchverbot in der Bahn.[14] Das Rauchverbot hat mich weniger genervt als die täglichen Fragen von Leuten: »Was machst du jetzt?«

Meine Antwort ist einfach: Ich mag Rauchverbote. Sie machen das Rauchen wieder so schön verboten wie damals in der Schule hinter dem Schulhaus. Ich kann gut Eisenbahn fahren, ohne zu rauchen. Und ich mag es, Züge zu überspringen.

Nur, in welchen Bahnhöfen soll ich sie noch überspringen? Ich mochte Flughäfen nie. Sie waren mir und den Italienern und Emil zu steril. Sie sind Treffpunkte für Leute, die sich nicht treffen wollen. Die Öffentlichkeit wird privatisiert. Die neue Partygesellschaft braucht keine Öffentlichkeit mehr.

## Von der Macht und der Weisheit

»Wenn ein Priester etwas braucht, dann zeigt er nur mit dem Finger darauf, und er bekommt es«, erklärte mir mein Freund in Bali. »Die Priester sind also mächtig«, sagte ich.

»Ja, sie sind sehr mächtig. Sie haben alle Macht.«

Und als ich sagte, daß sie sich so auch bereichern könnten, schaute er mich entsetzt an und sagte: »Nein, sie sind weise.«

»Aber gibt es denn nicht einzelne, die ihre Macht mißbrauchen und Besitz anhäufen«, und er wiederholt nur, daß sie weise seien, und daß sie nur auf eine Ente zeigen, wenn sie eine brauchen.

Ich lasse nicht locker, und sage, daß es ja doch auch nur Menschen seien, und Menschen neigten doch dazu, ihre Macht zu mißbrauchen, und wenn das vielleicht auch nicht alle täten, dann doch sicher einzelne. Und er fragte mich, ob das so sei bei uns in Europa. Ich nicke beschämt.

Und er sucht nun nach einer Erklärung, um mich zu trösten, und nach einer langen Stille sagt er: »Die Priester sind müde, sie kommen aus einer strengen Schule, sie haben ein Leben lang gelernt und gelernt, Sanskrit und andere Sprachen und das ganze Wissen der Welt, und sie sind schon sehr alt, wenn sie endlich Priester sind. Dann sind sie zu müde, um ihre Macht zu brauchen.« Er sagt nicht »mißbrauchen« – er sagt nur »brauchen«.

Müdigkeit als gesellschaftliches Prinzip? Es gab doch jene Ältestenräte, die Senatoren, die Alten, und wir nehmen an, daß es diese Räte gab, weil alte Leute viel Erfahrung haben. Aber könnte es nicht auch sein, daß man die Müdigkeit des Alters nutzen wollte? Vielleicht hat Weisheit auch mit Müdigkeit zu tun. Sie hieß einmal Bedächtigkeit. »Laßt dicke Männer um mich sein«, soll Cäsar gesagt haben. Meinte er vielleicht langsame Männer? Auch mir ist unsere Demokratie oft zu langsam – aber wehe, wenn sie zu schnell wird und politische Erfolge zum Sport werden.

Karl ist uralt, und das ist er wohl geworden, weil er lange jung geblieben ist und seinen Gewerbebetrieb, eine kleine Fabrik, bis ins hohe Alter fest im Griff hatte, ein erfolgreicher Bösewicht – durchaus mit einer Seele zwar und nicht unmenschlich, aber ein bißchen mächtig schon. Jetzt ist er wirklich alt, sehr alt – und er ist mir richtig lieb geworden, ein gescheiter Mann, der sehr viel weiß. Es geht ihm gut, er ist gesund und geistig wach – nur viel langsamer als damals, nicht etwa weise, dazu ist er immer noch zu witzig und zu schlau, aber bedächtig, die Welt, die er einmal erobern wollte, endlich beschauend und als wacher Beobachter genießend, wie der Bauer, der sonntags im guten Anzug, Berntuch, gemächlich am Feld entlangging und das Werden seiner Arbeit anschaute. Diese Bauern gibt es nicht mehr – und vielleicht hat es sie auch damals nur in der Vorstellung gegeben, denn die Zeiten waren damals keineswegs besser, und die humanitäre Schweiz war schon damals eine Legende – nur, die Gemächlichkeit ließ etwas mehr Platz für die Hoffnung. Voreilige Realisation und aktiengesellschaftliche Relevanz lassen wenig Platz für die Hoffnung übrig.

Oder, wieder einmal, wie Robert Walser schrieb, und auch das ist schon hundert Jahre her: »Ich bin überzeugt, daß wir viel zu wenig langsam sind.«[15]

In der anderen Ecke am runden Tisch sitzen ein paar Leute, ältere, die Zeit haben. Sie feiern – nicht etwa ein besonderes Ereignis, keinen Geburtstag, keinen Sieg – sie feiern einfach so – das ist schön. Aber sie feiern vedammt schnell, trinken schnell, reden schnell, denken schnell, und sie reden irgend etwas, weil man ja schließlich etwas reden muß.

Mäni Weber ist gestorben. Sie haben ihn alle gut gekannt. »Als er einmal zu uns kam, trug er rote Stiefel«, sagt einer. »Ja, der war stockschwul«, sagt der Alte am Tisch – »ich kannte den gut, ich habe oft mit dem gesoffen.« Ich überlege mir, ob ich eingreifen soll, zum Tisch hinübergehen soll und sagen soll, daß ich ihn wirklich gekannt hatte, und daß ich ihn mochte. Aber sie loben ihn jetzt bereits. Er ist jetzt bereits der Beste, und alle anderen – sie zählen jetzt wahllos Prominente auf – haben ihn nicht besucht. Die haben ihn sitzenlassen. Das sind eingebildete Laffen, die haben ihn einfach sitzenlassen. Und dann schwappt es wieder über – und überhaupt, was bildete der sich ein, und diese Weiber. Sie zitieren und kommentieren hilflos all das, was sie in den Zeitungen gelesen haben. Ja, ja – er gehört ihnen – sie haben schließlich schon gelebt, als er noch erfolgreich war. Sie sind überzeugt, daß sie ihn ganz persönlich kannten, und der Tisch wird laut, und jeder weiß irgend etwas besser als der andere. Sie haben wie der balinesische Priester auf ihn gezeigt. Sie haben die Macht, sie zeigen auf alles und besitzen es. Der Priester aber zeigt nur ab und zu auf eine Ente.

## Das Fest des Dazugehörens

Weihnachtsgeschichten? Vielleicht ist auch das eine: Der Polizist kommt in den Kindergarten, um Verkehrsunterricht zu erteilen, und er fragt, ob denn jemand wisse, was ein Verkehrsteilnehmer sei. Selbstverständlich weiß es keines der Kinder, also begibt er sich, vermeintlich, auf ihr Niveau und sagt: »Es gibt so Dinger auf der Straße, die haben vier Räder und machen Brumm-brumm, wie sagt man denen?« »Autos«, sagt einer. »Und dann gibt es auch solche mit zwei Rädern, die Brumm-brumm machen, wie sagt man denen?« »Töff, Motorrad«, sagt einer. Und dann das Moped, das Fahrrad. Und jetzt sagt der Polizist: »Es gibt aber noch andere Verkehrsteilnehmer, die haben keine Räder, die stehen auf zwei Beinen und gehen auf ihnen, wie sagt man denen?« Und ein Mädchen antwortet: »Denen sagt man Grüezi, Grüßgott.«

Die Geschichte ist wahr und hat sich vor vielen Jahren in

dem Schulhaus zugetragen, in dem ich damals unterrichtete. Ich finde es eine wunderschöne Geschichte, weil hier der kalten Vernunft des Gesetzes menschliche Wärme entgegengesetzt wurde. Der wunderschöne »Irrtum« des Mädchens hatte seine Ursache wohl darin, daß es annahm, daß der Polizist der Hüter des Anstands sei und daß es eben anständig sei, zu grüßen.

Ich grüße gern, und ich genieße es, im kleinen Ort zu wohnen, wo sich die meisten noch grüßen. Es heißt nicht nur, daß ich den anderen wahrgenommen habe, es ist auch ein gegenseitiges Zeichen des Dazugehörens. Gegrüßt werden und grüßen kann ein bißchen Wärme in einen grauen Tag bringen. Autofahrer haben kaum Gelegenheit dazu. Grüßen ist ein Privileg der Fußgänger.

Ein anderes kleines Mädchen, meine spätere Frau, war davon überzeugt, daß man die Polizisten nur freundlich grüßen muß, dann machen sie einem nichts – irgendwie eine Verwechslung mit dem Sankt Nikolaus und dem Schmutzli, und also auch eine Vorstellung von Anstand.[16]

Oder wäre vielleicht das eine Weihnachtsgeschichte: An der Busstation steht ein Mann, durch und durch ein Schweizer. Nun kommen zwei kleine Buben, wahrscheinlich ausländischer Herkunft, auf ihn zu und fragen, ob er ihnen sagen könnte, welchen Bus sie nehmen müßten zum MacDonalds. Der Mann geht zum Fahrplan, macht sich kundig und erklärt den beiden, welchen Bus sie nehmen müßten, nämlich den auf der anderen Seite der Straße, und wann er fährt. Die beiden bedanken sich und gehen über die Straße. Da bleibt einer stehen. Dreht sich um und kommt zurück, geht auf den Mann zu und fragt: »Sind Sie Albaner?« Das Dazugehören als Voraussetzung der Freundlichkeit. Weihnachten, das Fest des Dazugehörens.

Im Bus, mit dem ich täglich fahre, grüßt man die Leute, die man immer wieder sieht, die Leute, mit denen man zusammen fährt. Außer morgens früh, wenn die Leute halb verschlafen zur Arbeit fahren. Ich fahre ganz selten so früh, und wohl deshalb fällt mir auf, wie unheimlich still es ist am Morgen im Bus. Auf der nächsten Station steigen zwei Behinderte ein, auch sie fahren zur Arbeit in einer geschützten Werkstatt. Sie steigen ein und sagen laut und deutlich: »Guten Morgen miteinander.« Die Schweigenden im Bus schrecken auf, wie wenn hier ein Überfall angekündigt würde.

Abends spät sitzt ein Mann mit Turban im Bus – er wohnt in meiner Nachbarschaft, schon seit zwei, drei Jahren. Er geht mit Rosen von Restaurant zu Restaurant. Ein schlechter Verkäufer, der kaum etwas sagt, kaum Deutsch kann, kaum lächelt, aber eine leichte Verbeugung andeutet, wenn ihm jemand das Geld für die Rose gibt. Ich habe ihn zwei Jahre lang immer wieder gegrüßt, und er hat meinen Gruß nicht erwidert. Einmal, als wir gemeinsam auf den Bus warteten, habe ich ihn auf englisch angesprochen, wir wechselten ein paar Worte. Seither grüßt er mich freundlich, legt seine Hand aufs Herz und nickt. Ich freue mich jedesmal, wenn er grüßt. Ich habe es damals fast nicht mehr ausgehalten, daß er nicht grüßte. Jetzt fahren wir endlich im selben Bus. Ich kenne ihn eigentlich nicht. Ich kenne weder seinen Namen noch seine Geschichte, und er kennt auch mich nicht. Aber wir nehmen uns nun gegenseitig wahr. Er ist jetzt da und ich auch. Wir haben fast nichts Gemeinsames – eigentlich nur diesen Bus. Aber wir gehören jetzt wirklich dazu, zu diesem Bus. Das ist wenig, sehr wenig. Aber in einer kalten Dezembernacht ist es doch ein kleines Etwas.

Ich wünsche Ihnen ein frohes Fest des Dazugehörens.

# IV Wie christlich sind die Christen?
## Essays und Reden

# Christentum und Politik

## Es gibt keine christliche Politik

Ich vermute hinter dem Begriff »christliche Politik« eine große Dosis christlicher Arroganz, denn offensichtlich ist christliche Politik nicht so gemeint, daß es die Politik der Getauften ist oder die Politik derjenigen, die an die Gottheit Christi glauben.

(Ich beziehe mich im ersten auf die katholische streng theologische Definition eines Christen, nämlich jeder Getaufte, da der sakramentale Charakter ihn unwiderruflich an Christus bindet, im zweiten auf die Definition der Amsterdamer Weltkirchenkonferenz, die denjenigen als Christen bezeichnet, der an die Gottheit Christi glaubt.)[1]

Volkstümlich wird der Christ aber nur auf Grund seines moralischen Verhaltens definiert, etwa in dem unsinnigen, aber gut gemeinten Satz, daß ein Heide, der Gutes tue, ein besserer Christ sei als ein Gauner, der an Christus glaube.

Das volkstümliche »christlich« ist also ein rein ethisch-moralischer Begriff, und ich nehme an, daß es im Zusammenhang mit Politik auch so gedacht ist, es meint dann also moralischere, anständigere Politik als andere. Nun ist es ohne weiteres möglich, dieselben ethischen Grundsätze aus andern Quellen zu beziehen. Der Christ kann Ethik und Moral nicht für sich allein beanspruchen. Nicht Ethik und Moral unterscheiden ihn vom Nichtchristen, sondern ausschließlich sein Bekenntnis zu Christus.

Die moralische Richtung im Begriff »christlich« wird dann sichtbar, wenn wir uns vorstellen, daß eine Gruppe von anständigen, vielleicht sogar recht konservativen Nichtchristen eine Partei mit dem Namen »unchristliche Partei« gründen würde.

Unchristlich wird dann gleichbedeutend mit unmoralisch, unanständig. Hier liegt die Arroganz des Christen.

Und ich vermute, daß er sie weitgehend aus einer verhängnisvoll interpretierten Bibelstelle bezieht.

Im ersten Johannesbrief steht:

»[U]nd ein jeder Geist, der Jesus nicht bekennt, der ist nicht von Gott. Und das ist der Geist des Antichrists, von dem ihr gehört habt, daß er kommen wird, und er ist jetzt schon in der Welt.«[2]

Oder im Matthäus-Evangelium:

»Denn es werden viele kommen unter meinem Namen und sagen: Ich bin der Christus und sie werden viele verführen.«[3]

Diese Ankündigungen des Widerchristen oder Antichristen wurde dann auch von der sogenannten christlichen Politik auf alle Nichtchristen, vor allem in neuerer Zeit, ausgedehnt, etwa mit dem Satz unterstützt: »Wer nicht mit mir ist, ist gegen mich.«[4] Das hieß dann sehr schnell, wer ein Nichtchrist ist, ist ein Widerchrist, ein Antichrist oder gar *der* Antichrist.

Damit ließ sich eine Politik der Verhetzung aufbauen, denn der Antichrist ist der Vertreter des absolut Bösen, der Christ der Vertreter des absolut Guten.

Damit liegt für den Christen dann der Beweis vor, daß nur der Christ sich wirklich moralisch verhalten kann. Wenn sich der Nichtchrist gut verhält, wird er das in den Augen des Christen nur zum Schein, nur aus taktischen Gründen tun; denn er kann sich gar nicht wirklich gut verhalten, weil er grundsätzlich bös ist.

Ich nehme an, daß das uns allen doch ein bißchen zu einfach, zu simpel erscheint.

Immerhin ist es nicht erstaunlich, daß der fanatische Kommunistenverfolger in Amerika McCarthy weitgehend von sektiererischen und kirchlichen Kreisen unterstützt wurde.[5] Und die Argumente vom Antichristen wurden von christlichen Politikern nicht nur gegen Marxisten und Sozialisten gebraucht, sondern auch gegen die nichtchristlichen Liberalen des frühen 19. Jahrhunderts.

Unterstützt wurde diese Argumentation dadurch, daß der damalige Liberale oder der Sozialist den Menschen eine Befreiung, eine weltliche Erlösung versprach, also in den Augen des Christen als Scheinmessias auftrat.

Zudem gab es sture Christen, die Armut und Unterdrückung als gottgewollt betrachteten; etwas dagegen zu unternehmen, erschien ihnen als Gotteslästerung, als Gotteslästerung des Antichristen.

Christliche Politik war also so wenig beweisbar wie Christus selbst, sie war eine Sache des Glaubens, man hatte daran zu glauben, daß der allerchristlichste König der Vertreter des Guten war, sowenig das Gute auch sichtbar wurde, er hatte auf Grund seiner Gnade Einsichten, die nicht überprüfbar waren.

Wenn sich christliche Politik von nichtchristlicher prinzipiell unterscheiden kann, dann nur in dieser Vorstellung des Antichristen.

Deshalb bin ich überzeugt, daß es keine christliche Politik gibt.


*Es gibt kein unpolitisches Christentum*


Es gab und gibt immer wieder Versuche, Christus als Revolutionär darzustellen. Über diese Darstellung der Person Christi kann man bestimmt verschiedener Meinung sein. Die Frage, ob er ein Revolutionär war, scheint mir in diesem Zusammenhang auch nicht wichtig.

Das Christentum jedenfalls war eine revolutionäre Idee, das Urchristentum war schon insofern ein Politikum, als es von einer militanten Minderheit getragen wurde, einer Minderheit, die sich nicht nur prinzipiell gegen Staatsreligionen stelle, also damit zwangsläufig auch gegen die staatliche Ordnung, sondern auch im Einzelnen bewußt und provokativ gegen Gesetze verstieß (gegen die Sabbatgesetze zum Beispiel).[6]

Dazu kam das Mißverständnis, daß Christus der weltliche Judenkönig werden wolle, daß er die Juden vom Joch der Römer befreien wolle. Dagegen hat sich Christus selbst verwahrt. Später versuchten dann auch immer wieder christliche Gruppen ihre politische Abstinenz damit zu begründen.

Aber das Christentum (und auch Christus selbst) mußte sich, um seine Präsenz in *dieser* Welt zu bekommen, politisch verhalten. Wir verstehen zwar, was Christus meint, wenn er sagt »Mein Reich ist nicht von dieser Welt«[7], aber er will immerhin auf dieser Welt für jenes Reich werben, er wird damit zum mindesten zum ausländischen, zum außerweltlichen Agenten und damit für die bestehende Ordnung zur Gefahr. Er hat auch nicht dazu aufgerufen, diese Welt zu verlassen, Selbstmord zu begehen um in sein anderes Reich einzugehen.

Er wollte offensichtlich etwas in dieser Welt, und er hat sie jedenfalls verändern wollen und zu einem Teil auch verändert.

Eine Trennung in diesseitige und jenseitige Welt, ist vielleicht vorstellbar, bestimmt aber nicht vollziehbar. Die Seligpreisungen in der Bergpredigt müssen Konsequenzen für unsere Welt haben, auch wenn sie Bezug auf die andere Welt gehabt haben sollten, was ich selbst nicht glaube.[8]

Das Christentum wurde damit zum Politikum.

Die christliche Revolution hat nie oder noch nicht stattgefunden, vielleicht hat das Christentum deshalb seine politische Sprengkraft bis heute bewahrt, vielleicht kann es gerade deshalb bis heute auch dem sogenannt christlichen Staat zur Gefahr oder zum mindesten zum Prüfstein werden.

Aber der Verzicht auf die christliche Revolution scheint

mir nicht eine Einsicht der Christen gewesen zu sein, viel eher ist es so, daß sie durch Staat und Establishment hintergangen wurden. Man hat das Christentum, als es sich nicht mehr aufhalten ließ, integriert. Der Staat nannte sich nun christlich.

Der Satz, der immer wieder gegen politisch engagierte Christen ins Feld geführt wird: »Gebt dem Kaiser, was des Kaisers ist, und Gott, was Gottes ist«, kann ebensosehr ein Satz gegen die christliche Staatskirche sein, er wird dann direkt zum politischen Aufruf.[9]

Aber trotzdem, die Bibel bot genügend staatstreue, ungefährliche, unverpflichtende Interpretationsmöglichkeiten, die selbst einen absolut inhumanen Staat nicht gefährden könnten. (Das erwähnte »Mein Reich ist nicht von dieser Welt«, »Jedermann sei untertan der Obrigkeit«, oder eben auch: »Gebt dem Kaiser was des Kaisers ist«.)[10]

Was dem Staat aber am meisten entgegenkam, war die Reduktion des Christentums auf Moral und Ethik, das heißt dann – eine Stufe tiefer – Anständigkeit.

Der Christ wird dann einfach einer, der sich anständig verhält, und der Staat kann dem Christen jede Freiheit geben, er behält sich nur vor, die Anständigkeit zu definieren. Damit erhält die Staatstreue eine Priorität vor der Treue zu Gott, oder sie wird scheinbar dasselbe.

Das Christentum wurde damit zum konservativen Element in der Politik.

Wenn es stimmt, daß das Christentum eine revolutionäre Idee ist, dann kann es nicht immer und überall mit dem alltäglichen Usus, mit der Gangundgäbe-Anständigkeit übereinstimmen. Christus selbst hat sich zum Beispiel mit dem Verstoß gegen Sabbatgesetze, mit seinem Einsatz für die Ehebrecherin in die Unanständigkeit begeben; man tut so etwas nicht, wird man ihm etwa gesagt haben.[11]

Der heutige Durchschnittschrist verhält sich anders. Die Gesetze der Gesellschaft stehen für ihn über den biblischen

Gesetzen; wenn er die Gesetze der Gesellschaft befolgt, ist er ein anständiger Bürger, und ein anständiger Bürger ist dann ein anständiger Christ. Das meine ich mit Integration, daß guter Bürger und Christ zu identischen Begriffen werden.

Ich gehöre nicht zu denen, die sagen: »Das Christentum hat versagt!« Ich halte die christliche Lehre nach wie vor für eine wirkliche und politische Kraft. Vielleicht ist ihre Zeit immer noch nicht gekommen.

Jedenfalls hat sie auch im Positiven einiges bewirkt, politische Folgen gehabt, Revolutionäre haben sich immer wieder am Christentum orientiert.

Daß sie sich gleichzeitig gegen die Kirchen stellen mußten, ist aus dem erwähnten Verhalten der staatstreuen Kirche heraus zu verstehen. Die Kirche wurde überall und immer wieder als ein Mittel der Reaktion eingesetzt. Die Kirche gab zwar vor, sich unpolitisch zu verhalten, sie vertrat Glaubenssätze, sie unterstützte die Reaktion, der die Argumente ausgingen, mit einem Glauben – dem Glauben an den Antichristen zum Beispiel. Dieser Glaube war unkontrollierbar, gegen ihn war mit Argumenten nicht anzukommen.

Gerade weil sich die Kirche mit Außerweltlichem befaßte oder zu befassen schien, wurde sie zu einem Machtmittel in der Welt und oft zu einem Feind des sozialen Fortschritts. Jedenfalls kann sich die Kirche nur politisch verhalten, sie muß sich bewußt sein, daß ihre Haltung immer politische Konsequenzen hat.


*Es gibt eine Verpflichtung des Christen zur Politik*

Wohl kaum an einer Bibelstelle wurde so viel herumgerätselt wie an der Bergpredigt. Ältere Theologen versuchten dann auch, sie ganz dem Jenseitigen zu verpflichten, als ein Versprechen an die Armen, Unterdrückten, Verfolgten in Bezug auf das Jenseits.

Das erschien dann sogar für Christen oft als ein Auftrag, die Armen arm sein zu lassen, oder die Armen zum mindesten insofern als notwendig zu empfinden, daß sie Objekt der Barmherzigkeit des einzelnen Christen sein konnten.

Die Seligpreisung der Armen beruhigte auch das Gewissen der Reichen, sie sagten sich: Also gut, wir sind *hier* reich und *ihr* dort, wir haben also nicht für einen Ausgleich zu sorgen, das geschieht dann später ganz von selbst.

Wäre es so, Christus hätte keinen Grund gehabt, es hier auf der Welt zu sagen. Bestimmt galt seine Sympathie den Armen und Unterdrückten, ihnen hat deshalb auch unsere Sympathie zu gelten.

Aber das »Liebe deinen Nächsten wie dich selbst« wurde von den Christen immer wieder als rein individueller Auftrag verstanden, also so, daß jeder Einzelne nett zu den Armen zu sein habe, aber nicht so, daß man gemeinsam etwas für sie tun könnte.[12]

Martin Buber hat das mosaische »Liebe Deinen Nächsten« mit »liebe deinen Volksgenossen« übersetzt, als Angehörigen einer Gruppe also, und das Wort damit politisch verstanden.[13]

Denn wenn ihm unsere Sympathie gelten soll, dann sind wir auch verpflichtet, nichts ungenützt zu lassen, was ihm helfen könnte.

Wer aber etwas tun will für die Armen, der muß etwas gegen die Armut tun; wer etwas tun will für die Unterdrückten, muß etwas tun gegen die Unterdrückung.

Das ist ein politischer Auftrag, denn Maßnahmen gegen Armut und Unterdrückung können wir gemeinsam zu einem Erfolg bringen, weil sie nicht nur eine Angelegenheit der persönlichen Barmherzigkeit sind, sondern letztlich eine Organisationsfrage. Eine Ordnung, die Armut überhaupt zuläßt, wird immer auch Armut schaffen.

Ein Christ, der eine soziale Maßnahme mit dem Argument bekämpft, es werde dann nichts mehr übrigbleiben für die Privatinitiative christlicher Barmherzigkeit, verrät damit sein Christentum, er will – im besten Fall – selbst wenig tun, um nicht mit allen zusammen viel tun zu müssen. Ganz abgesehen davon, daß er das Ausmaß des Elends unterschätzt, wenn er behauptet, daß für den Einzelnen keine Möglichkeiten mehr bestünden.

Gegen Armut und Unterdrückung etwas tun, heißt in Opposition, in dauernder Opposition leben, denn die Profitierenden sind daran interessiert, den jetzigen Zustand zur Norm zu erheben. Konservatives Verhalten ist nicht grundsätzlich schlecht, der Konservativismus ist ein Element der Politik, selbst der Progressivste kommt nicht ohne ihn aus. Schlecht wird er erst, wenn für ihn der Jetztzustand zur Norm und zum Maß wird oder, noch mehr, zur Natur, zum: Es ist halt so, und da läßt sich nichts machen, oder gar zum: Besser den Spatz in der Hand als die Taube auf dem Dach.

An der Bergpredigt soll der Christ ablesen, wie weit er noch davon entfernt ist, das Seine für die Verwirklichung zu tun. Sie muß das Maß und die Norm sein, nicht der Jetztzustand.

Den Satz »Macht euch die Erde untertan« kann ich nur politisch verstehen.[14] Er wurde zwar auch zur Motivierung von Machtpolitik mißbraucht, aber er kann auch heißen: Wenn auch das Elend dieser Welt fast als Naturzustand erscheint, wir haben kein Recht, uns damit abzufinden.

Oder um den Satz »Macht Euch die Erde untertan« sehr extensiv und fast ketzerisch zu interpretieren: Sollte das Elend dieser Welt von der Schöpfung her angelegt sein, so müßten wir uns gegen die Schöpfung stellen.

Die Welt ist ein Jammertal, das stimmt, aber daraus schließen zu wollen, daß sie eines sein muß, ist gezielter Zynismus.

Der Grund des konservativen Verhaltens des Christen kann aber auch darin liegen, daß er sich für die öffentliche Gangundgäbe-Anständigkeit entschieden hat, daß ihm also nur sein Konservativismus garantiert, daß er in ihr weiterleben kann, weil das Neue zwangsläufig unanständig erscheinen muß, sei es die Französische Revolution, der Liberalismus oder der Sozialismus. Wäre es nach diesen Christen gegangen und nicht nach den unchristlichen Liberalen, er hätte die Bundesverfassung von 1848 verhindert.

Aus dieser falsch verstandenen Anständigkeit heraus erklärt sich auch die politische Abstinenz sektiererischer Gruppen.

Selbst der Versuch solcher Gruppen, Politik als Ganzes dem Bereich des Schmutzigen, Unanständigen beizuordnen, dient dem Konservativismus.

Es ist nicht wahr, daß dann, wenn sich der Einzelne gut und ethisch verhält, die ganze Welt gut wird. Denn die Welt ist nicht einfach die Summe Einzelner. Es ist eine Organisationsfrage, Armut und Unterdrückung entstehen durch eine absichtliche oder zufällige unzulängliche Organisation. Der Einzelne wird erst frei, wenn seine Befreiung durch die geschaffene Ordnung möglich wird, oder genauer ausgedrückt, dadurch, daß diese Ordnung seine Unfreiheit verunmöglicht.

Vielleicht stellen wir uns unter der göttlichen Befreiung, der Erlösung, mehr vor als einfach ein menschenwürdiges Dasein, aber wir sind bestimmt aufgerufen, das was Christus an uns tun will, auch am Nächsten, an unserm Volksgenossen zu tun, und das nicht einfach ein bißchen, sondern mit all unseren Möglichkeiten.

Da der Arme ein Opfer der Organisation ist, geht es um diese Organisation. Auch wenn aus der Bibel kein direkt politischer Auftrag abgeleitet werden könnte, er käme auf diesem Umweg, daß wir uns ganz einzusetzen hätten, wieder auf uns zu; denn soviel auch ein Einzelner für einen oder mehrere Arme tut, er tut damit nichts gegen die Armut. Daß das Christentum ein politischer Auftrag ist, entbindet bestimmt nicht den Einzelnen von persönlichem Einsatz. Der Hohn, den dieser einzelne Christ mit seiner Arbeit erntet, soll ihn nicht stören. Der Hohn ist der, daß er mit seinem Einsatz der Gesellschaftsordnung, die Armut zuläßt, ein Alibi liefert.

## Abschied von einer geliebten Kirche

Vorerst einmal, ich gehöre der Kirche nur noch auf dem Papier an wie viele andere auch. Was mich vielleicht von einzelnen anderen unterscheidet, ist, daß ich meinen Austritt nicht aus opportunistischen Gründen nicht erklärt habe, sondern aus sentimentalen, besser gesagt, aus biographischen Gründen. Ich weiß auch nicht, ob ich die bürgerlichen Dienstleistungen der Kirche – Taufe und Abdankung – noch in Anspruch nehmen würde. Mein Immernochdabeisein hat jedenfalls nichts mit diesen Dienstleistungen zu tun.

Die Vorbereitung dieses Referats hat mich fast zur Verzweiflung gebracht, und es ist mir unmöglich, meine Gefühle auch nur einigermaßen in einer halben Stunde darzustellen. Dies vor allem, weil ich meine eigenen religiösen Gefühle nur erahnen kann: Ich muß in diesem Zusammenhang Mutmaßungen über mich selbst anstellen, als ob ich ein Fremder und nicht ich wäre.

Jedenfalls habe ich entdeckt, daß man sich in dieser Sache fast gezwungenermaßen belügt. Das führt dann auch dazu, daß einem Unfrommen ein Frommer immer wieder als verlogen erscheint. Auf der anderen Seite steht die Bemerkung meines sehr jungen und gescheiten balinesischen Freundes: Er arbeitet auf Bali als Hotelangestellter und hat die einfache Beobachtung gemacht, daß das Christentum wohl eine unfromme Religion sei.[15]

Nach vierzehn Tagen bin ich überstürzt und eigentlich bestürzt von Bali abgereist. Ich habe auf dem Flugplatz in Denpasar um einen Platz gekämpft, ich mußte unbedingt weg, heute weg. Etwas, was ich verdrängt hatte, hatte sich unheimlich stark gemeldet: Die jahrelange religiöse Abstinenz meldete Entzugserscheinungen an. Ich mußte abreisen, weil ich befürchtete, Hindu zu werden, und das wollte ich nicht. Aber ich muß hier betonen, mein zunehmendes Interesse war nicht romantischer Natur. Das hätte mich nicht so sehr betroffen, ich kenne mich; es saß viel tiefer oder weniger tief – wie Sie wollen. Es meldete sich sozusagen ein biologisches Bedürfnis an, zum romantischen Bedürfnis etwa im ähnlichen Verhältnis stehend wie Sexualität zu Erotik.

Die Flucht gelang mir. Sie wird mir noch oft gelingen, nehme ich an, aber etwas habe ich dabei gelernt. Ich muß ein religiöser Mensch sein, das habe ich zu akzeptieren, damit habe ich zu leben. Ob es mir das Leben erleichtert oder erschwert, das ist eine Frage und kaum zu beantworten. Die vorschnellen Erleichterungserklärungen der Christen erscheinen mir jedenfalls immer etwas allzu diesseitig, ich meine, etwas allzu kapitalistisch – gut ist, was nützt.

Und noch eine letzte Erklärung, bevor ich beginne. Sie ist nötig in diesem Zusammenhang. Ich hatte in meinem Leben nie eine Phase von Begeisterung für fremde Religionen, weder Indien noch China noch Vorderer Orient. Meine religiösen Erlebnisse betreffen ausschließlich das Christentum. Auch mein Bali-Erlebnis ist in diesem Zusammenhang zu sehen.

So weit bin ich beim Entwerfen dieses Referats schon mehrmals gekommen. Von da weg wurde es chaotisch, ungerecht und halbwahr. Es bleibt mir also nichts anderes übrig, als so etwas wie Tatsachen zu erzählen, die Tatsache meiner eigenen religiösen Biographie. Sie ist zu sehr mit der Kirche verbunden, als daß ich sie mit meinem Austritt beleidigen könnte.

Meine Eltern, Mitglieder der Kirche, auf Anständigkeit bedacht und auf Diskretion, haben auch Religiöses mit der entsprechenden Diskretion behandelt. Es wurde sozusagen nicht gesprochen davon und ganz sicher nicht im geringsten etwas dagegen gesagt. Meine Mutter, Tochter eines Bäckers und BGB-Politikers (ehemalige Bürger-, Gewerbe- und Bauernpartei) aus Huttwil, hatte zwar eine Neigung zur Philosophie, ich meine zum Reflektieren, und sie besuchte die Kirche ab und zu. Sie gab ihr Urteil ab über die Qualität der Predigt, eher über die äußere Qualität als über den Inhalt; fromm war sie sicher nicht und sehr wahrscheinlich auch nicht gläubig. Sie hätte es sehr sehr ungern, daß ich überhaupt davon spreche. Seit ich mit ihr einige Tage – einige sehr gute Tage – vor ihrem Sterben verbrachte, bin ich fast sicher, daß sie nichts glaubte. Sollte ihre Diskretion in diesen Dingen nur Maske gewesen sein, sie ließ sie nicht fallen.

Die religiöse Herkunft meines Vaters ist einfacher zu beschreiben und weit schwerer erfaßbar. Seine Eltern waren in einer pietistischen Freikirche, im Blauen Kreuz auch. Sein Vater, mein sehr geliebter Großvater, war ein aufrechter und tapferer Christ, meine Großmutter vielleicht eher etwas frömmlerisch. Mein Vater hatte später nicht mehr die geringsten Beziehungen zur Brüdergemeinde und zum Blauen Kreuz – vielleicht eher eine unausgesprochene Ablehnung.[16] Er trank zwar eigentlich gar nichts, weder Bier noch Wein, aber er tat dies auch nicht konsequent, und ich habe nie gehört, daß er sich irgendwo für die Abstinenz eingesetzt hätte. Er besuchte die Kirche häufig, preßte dort die Lippen aufeinander, weil er Angst hatte, er könnte einmal mitsingen. Mein Vater konnte nämlich nicht nur nicht singen – es war viel schlimmer. Er wußte nicht, ob er singen kann oder nicht, weil er es in seinem ganzen Leben nie versucht hatte. Ich meine auch das als Beschreibung seiner Art von Religiosität.

Über Religiöses wurde bei uns zu Hause nicht gesprochen. Gebetet wurde am Tisch nicht, vor dem Ins-Bett-Gehen »E ghöre es Glöggli« gesungen nur im Kleinkindalter und eher als Kinderlied denn als Gebet. Hätte ich aber irgendwo gesagt, daß bei uns zu Hause nicht gebetet wird, ich glaube, meine Mutter hätte es bestritten und mich der Fantasiererei bezichtigt.

Ich hatte immerhin den Eindruck, daß meine Eltern an Gott glauben, und in bezug auf meinen Vater stimmte das wohl auch. Es besteht auch die Möglichkeit, daß sich mein Vater meiner Mutter anpaßte, das heißt, seinen Glauben privatisierte und verinnerlichte. Daß mein Vater insgeheim betete ist vorstellbar. Frömmelig wäre er aber auch unter anderen äußeren Umständen nicht geworden.

Daß ich zur Sonntagsschule ging, war meinen Eltern mehr als recht. Als ich einmal an einem Sonntag zwischen neun und zehn auf der Straße mit andern Kindern Karten spielte, wurde ich von meiner Mutter sogar zurechtgewiesen wie sonst nie. Während der Predigt spielt man nicht Karten. Für sie war es wohl nur eine Sache von bürgerlicher Anständigkeit, aber mir machte sie es als Sünde bewußt.

Meine Eltern nahmen meine Erziehung ernst, und ich hatte eine sehr schöne, fast ungetrübte Kindheit. Es fiel mir leicht, gehorsam zu sein. Rebellion gegen meine Eltern war von mir her undenkbar. Allerdings begann ich sehr früh, Bücher zu lesen, war altklug und fühlte mich bald meinen Eltern intellektuell überlegen, was – das sei ihnen hoch angerechnet – nicht zu den geringsten Schwierigkeiten führte.

Ich wurde ein übereifriger Sonntagsschüler – daneben übrigens ein schwieriger im Religionsunterricht. Obligatorien sagen dem Freiwilligen nicht zu. Sehr bald trat ich auch dem Hoffnungsbund des Blauen Kreuzes bei.[17] Mein erstes Bier mit sechzehn fiel mir nicht leicht; die Verachtung meiner ehemaligen Freunde, die im Blaukreuz geblieben sind, tut mir weh.

Ein besonders eifriger Leiter des Jünglingsbundes – ein besonders guter übrigens auch, dem ich viele Einblicke in moderne Literatur und moderne Kunst verdanke – hatte immer neue Ideen zum öffentlichen Bekenntnis. Wir marschierten zum Beispiel durch die Stadt und skandierten vor jedem Restaurant alkoholfeindliche Slogans. Ich mußte meine Mutter auch bitten, die Familienfeier am 24. Dezember vorzuverlegen, weil wir ab acht Uhr mit dem Jünglingsbund – das waren damals drei, vier – in der Stadt Weihnachtslieder singen wollten. Hätte sie es mir verboten, ich hätte das Verbot wohl akzeptiert. Sie hat es nicht, und ich bin ihr heute noch dankbar dafür.

Das religiöse Bekenntnis wurde zu meinem Emanzipationserlebnis. Ich hatte sozusagen den Dreh gefunden, gegen meine Eltern zu rebellieren, ohne daß sie viel dagegen haben konnten. Ich tat ja nichts Schlechtes im religiösen Sinne, ich verstieß nur gegen ihren Grundsatz der Diskretion. Ich betrieb meine rebellische Emanzipation mit ihren Mitteln: ich betrieb und übertrieb sie.

Der tempelreinigende Jesus gefiel mir besonders[18]; »Ein feste Burg ist unser Gott« war mein Lied. Ich war geneigt, ein zorniger Christ zu werden, dafür geeignet war ich überhaupt nicht. Im Grunde genommen war ich ängstlich bis auf die Knochen und ebenso wie meine Eltern darauf bedacht, als lieb und nett und anständig zu gelten. Also brav sein, aber anders brav sein, sozusagen in der Minderheit brav sein und in der Minderheit Solidarität finden. Ich war zwar nicht Mitglied einer verbotenen, wohl aber einer kleinen Kirche. Ich war Mitglied einer etwas belächelten Kirche, und es bereitete mir schelmisches Vergnügen, daß mir diese Kirche niemand verbieten konnte, weil die verlogene Mehrheit von sich behauptete, sie sei christlich und kirchlich und anständig. Für mich war das damals wie Schnippchenschlagen und in diesem Sinne die lustigste, die munterste und die dialektischste Linke, die ich je erlebte.

Ich las täglich die Losungen. Ich trat dem Bibellesebund bei, hatte einen guten Namen bei den Ländlischwestern und wurde auch mit ihrem sanften Lächeln reichlich entschädigt.[19] Ich interessierte mich für die Mission in der genau gleichen Art wie die Anderen für Karl May. Auch das ein Erlebnis bei meinem Besuch in Bali: Mission war unter anderem eine optische Vorstellung, Bananenbäume gehören fast mehr zum Bild meiner Kindheit als Buchen und Tannen.

Ich stelle bewußt hier nur die Äußerlichkeiten dar. Ich nehme an, daß Sie sich Innerliches dabei vorstellen können. Ich meine, es gab auch innerliches Engagement und echten Glauben. Aber Glaube kann auch sehr ehrgeizige Formen annehmen. Das Lesen der Bibel kann zum Leistungsdenken werden. Das Besuchen von parakirchlichen Veranstaltungen in den unteren und hinteren Räumen der Kirche kann die Neigung zum Anständigkeitsrekord bekommen.

Die Sonntagsschullehrerin, eine ältere Frau, konnte ich nicht im Stich lassen. Mit dreizehn, vierzehn ging ich immer noch zur Sonntagsschule. Dazu kam eine Neigung zum Pietismus. Ich erinnere mich mit einiger Beklemmung an die wunderschönen Geschichten von einem Pfarrer Busch, in denen die Leute noch und noch durch Bekehrung von Krankheiten und allem Übel geheilt wurden.

Als ich mit sechzehn ins Lehrerseminar eintrat, gab es noch den Gedanken, später als Lehrer in die Mission zu gehen – dazu die Vorstellung, Modejournalist zu werden, über Frauenmode zu schreiben, dazu auch schon das arrogante Selbstbewußtsein, ein Schriftsteller zu sein, nicht etwa, einer werden zu wollen. Alles in allem bot ich das Bild einer chaotischen, infantilen, unausgereiften Persönlichkeit.

In Solothurn wurde ich auch Sonntagsschullehrer. Ich machte meinen ersten bewußten Ausflug in religiöse Romantik, begann mich für den Katholizismus zu interessieren, besuchte um neun den katholischen Gottesdienst und hielt um zehn in der reformierten Kirche Sonntagsschule. Daß ich sehr diskutierfreudig war und an halbphilosophischen Gesprächen interessiert, war eigentlich der einzige Negativposten, als man versuchte, mich vom Seminar zu weisen – erfolglos. Es gab doch einige Lehrer, die sich für mich einsetzten, unter anderem der katholische Pfarrer, mit dem ich immer wieder lange theologische Gespräche führte. Er riet mir übrigens immer wieder dringend von einer Konversion ab. Meine Beziehungen zu ihm waren der Beweis, daß ich ein religiöser Chaot sei. Die Schulleitung gab mir in aller Deutlichkeit zu verstehen, daß mir dieser Kontakt schaden könne, daß ich als Nichtkatholik kein Recht auf diesen Kontakt habe. Ich erlebte ein zweites Mal meine Religiosität als Emanzipationsmittel, mein Christsein als Anderssein, mein Bekenntnis als Rebellion.

Jener Lehrer, der mein Christsein als störend empfand, ist immer noch Christ und regelmäßiger Besucher der Kirche. Er hat nichts gegen Christentum, er hat nur etwas gegen Radikalismus, gegen das Ernstmachen. Christsein ist für ihn ein selbstverständlicher Bestandteil der Anständigkeit und verpflichtet ihn zu nichts anderem als zu Ruhe und Ordnung.

In jener Zeit begann mein Abschied von der Kirche, ohne daß ich es merkte. Ich bekam ein intensives Interesse an Theologie, angefangen bei Kierkegaard; ich hatte den Ehrgeiz, den ganzen Karl Barth zu lesen.[20] Mein Abschied von der Kirche begann damit, daß ich aus meinem Glauben eine Wissenschaft machen wollte. Ich ersetzte meine Frömmigkeit durch Interesse.

Meine katholischen Schulkameraden mußten für den Religionsunterricht kleine Aufsätze schreiben. Ich übernahm diese Aufgabe für viele von ihnen vorerst aus Spaß, später gegen kleineres Entgelt. Mein Rekord lag bei 16 verschiedenen Aufsätzen zum selben Thema in einer Nacht. Das war übertrieben. Die Sache flog auf, und die Bekanntschaft mit dem katholischen Pfarrer begann nach meiner Entschuldigung.

Die Formel, daß ich nicht gläubig sei, aber sehr an Theologie interessiert, schleppte ich dann von zwanzig an mit mir herum. Mein Abschied von der Kirche aber begann. Ich kann diesen Abschied nicht mit Vorwürfen belegen. Mein In-der-Kirche-Sein wäre vielleicht leichter begründbar als mein Nicht-in-der-Kirche-Sein. Mit Atheismus hat das jedenfalls nichts zu tun, mit Kirchenfeindlichkeit auch nicht. Ich habe höchstens den Verdacht, daß mich die Kirche langweilt. Und es gibt nur etwas, für das ich aus ganzem Herzen, aus innerster Überzeugung und ohne Haß kein Verständnis aufbringe: Das sind die Feldprediger. Sie irren sich grundsätzlich, wenn sie in guten Treuen annehmen, in der Uniform eines Hauptmanns Kontakte zum Volk zu finden. Sie sind zwar fast ausnahmslos viel netter und privater als richtige Hauptmänner, aber sie sind die Narren des Offizierskasinos. Sie verwechseln die militärische Feldübung mit einem Pfadfinderausflug und die militärische Verpflegung auf dem Feld mit dem Kirchgemeindepicknick. Ich hasse sie nicht, ich gebe mir Mühe, sie nicht zu hassen. Aber die Vorstellung, ein höherer Offizier tröstet mich als Sterbenden im Lazarett, hat für mich etwas sehr Grauenhaftes. Es ist so etwas wie Amtsanmaßung – nicht etwa in dem Sinne, daß sich der Pfarrer das Amt des Hauptmanns anmaßt, sondern der Hauptmann maßt sich das Amt des Pfarrers an. Ich habe auch waffentragende und schießende Pfarrer gesehen, und als Sanitäter, der ab und zu die Herren Offiziere bedienen mußte, habe ich die Landesverteidigungsgespräche der Feldprediger gehört.

Ich habe nichts, gar nichts gegen einen Pfarrer, der bereit ist, seinen Dienst bei der Truppe als Soldat zu leisten. Ich habe nichts gegen einen Pfarrer, der für die Landesverteidigung eintritt ...

Ich versuche, meinen Haß zu zähmen, aber Sie sehen, ich werde bitter.

Hier noch mein erstes Erlebnis mit dem Feldprediger: Kaserne Basel, Sanitätsrekrutenschule 1955, fünfte Woche. »Nachmittags zwei Stunden Feldprediger« stand auf dem Tagesbefehl. Wir, von Heimweh geplagt, an der Grenze zwischen menschlichem Wesen und Rekrut stehend, atmeten auf. Endlich kommt jemand von außen, endlich kommt jemand, der wohl nichts Soldatisches von uns will, und vielleicht kann man sich auch gemütlich hinsetzen.

Wir standen über eine Stunde im Stahlhelm in der prallen Sonne auf dem Kasernenplatz. Wir durften den Stahlhelm zum Gebet abnehmen, das sah schön malerisch-militärisch aus. Und ein älterer Herr in der Uniform eines Hauptmanns, in Stiefeln und mit dem offizierischen Kniewippen, hielt uns eine Straf- und Drohpredigt. Er erzählte, daß zu Hause in seiner Studierstube ein Foto über seinem Tisch hänge. Darauf sei sein Vater zu sehen, der als stolzer Infanterieoffizier genau da stehe, wo er jetzt stehe, daß es für die Basler zur Zeit sehr schwer gewesen sei, als die Infanterie nicht mehr hier war und nur noch unbewaffnete Sanitäter. Und daß wir uns als Sanitäter noch zackiger zu benehmen hätten, damit jedermann sehe, daß auch wir Männer seien usw.

Ich schiebe das keineswegs der Kirche in die Schuhe, das war die persönliche Dummheit und Arroganz dieses Hauptmanns. Ich möchte auch das Thema Feldprediger damit abschließen, und ich möchte anschließend nicht darüber diskutieren. Das Beispiel Feldprediger ist mir mit Gründen zu lang geraten, ich gebe das gern zu. Nicht die Feldprediger haben mich aus der Kirche getrieben; ich erwähne sie nur als optisches Beispiel für meine Enttäuschung.

Damals auf dem Kasernenplatz in Basel habe ich zum ersten Mal bemerkt, daß mir die Kirche nicht mehr Emanzipationshilfe sein kann und sein will. Hier in der Rekrutenschule, wo ich es doppelt nötig gehabt hätte, wurde mir ausgerechnet vom Pfarrer das christliche Recht, ein Anderer zu sein, entzogen. Ich gehöre zu jenen, die ihren ganzen Dienst unter äußerst hartem psychischen Streß nahe an der Psychose geleistet haben. Mein Militärdienst ist meine erbärmlichste Erinnerung.

Ich wußte damals nicht, daß mein Ablösungsprozeß von

der Kirche schon zwei, drei Jahre im Gang war. Aber nur das hat verhindert, daß das Erlebnis mit dem Feldprediger nicht eine augenblickliche Psychose auslöste. Gut, ich bin ein Schwächling im Unterschied zum bestiefelten theologischen Edelmann aus Basel. Lassen wir das.

Die Frage der Feldprediger wird schließlich vom »frommen« Militärdepartement und nicht von der tapferen Kirche entschieden. Wenn in Bern auf die Dienste eines Feldpredigers verzichtet wird, weil er vom Problem Töten gesprochen hat, dann ist das schließlich auch nicht eine Frage der Kirche, und sie schweigt.

Und jetzt endlich Schluß damit.

Mein Bekenntnis und die Kirche habe ich in meiner Jugend als Emanzipationshilfe erlebt. Diese Funktion kann die Kirche für mich nicht mehr erfüllen. Oder anders gesagt: sie hat der weltlichen Anständigkeit keine eigene entgegenzusetzen. Sie glaubt dem Staat und seinen Institutionen blind, daß sie christlich seien. Die Kirche hat für mich ihren Wert als Alternative verloren.

Ich kenne die romantischen Träume von der angeblich verfolgten Kirche in Nazideutschland, von der verfolgten Kirche in der DDR und in der Tschechoslowakei, von der tapferen und starken Kirche in Polen. Ich kenne die romantischen Träume davon, daß die Kirche dort erstarke, wo sie angegriffen und bedroht werde. Würde es uns treffen, wir wären nicht im geringsten darauf vorbereitet. Die Schweizerische Landeskirche hat nicht die geringste Lust zur Alternative zur Verfügung zu stellen. Überspitzt und als böser Scherz gesagt: Ich könnte mir vorstellen, daß sie schon sehr bald in ihre Verfassung den schönen Vereinsstatutensatz aufnimmt: politisch und konfessionell neutral.

Ich gerate nun mit Recht in den Verdacht, daß auch ich die Kirche nur nach meinem persönlichen Nutzen beurteile. Ich entschuldige mich dafür. Es kommt wohl daher, daß sie mir tatsächlich von Nutzen war. Ich weiß nicht, was ich wäre ohne sie: von ihr habe ich die Lust zur Minderheit, das christliche Versprechen. Ich meine damit, daß das Versprechen des Jesus von Nazareth für mich das Versprechen einer Gegenwelt ist, und dieses Versprechen hat mich für immer geprägt, weil ich zu dessen Einlösung keine Mehrheit brauche, weil es in der Minderheit und Machtlosigkeit einlösbar ist – dies im Unterschied zu allen politischen Versprechen, die nur mit der Mehrheit einlösbar sind.

Ich weiß nicht, ob ich damit schon wieder zu fromm werde und Sie damit vielleicht belüge. Wenn Christsein heißt: Geprägt durch den christlichen Glauben, dann bin ich ein Christ. Wenn Christsein heißt, an Christus glauben, dann fällt mir die Antwort unglaublich schwer. Ich kann die Frage nicht beantworten. Ich befürchte, daß meine Antwort als Bekenntnis zur Kirche aufgefaßt werden könnte.

Was für mich aber sicher ist: In meiner politischen Arbeit innerhalb der Sozialdemokratischen Partei bin ich eindeutig motiviert von meiner pietistischen Herkunft. Und ich stehe hier nicht allein. Am ganz linken Flügel dieser Partei treffe ich noch und noch ehemalige Sonntagsschullehrer an. Vielleicht suchte ich in dieser Partei – inzwischen recht oft enttäuscht – das, was mir die Kirche in meiner Jugend einmal war, das Erlebnis der alternativen Minderheit, das Erlebnis der Gegenwelt. Ich weiß aber auch, daß diese Partei als große Mehrheitspartei unbrauchbar würde. Die Rebellion, die Revolution, die Opposition und die Alternative lassen sich offensichtlich nicht institutionalisieren.

Bekannt ist mir auch, daß Christus selbst die kirchliche Gemeinschaft gefordert hat und daß ich ohne sie nicht Christ sein kann. Ob er sich diese christliche Gemeinschaft als halbstaatliche Anständigkeitsinstitution vorgestellt hat, das wage ich zu bezweifeln. Ich schäme mich dabei nicht, arrogant zu behaupten, daß wir zwei, Christus und ich, uns kennen. Er hat mir seine Verwandtschaft angeboten. Ich bin ein sehr schlechter Verwandter, aber ein bißchen stolz auf die Verwandtschaft bin ich schon. Ich meine, es stärkt mein Selbstbewußtsein. Daß mein Selbstbewußtsein in der Rekrutenschule nicht erwünscht war, mußte ich sehr bald schmerzlich erlernen. Daß sich die Kirche am Raub meines Selbstbewußtseins beteiligt hat, das nehme ich ihr übel.

Ich meine nicht, daß sich die Kirche von 1935 – meinem Geburtsjahr – bis 1955 verändert hätte. Und wenn, ich würde annehmen, eher zum Besseren. Ich habe sie nur in meiner pietistischen Frömmigkeit und in meinem radikalen Starrsinn anders erlebt, und ich bin sehr froh darüber, daß mir die kindliche Naivität einmal gegeben war, sie so zu erleben. Ich bin dankbar dafür, daß ich meine Jugend in dieser Kirche verbringen durfte.

Meine Dankbarkeit verbietet mir, ihr meinen Obolus zu entziehen. Die Kirche hat irgendwo immer noch meine Sympathie – nicht etwa als Rückversicherung, aber als Erinnerung. Ich erinnere mich, und sie erinnert mich.

Auf der Suche nach einem versöhnlichen Schluß erinnerte ich mich an meinen Konfirmationsspruch. Er ist mir auch ein Beweis dafür, daß die Gefahren meiner frühen Gläubigkeit von meinem Pfarrer schon damals erkannt wurden. Heute staune ich über seine Voraussicht. Ich hätte sie ihm nicht zugetraut. Ich mochte ihn übrigens, und übrigens war er auch einer, der seine Beispiele gern aus zwei durchgestandenen Grenzbesetzungen bezog.

Ich erwähne dies, um Versöhnung anzubieten. An meiner Konfirmation war ich sehr stolz darauf, daß ich als einziger einen Spruch aus dem alten Testament bekam, und zwar aus dem ersten Buch Mose, 28,15: »Und siehe, ich bin mit dir und will dich behüten, wo du hinziehst, und will dich wieder herbringen in dies Land. Denn ich will dich nicht verlassen, bis ich alles tue, was ich dir zugesagt habe.«

Mein Pfarrer muß gewußt haben, daß ich diese Kirche verlassen werde. Als ich es tat, war mir mein Konfirmationsspruch fast ein Trost.

## Sport als Religion?

Auch ich kenne die sentimentalen Regungen, wenn irgendwo ein Sieger auf dem Podest steht, wenn die Fahnen wehen und eine Hymne gespielt wird. Die Sportart ist mir dann eigentlich gleichgültig. Auch wenn mich die Sportart überhaupt nicht interessiert, kann ein Sieger dieses gewisse Würgen im Hals in mir auslösen.

Ich gestehe auch, daß mir der Sieg eines Schweizers nicht ganz gleichgültig ist und daß ich mit ihm fiebere beim Endspurt. Eigentlich möchte ich gern etwas haben gegen den Sport – aber das gelingt nicht. Er holt mich immer wieder ein und fasziniert mich.

Ich habe schon da und dort – bei öffentlichen Diskussionen und in einzelnen Aufsätzen – meine Bedenken gegen den allmächtigen Sport angemeldet und jedes Mal eine Flut von gehässigen Leserreaktionen bekommen. Ich kenne nur zwei Themen, auf die die Leser so gehässig reagieren: Religion und Sport. Ich bin zwar ein unsportlicher Mensch, ein Sportfeind bin ich nicht, aber ich habe mehr und mehr den Verdacht, daß man bereits durch Unsportlichkeit in den Ruf gerät, unanständig zu sein. Der morgendliche Vita-Parcours der Sportfreunde scheint eben doch mehr zu sein als nur körperliche Ertüchtigung und Freude an der Bewegung. Körperliche Ertüchtigung ist zu einem moralischen Wert geworden – wer nicht mitläuft, der ist ein unanständiger. Unsportlich sein, das heißt abtrünnig sein, ein Außenseiter sein, heidnisch sein.

Kürzlich wollte mich eine Schweizer Zeitung interviewen über meine sportliche Ertüchtigung. Ich habe gesagt, daß ich überhaupt keinen Sport betreibe, und das haben sie mir nicht geglaubt. Was noch übrigblieb, das waren meine sonntäglichen Wanderungen. Der Interviewer strahlte – also doch Sport, dann nehmen wir doch das, das Wandern. Ich weigerte mich.

Ich weigere mich, meine sonntäglichen Wanderungen zum Sport degradieren zu lassen. Selbstverständlich freue auch ich mich, daß etwas mit meinem Körper passiert, Schwitzen und Durchatmen, aber ich habe nicht das Gefühl, daß ich Sport betreibe. Ich plaudere mit meinem Freund, und unser Ziel ist eine kleine Wirtschaft, wo wir ungesunde Getränke zu uns nehmen und die verlorenen Kalorien im Übermaß ersetzen. Es ist mir absolut egal, ob unsere sonntäglichen Wanderungen gesund oder ungesund sind. Sie sind einfach, und sie sind schön.

Ich fürchte mich, wenn Sport zur Religion wird. Und Sport wird zur Religion, wenn er ein Versuch wird, den Tod zu überwinden. Religion ist immer ein Versuch, den Tod zu überwinden.

Ich fürchte mich, wenn ich Tausende von Amerikanern sehe – sonntags im Central Park in New York –, die gegen den Tod anrennen, sich abkämpfen, abmühen, zu Tode quälen. Wen überwinden sie eigentlich, wenn sie sich selbst überwinden?

Ist es schlußendlich nicht doch etwas Magisches – nämlich der Versuch, mit Leistung einen Gott gütig zu stimmen? Einem Gott zu demonstrieren, daß man eben ein besserer, anständigerer und reinlicherer Mensch sei als jener, der im Gras liegt und in den Himmel schaut?

Im 19. Jahrhundert noch war Sport den Noblen vorbehalten. Hie und da habe ich den Eindruck, daß die heutigen Sportler die Arroganz der Noblen übernommen haben.

## Wie christlich sind die Christen?

Leute der Zürcher Jugendbewegung[21] haben anläßlich der Solothurner Filmtage an die Frontseite der Kathedrale den Satz gesprayt: »Kirche, der wahre Teufel bist du – Satan grüßt.« Der Ärger der Leute darüber war groß – nicht vor allem der Ärger über die Gotteslästerung, sondern vielmehr über die Verschandelung eines Baudenkmals. Kirchen sind mitunter auch Baudenkmäler, und der Kirche selbst ist das recht. Überleben aus Tradition und in der Tradition, das ist vorerst immerhin mal etwas – und alles andere vielleicht später.

Tags darauf – und diesmal nicht nachts – steht eine Frau mit Farbkessel vor dieser Mauer und pinselt unter diesen Satz sehr ungelenk die Worte: »Jesus – Sieger.« Sie wird von der Polizei sanft weggeführt. Die Frau lebt hier in einer Nervenklinik. Ich höre, daß sie unter religiösem Wahnsinn leidet. Ich wußte nicht, daß es das noch gibt, und ich erinnere mich an den Satz von Roda Roda: »Schon wieder ein Dienstmädchen wegen religiösen Wahnsinns eingeliefert, seit Menschengedenken ist das noch keinem Bischof passiert.«[22]

Hier an der Kathedrale wurde – wissentlich oder halbwissend – ein Kampf ausgetragen, der uns doch als sehr antiquiert erscheinen muß: der Kampf um Glaubensinhalte. Wenn wir »anderen« von außen die Kirche kritisieren, dann geht es uns nicht um Glaubensinhalte, sondern nur um den Vorwurf, daß diese Inhalte nicht gelebt werden. Wir verlangen also von den »Kirchlichen«, daß sie etwas leben, von dem sie behaupten, sie würden es glauben. Wir selbst glauben es zwar nicht und zweifeln daran, daß sie es glauben, aber es wäre uns doch recht, wenn sie es glauben und praktisch leben würden. (Die Vorwürfe der Bürgerlichen gegenüber Sozialisten, die die kapitalistischen Freuden genießen, sind damit vergleichbar.)

Auseinandersetzungen über Glaubensinhalte innerhalb der Kirche erscheinen uns Außenstehenden als lächerlich. Die Auseinandersetzung zwischen Vatikan und Küng reduziert ein Außenstehender auf das Problem »Tradition oder Moderne«, und er verspricht sich von der Moderne mehr Praxis, das ist alles.[23]

Letztlich zweifeln wir an der Frömmigkeit des Papstes. Wir glauben nicht etwa, daß er nicht fromm sei, aber wir zweifeln daran. Wir halten seinen Kampf um traditionellen Glauben für einen politischen Kampf und haben ihn im Verdacht, daß es nicht um weltliche Humanität, sondern um weltliche Macht geht. Wir zweifeln an ihm wie Roda Roda am Bischof. Wir zweifeln daran, daß er an etwas glaubt, an das wir nicht glauben können.

Recht viel schwieriger wird es für uns »Ungläubige« mit dem anderen Polen, Lech Walesa.[24] Ein tapferer, furchtloser Mann: Man könnte ja nun annehmen, daß seine katholische Frömmigkeit ein taktisches Kalkül sei, aber das nehmen wir nicht an. Wir fürchten uns als Sozialisten zwar ein wenig vor seinem Katholizismus, aber letztlich müssen wir ihm seinen persönlichen Glauben fast zugestehen. Zum mindesten scheint er persönlich keine andere philosophische Quelle zu besitzen, die ihm das Recht gibt, für mehr Menschlichkeit und Freiheit zu plädieren. Die mögliche andere Quelle – Marxismus – ist im Besitz der anderen.

So weit, und nur, damit es erwähnt ist: Die Kirche hat als erstes einen Glaubensinhalt, sie glaubt an die Existenz eines gütigen Gottes. Ob uns das paßt oder nicht, sie kann darauf beharren, daß der Glaube ihre einzige Aufgabe sei. Dem Nichtchristen ist das egal, aber er mißt den Christen daran – so wie von bürgerlichen Antisozialisten der Lebenswandel eines Sozialisten am sozialistischen Bekenntnis gemessen wird.

Ich brauche wohl nicht noch zusätzlich meine persönlichen Schwierigkeiten mit dem Thema darzustellen. Meine Eingangsbemerkungen zeigen auch meine persönlichen Zweifel. Ich habe eine religiöse Vergangenheit, bin als religiös Motivierter zur Sozialdemokratischen Partei gekommen – ob ich noch glaube, ich weiß es nicht, aber zum mindesten erinnere ich mich noch daran.

Was ich auch alles gelesen habe darüber: Es bleibt ein Rätsel, wie sich diese vorderorientalische religiöse Idee »Christentum« in der ganzen europäischen Welt durchgesetzt hat. Wir sind ein christliches Abendland, aber die Kirchen werden leerer und leerer. Geschlossen werden sie nicht, als Denkmäler sind sie vorhanden. Christen gibt es wenige, aber wir alle sind christlich.

Vielleicht – das wäre eine Möglichkeit – hat den europäischen Fürsten die Institutionalisierbarkeit des Christentums imponiert. Wenn schon Religion, dann eine, die sich institutionalisieren läßt, eine, die ein königliches Oberhaupt hat, mit dem man auf gleicher Ebene verhandeln kann. (Die Zürcher Regierung verlangt von der Jugendbewegung noch und noch, sich zu institutionalisieren, einen Verein zu gründen und Vertreter zu bestimmen, mit denen man verhandeln kann.)

(Der Personenkult mit indischen Gurus ist nicht eigentlich eine indische Angelegenheit, sondern das Übertragen von christlich-europäischem Verhalten auf indische Heiligkeiten.)

(Der Papst ist keine Heiligkeit, sondern der weltliche König einer religiösen Institution mit religiös begründeter Unfehlbarkeit. Diese so begründete Macht unterscheidet ihn in keiner Weise von einem absolutistischen König, dessen weltliche Macht auch aus Gottes Hand kam.)

Wenn es wahr ist – ich weiß das nicht, aber ich weiß, daß es behauptet wird und wurde –, daß das Christentum die Gleichheit der Menschen, die Gerechtigkeit und den Frieden auf Erden und den Menschen ein Wohlgefallen meint, dann muß man feststellen, daß die weltlichen Mächte ein paar Schritte mehr darauf zu gemacht haben als die katholische Kirche. Dann hätte die Kirche nicht nur nach der progressiven Seite versagt, sondern letztlich auch nach der konservativen Seite. Sie konnte auch nicht halten, was sich die Fürstenhöfe von ihr versprachen.

Es sind ausschließlich historische Gründe, die es notwendig machen, vorerst von der katholischen Kirche zu sprechen. Es ist im übrigen auch etwas einfacher, weil sich der Katholizismus aller Länder doch besser vergleichen läßt als etwa der deutsche und der schweizerische Protestantismus.

Der zürcherische Protestantismus unter Zwingli hatte von Anfang an die Tendenz zur Demokratisierung. Aus dem Priesteramt wurde ein Lehramt, die Vergebung der Sünden war keine kirchliche Aufgabe mehr, sondern religiöse Selbstverständlichkeit. Die Leute wurden zwar im christlichen Glauben unterrichtet, die Verantwortung für diesen Glauben hatten sie aber selbst zu tragen, und niemand war berechtigt, an der Christlichkeit des anderen zu zweifeln. Aus der allumfassenden mächtigen Kirche wurde ein Mitgliederverein. (In Zürich übrigens – Staatskirche – ein Verein mit staatlichem Steuereinzug und sanfter Zwangsmitgliedschaft. Wer nicht offiziell austritt, ist ohne jede Erklärung ein Mitglied. Wer sich nicht konfirmieren läßt, erklärt damit noch nicht seinen Austritt.)

Den Ausschluß aus der Kirche kennen die Reformierten nicht. Es gibt keine einzige Handlung, mit der jemand seine Mitgliedschaft verwirkt. Über die Frömmigkeit eines Menschen entscheidet nur Gott. Die Gnade steht über den weltlichen und göttlichen Gesetzen.

Die reformierte Kirche mag mit diesem Verhalten dem Liberalismus im Staate Vorschub geleistet haben; die katholische Kirche hat da und dort eher später dem Liberalismus nachgegeben. Womit heute beide Kirchen argumentieren – wenn auch nicht in gleichem Maße – das ist ein Begriff, den sie aus der neueren Staatsphilosophie haben: Pluralismus.

Das heißt: Nicht die Kirche war zwischen 1933 und 1945 dem Nationalsozialismus nahe, sondern einzelne Vertreter. Das heißt: Es gab einen kirchlichen Widerstand gegen die Nazis. Das heißt: Nicht die Schweizer Kirche stellt der Armee Feldprediger im Hauptmannsrang, sondern einzelne reformierte Pfarrer tun »ihre Pflicht als Soldat«. (Es wäre untersuchenswert, unter welchen Bedingungen sich Offiziere Soldaten nennen. Die Klärung dieses Phänomens könnte nebenbei auch etwas beitragen zu der Frage »Hierarchie und Christentum«.)

Der Begriff des »Pluralismus« kommt zwar aus der Staatsphilosophie, unchristlich aber ist er nicht. Im Gegenteil, die Forderung des Verzeihens, die Überzeugung, daß letztlich nur Gott allein urteilt, macht Pluralismus notwendig. Ohne ihn wäre die Kirche nicht christlich.

Heißt das, daß sie erst seit ein paar Jahrzehnten christlich ist? Wollen wir uns darüber streiten, ob die Kirche von 1980 christlicher sei als die Kirche von 1880 oder umgekehrt? Nach welchen Kriterien sollen wir letztlich die Christlichkeit der Kirche beurteilen? Nach den Zehn Geboten des vorchristlichen Alten Testaments?[25] (Du sollst nicht töten.) Nach dem Plädoyer des Jesus für die Ehebrecherin?[26] (Du sollst nicht verurteilen.) Nach der Tempelreinigung? (Du sollst in heiligem Zorn den Kapitalismus wegfegen und dich über Rechte und Besitz hinwegsetzen.)[27]

Mir fällt in diesem Zusammenhang eine Geschichte ein. Als vor Jahren ein palästinensisches Kommando ein israelisches Flugzeug in Zürich angriff, warfen die Angreifer Flugblätter unter die Leute, in denen sie sich auf den Freiheitskampf von Wilhelm Tell bezogen.[28] Ich könnte mir vorstellen, daß sie naiv genug waren, aus dieser Tellgeschichte, die wir Schweizer lieben, eine rebellische Tradition der Schweiz abzuleiten. Ihr Irrtum war, daß sie glaubten, die Schweizer glaubten an Tell. Aber Tell ist eben kein Rebell, sondern ein Staatsgründer.

Die Schweizer ärgerten sich nicht einmal über das Flugblatt, sie fanden es schlechthin lächerlich.

So lächerlich muß es einem Kirchenmitglied erscheinen, wenn wir aus unserem Jesusbild linke, rebellische, revolutionäre Traditionen ableiten wollen. Jesus ist für sie nicht der Mann, der mit unanständigen Traditionen brach, sondern er ist nur der Erfinder der Anständigkeit. Er ist für sie nicht der Kämpfer gegen eine Tradition, sondern nur der Begründer einer Tradition. Tell ist ein Staatsgründer, Jesus ein Kirchengründer. Die Schweizer lassen sich auf Tell so wenig behaften wie die Kirche auf Jesus. Tell hat schließlich ein anständiges Land begründet und Jesus eine anständige Kirche – und Anstand ist das, was ist.

Wer von »Urchristentum«, »wahrem und echtem« Christentum träumt, der meint eine Kirche, die sich unanständig verhält, die der öffentlichen Anständigkeit, der pluralistischen und liberalen Anständigkeit ihre totale, unabdingbare Ethik entgegensetzt, die der Landesverteidigung ein kategorisches »Du sollst nicht töten« entgegensetzt, die der Justiz entgegenhält: »Wer ohne Schuld ist, werfe den ersten Stein« usw.

Die Frage bleibt immerhin, ob diese konsequente Kirche dann eine sozialistische Institution wäre – oder würde sie vielleicht der Sozialgesetzgebung entgegnen: »Schaut die Lilien auf dem Felde, sie arbeiten nicht, auch spinnen sie nicht ...«[29]

Ich meine, das Problem »Macht, Gewalt, Gottlosigkeit« ist nicht nur ein innerkirchliches Problem. Es ist auch das Problem, das wir alle mit dieser Kirche haben.

Was die »Linke« sich von der Kirche erträumt, ist nicht die Gewaltlosigkeit und die Machtlosigkeit. Sie erwartet von ihr im Gegenteil, daß sie ihre ganze Macht für soziale Ziele einsetzt. Sie erwartet, daß sie Ernst macht mit Christus, der – das wissen wir doch eigentlich alle – sich nicht mit dem Waffendienst hätte einverstanden erklären können, wenn er auch die Hilflosigkeit des römischen Zöllners der selbstgefälligen Arroganz des Pharisäers vorgezogen hat. Es sieht fast so aus, als gleiche das »Hier irrt Marx« der neueren Sozialisten dem unausgesprochenen »Hier irrt Christus« der

Christen. Denn Marx irrt nur, weil die Umstände nicht ganz so sind und weil man schließlich nicht so sein kann. Aus demselben Grund irrt Christus. Und weil er ein Gott ist, ist er ohnehin nicht verständlich, und es wäre ein Sakrileg, behaupten zu wollen: »Ich, ich, ich – ich habe ihn verstanden.«

Die Kirche war in ihrer Geschichte nicht Christus verpflichtet, sondern den Umständen. Echt Gläubige gab es immer, und die Institutionschristen sahen immer einen Sinn darin, die Kirche vorerst mal zu retten und den Umständen anzupassen. Sie wußten, daß sie damit nicht als Christen handelten, aber sie glaubten, damit das Christentum einigermaßen über die Runden zu bringen. Sie machten sich zwar schuldig vor Christus, aber nach ihrer Meinung immerhin auch *für* Christus.

Ich meine das nicht zynisch. Der Erfolg gibt den Taktikern recht. Eines müssen wir dieser Kirche zubilligen: Es ist ihr zum mindesten gelungen, die Provokationen jenes nonkonformen jüdischen Philosophen Jesus von Nazareth zu überliefern. Ohne die Kirche – und ohne ihre Korruption – wären wir nicht im Besitz jener Aussagen von Jesus, die wir dieser Kirche nun mit vollem Recht zum Vorwurf machen können. Die Kirche hat ihre eigene Schizophrenie mitüberliefert. Sie hat etwas eingebracht in unsere Welt, was nicht wirkungslos blieb: das schlechte Gewissen. Es mag auch Selbstschutz gewesen sein, daß sie versuchte, dieses »schlechte Gewissen« zu demokratisieren. Demokratie in diesem Sinne heißt »freiwillige Mitglieder haben«. Hatte sich die Kirche zu entscheiden, ob sie Radikalität der breiten Mitgliedschaft vorziehen will? Unter was für Bedingungen bleibt der Bundespräsident noch Mitglied? Soll sie alle Macht aufgeben und radikal werden? Oder soll sie auf Radikalismus verzichten, die Macht vorläufig nicht ausnützen, aber bewahren?

Schreibe ich hier eigentlich noch über die Kirche oder bereits von den Problemen der Sozialdemokratischen Partei? Soll sich die Sozialdemokratische Partei damit abfinden, daß Politiker, die in keiner Weise einer sozialistischen Idee verpflichtet sind, ihr Geschäft betreiben? Ist es besser, eine breite Mitgliedschaft von Nichtsozialisten zu haben als eine kleine Gruppe, die sich sozialistischen Ideen verpflichtet hat? Ist es sinnvoll, mit einer sozialdemokratischen Partei vorläufig mal brave bürgerliche Politik zu betreiben, um wenigstens vorläufig die Macht hinüberzuretten?

Und letzte Frage: Ist der Vergleich zulässig?

Nein, er ist nicht zulässig. Denn in einem unterscheiden sich sozialistische Institutionen von christlichen. Wir lassen uns nicht mehr an Marx messen, auch nicht an Bebel oder Lassalle.[30] Wir haben im Unterschied zu der Kirche kein schlechtes Gewissen mitgeschleppt.

Ist es nicht so, daß wir Sozialisten uns ab und zu ganz gerne das schlechte Gewissen der Kirche ausborgen möchten, weil uns das eigene schlechte Gewissen abhanden gekommen ist?

Die Frage: Sind die Sozialisten so sozialistisch wie die Christen christlich sind? geht in diesem Sinne zugunsten der Christen aus.

Der rechte Flügel der Kirche leidet immer noch ein bißchen unter den radikalen Forderungen ihres Gründers und ihrer Philosophen; unter den Philosophen der Arbeiterbewegung leidet der rechte Flügel unserer Partei nicht mehr. Die Kirche weiß zum mindesten, an was sie sich angepaßt hat. Die Partei weiß nicht einmal das. (Zu erwähnen ist, daß wir hundert Jahre Parteigeschichte mit zweitausend Jahren Kirchengeschichte zu vergleichen haben – das heißt, daß der Vergleich unsinnig ist.)

Ist Lech Walesa ein Christ? Oder ist er einfach ein opportunistischer Mitgänger der polnischen katholischen Mehrheit? Ein Opportunist des Herzens kann er nicht sein. Oder ist er einer, der sich das schlechte Gewissen der Kirche ausgeborgt hat? Oder einer, der entdeckt hat, daß Christus ein Sozialist war? Oder bezieht er ganz einfach die Kraft zur Rebellion aus dem Christentum? Aus was für einem Christentum? Aus dem erzkonservativen polnischen Christentum, aus dem fortschrittsfeindlichen polnischen Christentum? Warum ist es einer erzkonservativen Kirche in zweitausend Jahren nicht gelungen, die Provokationen ihres Gründers zu beseitigen?

Meine gute Frau mit dem Farbtopf weiß es: »Jesus – Sieger.« Sie meint das nicht politisch.

Bin ich unredlich, wenn ich als Sozialist von den Kirchen Christlichkeit fordere? Oder bin ich unredlich, wenn ich glaube, ich sei kein Christ? Ist es die christliche Tradition, die mich zum Sozialisten gemacht hat?

Wir werden, davon bin ich überzeugt, immer wieder darauf zurückkommen müssen. Offensichtlich bewahrt das Christentum seine Sprengkraft, und offensichtlich gelingt es der Kirche nie, so konservativ zu sein, wie sie sein möchte. Sie mag vielleicht nicht sehr christlich sein, aber der Verrat an Christus gelingt ihr nicht. Sie wird zum mindesten mit ihrem schlechten Gewissen leben müssen, und wir werden sie zum mindesten auf dieses schlechte Gewissen verpflichten.

Ob die Kirche etwas beitragen wird und kann zur Verbesserung der Welt – ich weiß es nicht, und ich zweifle daran. Was sie aber nie verhindern kann, das ist, daß sich Weltverbesserer auf ihren Gründer beziehen werden. Solange es sie noch gibt, wird sie das nicht verhindern können.

## Der abwesende Krieg

Als der Krieg zu Ende war – 1945 –, war ich zehn. Ein Kind, aufgewachsen während des Krieges, aber in einem Land, wo der Krieg nicht anwesend war. Er fand statt, und das wußte ich, und was ich hörte, das machte mich traurig, sehr traurig. Angst hatte ich keine, ich fühlte mich nicht bedroht, offensichtlich hat man die Angst vom kleinen Kind ferngehalten – oder man hat sich festgehalten an der Hoffnung, daß der Krieg nicht hier stattfinden wird. Ich erinnere mich an das Geläute der Kirchenglocken, die den Frieden, das Ende des Krieges begrüßten. Ich erinnere mich an meine kindliche Freude darüber und an die Rührung. Ich glaube, ich habe geweint.

Ich wußte damals nichts von all den Machenschaften, von denen die Schweizer glaubten, sie seien nötig, um sich den Frieden zu erkaufen: die Sperrung der Grenzen für Juden, die Waffenlieferungen an die Deutschen, die Ausweisung von Flüchtlingen, die sich nach langer, bitterer Flucht in Sicherheit glaubten, die deutschfreundliche Pressezensur, die wir hatten. Ich wußte nichts davon und mein Vater wohl wenig.

Den Krieg in Europa empfand ich nicht als körperliche Bedrohung, aber er machte mich, das sensible Kind, unheimlich traurig, und ich habe mitgelitten. Es ist möglich, daß jene Traurigkeit noch heute ein Anlaß ist für meine sogenannt grundlosen Depressionen.

Ich habe als Schweizer damals gelernt, daß die Abwesenheit des Krieges noch kein Friede ist. Auch wir Schweizer bezeichneten die Zeit von 1939 bis 1945 als Krieg. Niemand sprach von einem schweizerischen Frieden.

Erst später habe ich dazugelernt, daß sich die neutrale und friedliche Schweiz in verschiedenen Formen am Krieg beteiligt hatte. Ich hörte von Kriegsgewinnlern, die die Notsituation Europas zynisch und rücksichtslos ausnützten. Als der

Krieg zu Ende war, da freuten sich die Kinder und viele Erwachsene bei uns von ganzem Herzen darüber, und etliche rieben sich kichernd die Hände – ihre Spekulation war aufgegangen und konnte die ersten fetten Früchte tragen. Sich am Krieg beteiligen und ihn abwesend lassen, so hieß das Rezept.

Mir scheint, das schweizerische Rezept hat weltweit Schule gemacht. Krieg ja – im Prinzip ja, aber nicht hier, sondern in Korea, in Vietnam, in Afganistan, im Libanon, in Afrika, in Südamerika.

Ich habe als Schweizer Kind gelernt, daß auch dann Krieg ist, wenn er abwesend ist. Wir leben auf dieser Welt gegenwärtig im Krieg. Wir leben in Europa im Krieg – er ist nur abwesend. Und da sprechen die Machthaber der Welt zynisch von Friedenssicherung, und sie meinen damit nichts anderes als die sichtbare und offensichtliche Gewaltanwendung von dem fernzuhalten, was sie als Welt empfinden, von der ersten Welt fernzuhalten.

Ich möchte nicht falsch verstanden werden – die Abwesenheit des Krieges, das ist schon etwas, ihn abwesend zu machen in allen Welten, von der ersten bis zur vierten, das wäre schon etwas.

Allerdings, daß wir unfähig sind dazu, das wissen die Machthaber dieser Welt.

Sie wissen es, weil jeder Volkswirtschaftler weiß, daß es ein Ding der Unmöglichkeit ist, die Güter dieser Welt gerecht auf alle Menschen zu verteilen. Selbst wer den Lottozettel ausfüllt und auf die Millionen wartet, rechnet mit nichts anderem als mit ungerechter Verteilung. Er nimmt also an einem kriegsfördernden Spiel teil – ich meine, an einem Spiel, das die kriegerische Mentalität fördert.

Mir scheint, der Begriff »Frieden« ist fast unbrauchbar geworden. Zuviel und zu verschiedenes wird darunter verstanden. Die Abwesenheit des Krieges ist eine Form von Frieden – es ist die Form ohne Inhalt – Friede mit Inhalt heißt

Ruhe und Angstfreiheit. In Redensarten gibt es ihn so: »Laß mich in Frieden.« – »Ich fühle mich hier wohl – ich habe meinen Frieden hier.«

»Frieden auf Erden und den Menschen ein Wohlgefallen«, damit kann nicht einfach nur die Abwesenheit des Krieges gemeint sein.[31]

Nur der Bescheidene hat seinen Frieden.

Jesus hielt nichts von den Reichen und prophezeite ihnen, daß sie »ihren Frieden« nicht haben werden.

Wer unter uns, wer in unserer Gegend, ist willens, ihm zu glauben? Es ist Freitag, haben Sie Ihren Lottozettel ausgefüllt, und werden Sie auch traurig sein über den großen Gewinn? Lukas 18,23: »Da er das aber hörte, wurde er traurig; denn er war sehr reich.«

Die Politiker sprechen von Friedenssicherung. Ist es nicht Zynismus, einen Frieden sichern zu wollen, den wir gar nicht haben. Ich gebe offen zu, daß ich an meiner eigenen persönlichen Friedensfähigkeit zweifle. Ich gebe offen zu, daß mich der Krieg im Libanon nicht so sehr berührt. Ich gebe offen zu, daß mich der Hunger im Tschad nicht persönlich berührt – weil ich noch glaube, immer noch glaube, daß dieser Hunger die Abwesenheit des Krieges nicht gefährdet.

Eine Welt, die glaubt, daß man den Frieden nur mit Drohungen, mit inzwischen maßlosen Drohungen erhalten kann – eine Welt, die glaubt, daß der andere nichts anderes will als den Krieg, eine Welt, die glaubt, daß Angst und Schrecken den Frieden erhalten wollen – eine solche Welt handelt im besten Falle aus schlechtem Gewissen.

Viel eher aber aus dem Gewissen heraus, daß wir in einer kriegerischen Welt leben, daß wir die dritte Welt ausbeuten, daß unser Reichtum, der Reichtum der Schweizer, eine Folge von aggressiven Handlungen und Rücksichtslosigkeit ist.

Es ist leicht, die offene Gewaltanwendung zu verurteilen, wenn man die getarnte Gewalt – die auch Menschenopfer fordert – besitzt und ausnützt.

Der Ausbeuter, Herrscher und Beherrscher wird immer die Gewaltlosigkeit fordern und immer mit der Anwendung offener Gewalt drohen.

Für wie wenig sind die, die im Recht sind – das heißt auch die, die in der Macht sind –, bereit, den Landfrieden zu opfern. Wie leicht fällt es ihnen, Recht zu verteidigen – genauso leicht, wie es ihnen fällt, die Opfer der Ungerechtigkeit hinzunehmen und zu ertragen. Wie leicht fällt es ihnen, die Gutwilligsten in die politische Resignation zu treiben.

Die Mauer in Berlin wird von der offiziellen DDR als antikapitalistischer Schutzwall bezeichnet. Man tut, als hätte man eine Mauer gebaut, damit niemand eindringt. Inzwischen werden hier die Mauern gebaut, damit niemand eindringt, und wir werden – nicht nur optisch – die Schutzmauer der Schutzmauer der Schutzmauer haben. Mauern sind Zeichen der Angst, aus Angst gebaut und um Angst zu verbreiten.

Aus dem liberalen Staat und aus dem sozialen Staat ist ein Bruttosozialproduktstaat geworden. Nach dem Sinn einer Produktion kann nicht mehr gefragt werden, nur nach dem Profit. Was einmal, vor vielen Jahren noch, Sachzwänge hieß, das heißt inzwischen in der Politik Sachzwang. Es gibt nur noch einen Sachzwang, das Bruttosozialprodukt, das Wachstum.

Der Turmbau zu Babel geht endlich seiner Vollendung entgegen. Ich kann die Geschichte vom Turmbau zu Babel nur als Warnung vor dauerndem Wachstum verstehen. Die Gefahr dieses Wachstums ist dort beschrieben. Man wird sich nicht mehr verstehen, man wird verschiedene Sprachen sprechen. Die Politiker in der Schweiz und die Gegner von Kaiseraugst[32] sprechen bereits verschiedene Sprachen, die Politiker hier und die Gegner der Startbahn[33] sprechen bereits verschiedene Sprachen. Wollen wir das Bruttosozialprodukt halten oder den Frieden? Das ist die Alternative – eine harte Alternative – der Entscheid fällt nicht leicht.

Den Politikern fällt der Entscheid nur deshalb leicht, weil sie wissen, daß wir den Frieden ohnehin nicht haben, also nicht halten können. Was bleibt uns da anderes übrig, als das zu halten, was wir haben, das Bruttosozialprodukt, und mit massiven Drohungen und Angstmacherei dafür zu sorgen, daß wenigstens das Bruttosozialprodukt nicht durch Waffen zerstört wird, wenn es schon keinen Frieden zu zerstören gibt.

Und ich muß noch etwas sagen: Ich meine diese Schlußbemerkung nicht einmal zynisch. Daß ich sie nicht einmal zynisch meinen kann, das macht mich fast verzweifeln. Ich weiß nicht, wie wir entscheiden würden, wenn wir entscheiden könnten. Ich weiß beim besten Willen nicht, wie ich entscheiden würde.

Und ein letzter Satz: Ich meine dies alles nicht pessimistisch. Ich kann mir vorstellen, daß die Welt so wie sie ist, weitergehen wird – daß wir sie halten können. Die Frage ist nur, ob wir das – zum Beispiel als Christen oder als Humanisten oder als Liberale oder als Sozialisten oder als Menschen und Mitmenschen – ob wir das wollen und ob wir das verantworten können.

Die gerechte Welt ist ein Langzeitprogramm, sie wird sehr, sehr viel Zeit in Anspruch nehmen. Wie lange es noch dauert, kann niemand sagen, weil noch niemand mit dieser Arbeit begonnen hat.

So bleibt uns vorläufig nur die Frage: »Haben Sie Ihren Lottozettel heute schon abgegeben?«

## Das Geschäft mit der Angst

Ich habe einmal bei reichen Leuten übernachtet in einer schönen Villa, bei sehr netten Leuten übrigens – keine Bonzen – mit einer faszinierenden Kunstsammlung von junger zeitgenössischer Kunst. Bevor man schlafen ging, hat der Hausherr das Sicherheitssystem eingeschaltet. Von jetzt weg durfte niemand mehr das Haus verlassen und durfte kein Fenster mehr geöffnet werden. Immerhin teilte mir der Hausherr mit, daß er mein Zimmer vom Sicherheitssystem ausgenommen habe, weil ich es ja nicht so gewöhnt sei und vielleicht dann doch ein Fenster öffne, und dann würde sofort der Alarm bei der Polizei ausgelöst.

So leben diese Leute, und solange sie leben, werden sie jetzt immer so leben. Nacht für Nacht eingesperrt in einem elektronischen Sicherheitssystem, das auch Jahr für Jahr verbessert werden muß, weil es inzwischen neue Möglichkeiten gibt, das alte System zu überwinden, und weil die Industrie noch mehr Sicherheit erfindet.

Und die gesicherten Häuser gefährden die ungesicherten, und die ungesicherten müssen sich auch sichern, wie wenn alle Leute Einbrecher, Brandstifter und Raubmörder wären und es nur nicht tun, weil sie es nicht können.

Ich klaue auch nichts, wenn man klauen kann, und ich überfalle auch niemanden, wenn ich könnte, und ich kenne fast nur Leute, die dies gleich haben wie ich.

Aber so ein ausgeklügeltes elektronisches Sicherheitssystem zu überwinden, das könnte mir vielleicht doch Spaß machen, und mein Gewissen würde erleichtert, denn ich hätte ja nun etwas geleistet und wäre nun fast im Recht, ins Haus einzudringen; also muß die Sicherheit noch mehr erhöht werden; also müssen sich die Leute noch mehr einsperren; also kann die Industrie noch bessere und noch teurere Systeme entwickeln, und das Geschäft mit der Angst floriert.

Es floriert auf der ganzen Welt, das Geschäft mit der Angst. Wer Sicherheit verkaufen will, der hat die Angst zu propagieren. Wer Raketen aufstellen will, der braucht einen bösen Mann, der nichts anderes im Sinne hat als ihn zu vernichten. Und der andere braucht den anderen als bösen Mann.

Ich habe vor nichts so Angst wie vor der Sicherheit, und

immer mehr habe ich das Gefühl, daß all die Sicherheitssysteme unser Leben mehr gefährden als alle Gefahren, die sie ausschließen sollten.

In den Sicherheitssystemen drinnen ist freies Leben nicht mehr möglich, man kann in der Sicherheit drinnen ersticken.

Aber es gibt halt böse Leute, und da eine Geschichte dazu; ein Freund aus Deutschland hat sie mir erzählt:

Der Westdeutsche Rundfunk in Köln hat eine große Kantine mit Selbstbedienung, wo ab und zu auch Fremde reinkommen.

Eines Tages kommt eine ältere Dame, eine Rentnerin, in die Kantine, sie findet sich nicht gut zurecht, aber sie holt dann eine große Gulaschsuppe, geht zurück zu einem freien Tischchen, stellt die Suppe auf den Tisch und merkt, daß sie den Löffel vergessen hat, sie geht zurück und holt den Löffel, und wie sie an ihr Tischchen zurückkommt, sitzt da ein baumlanger Neger und ißt ihre Suppe. Die Frau setzt sich völlig verschüchtert an den Tisch, versucht mit dem Schwarzen zu sprechen, er versteht kein Wort, und die Frau langt mit dem Löffel über den Tisch und ißt jetzt auch von ihrer Suppe. Jetzt schiebt der Schwarze den Topf in die Mitte, und sie essen gemeinsam. Sie lächeln sich zu, und die anderen Leute in der Kantine beobachten das seltsame Paar, das aus einem Topf ißt. Der Neger steht auf, holt ein Schnitzel mit Pommes frites und stellt auch das in die Mitte, und die alte Frau ist nun entschädigt für ihren Verlust, und sie essen gemeinsam aus demselben Teller und lächeln sich zu und freuen sich. Wie der Teller leer ist, steht der Schwarze auf, nickt der Frau freundlich zu und geht. Den Zuschauern ist noch aufgefallen, daß er das Lokal sehr schnell verließ. Nach ein paar Sekunden schreit die Frau auf und ruft: »Meine Handtasche ist weg und mein Pelzmantel«, und ein paar rennen dem Schwarzen nach, aber sie finden ihn nirgends mehr, und schon ruft man die Polizei, und alle sind entsetzt, und die alte Frau ist verzweifelt.

Da sagt jemand: »Aber an einem anderen Tisch ist ja ein

Mantel und eine Handtasche«, und es ist wirklich die Handtasche der alten Frau, und auf dem Tisch steht noch ihre Suppe. Sie hatte den Tisch verwechselt, und nicht der Schwarze hatte ihre Suppe gegessen, sondern sie die Suppe des Schwarzen.

Schade, daß der Schwarze das Ende der Geschichte nicht mitbekommen hat – aber es hätte ihn wohl nicht überrascht. Er gehört offensichtlich zu denen, die eine Suppe teilen können, er gehört offensichtlich zu denen, die Menschlichkeit ihrem eigenen Recht vorziehen. Er gehört offensichtlich zu denen, die nicht in jedem Menschen einen potentiellen Feind sehen, zu denen, die nicht in einem Sicherheitssystem ersticken wollen, und es ist anzunehmen, daß dieser Schwarze ein amerikanischer Soldat war.

## Wieviel Sicherheit braucht der Mensch?

Wieviel Sicherheit braucht der Mensch? Vielleicht genausoviel und nur soviel, wie er braucht, um sein brutales, egoistisches, unmenschliches, unsolidarisches Verhalten zu begründen.

Der Reiche ist nicht einfach nur an und für sich reich, sondern er ist es zu seiner Sicherheit. Und wenn er sich das recht überlegt, dann ist sein ganzer Reichtum viel zu klein, um echte Sicherheit zu sein.

Es gibt Ereignisse, die kosten mehr als eine Million – der Millionär hat also zuwenig. Es gibt Ereignisse, die kosten Millionen, der Multimillionär hat also zuwenig.

Selbstverständlich sind das Größenordnungen, die den Nichtmillionär nicht berühren – der Nichtmillionär denkt zwar genauso, aber in anderen Größenordnungen.

Ich habe einmal einen reichen, großmauligen, dummen

Menschen angetroffen – übrigens in einer kirchlichen Diskussionsrunde –, er war laut und unangenehm und von seiner Intelligenz überzeugt.

Er kam mit einem riesigen Amerikanerwagen. Niemand sprach ihn auf seinen dummen Besitz an, aber er hatte doch das Bedürfnis, von seinem Besitz zu sprechen.

Er erklärte also allen und immer wieder, daß er Familienvater sei, vier Kinder habe, und daß er als Familienvater einen Wagen brauche mit einer großen Knautschzone, mit einem starken Chassis, und daß er ein schlechter Familienvater wäre, wenn er Deux-Chevaux fahren würde.

In dieser Runde nun bekam er sein Argument nicht bestätigt, und er hielt uns alle anderen deshalb für Unmenschen, für schlechte Familienväter usw.

Er muß damals zum ersten Mal in seinem Leben unter Menschen gewesen sein, die noch nichts davon wußten, daß riesengroße Amerikanerwagen der Ausdruck von Verantwortungsbewußtsein sind.

Der Mann war übrigens Apotheker.

Er hatte also mit Vorsorge und mit Sorge und mit Todesverhütung zu tun.

Er wußte also – so glaubte er –, wovon er sprach.

In den Pausen sprach er aber nur von Autos. Es machte ihm Spaß, viele zu besitzen und die größten, und er wußte viel davon, und er interessierte sich nur für Autos.

Das mit der verantwortlichen Sicherheit war sein Alibi. Daß er ein verantwortlicher Familienvater war, das ist sehr fraglich, er ist am nächsten Tag stockbesoffen nach Hause gefahren – wird wohl auch angekommen sein, und wird sich wohl auch gegenüber seiner geliebten Familie, der zuliebe er auf Knautschzone achtet, wie ein Stockbesoffener aufgeführt haben.

Wie gesagt, ich hatte von dem Mann den Eindruck, daß er sonst nur in Kreisen verkehrt, die sein Sicherheitsargument begreifen.

Leider, leider ist es so, daß wir zu unserer Sicherheit riesige Amerikanerwagen brauchen.

Leider, leider ist es so, daß wir zu unserer Sicherheit eine Armee brauchen.

Und schon bald schwärmen alle von der Armee und erzählen Diensterlebnisse und besuchen Defilees und Armeeschauen und finden Panzer schön und Kanonen ästhetisch und halten es für erstrebenwert, Oberst zu werden – und das alles mit diesem verlogenen »leider, leider«.

Die Bankgesellschaft allein – habe ich irgendwo gelesen – müßte oder könnte 600 Leute entlassen, wenn die Armee abgeschafft würde, weil sie nämlich dauernd 600 Leute im Dienst hat, und jeder kleine Betrieb hat dauernd eine oder mehrere Personen im Militär. Diese Stellen würden durch die Abschaffung der Armee wegfallen – ein Heer von Arbeitslosen, und nicht etwa nur arbeitslose Berufsmilitärs, Waffenhersteller und Waffenhändler.[34]

Abschaffung der Armee heißt Arbeitslosigkeit, heißt kleines Bruttosozialprodukt, heißt für Einzelne Elend und Not.

Aber begründet wird sie mit dem Argument: Sicherheit, Landesverteidigung, möglicher Krieg.

Wir tun so, als ob wir die Armee abschaffen könnten, wenn wir auf Landesverteidigung verzichten könnten oder verzichten wollten.

Die Diskussion über die Abschaffung der Armee ist nur für fanatische Armeeliebhaber eine Diskussion über Sicherheit und Landesverteidigung – nämlich nur für jene, die die Armee eben lieben und von ihrer volkswirtschaftlichen Notwendigkeit überzeugt sind.

Mein Aufschneider hätte nämlich auch denselben Wagen, wenn er nicht Familienvater wäre.

Die Schweiz hätte dieselbe Armee, wenn es keine Landesverteidigung gäbe.

Sicherheit ist immer und überall nichts anderes als ein Alibi für Reichtum. Nicht etwa Schutz des Reichtums, sondern Alibi des Reichtums.

Selbstverständlich bin auch ich in einer Krankenkasse, habe auch ich eine Unfallversicherung, eine Mobiliarversicherung, eine Lebensversicherung.

Wenn aber bei mir zu Hause eine Scheibe kaputtgeht, ein wenig Wasserschaden entsteht, dann bin ich zu faul, es der Versicherung zu melden – ich kann es ja bezahlen, und ich habe die Scheibe ja auch kaputtgeschmissen. Aber es könnte schon einmal ein Schaden entstehen, den ich nicht bezahlen kann.

Ich bezahle die Prämien der Krankenkasse gern als Gesunder, und ich betrüge meine Krankenkasse nicht damit, daß ich mir meine Ferien vom Arzt als Kur verschreiben lasse.

Ich empfinde meine Krankenkassenprämien nicht als Wettgeld, sondern als einen Beitrag an jene, die es nötig haben.

Es gibt nur eine menschliche Sicherheit, das ist die Sicherheit der Solidarität. Ich werde mich auf meinen Nachbarn, auf meinen Vater, auf meine Tochter, auf meinen Sohn, auf die Solothurner, auf die Schweizer verlassen können. Es gibt auf dieser Welt keine andere Sicherheit als die Solidarität der Mitmenschen.

Deshalb bezahle ich meine AHV-Beiträge lieber als meine privaten Versicherungsbeiträge – nämlich, weil ich bei der AHV zuviel bezahlen darf, weil ich mit meinen AHV-Beiträgen nicht versuche, meinen Nachbarn zu übervorteilen.[35]

Es mag Gründe geben, die Wirtschaft nicht zu verstaatlichen, es mag Gründe geben, den Boden nicht zu verstaatlichen – es gibt Volkswirtschaftler, die das begründen können –, aber es gibt wohl keinen einzigen Grund, nicht sämtliche Versicherungen zu verstaatlichen – und es gibt wohl keinen einzigen Versicherungsmathematiker, der den Vorteil von vielen kleinen Versicherungen gegenüber einer allgemeinen staatlichen errechnen und begründen könnte.

Denn Versicherung heißt die Verteilung von Risikokosten auf möglichst viele.

Der Versicherungsgedanke ist ein freundlicher und sozialer Gedanke.

Die Idee, daß man damit verdienen könnte, machte aus der solidarischen Absicht ein brutales Geschäft.

Kein Versicherungsreisender hätte eine Chance, wenn er seinem Kunden erzählen würde, daß eine Prämie eine solidarische Handlung ist – daß er dafür zu bezahlen hat, daß sein Nachbar krank werden könnte, daß er dafür zu bezahlen hat, daß ein anderer Vater durch Invalidität seine Arbeit verlieren könnte.

Intern – für den Versicherungsmathematiker – ist das Geschäft immer noch dasselbe – die Verteilung des Risikos auf viele. Angeboten wird es mir als Einzelkämpfergeschäft, als ein Geschäft, mit dem ich die Anderen übervorteilen kann:

erster Klasse im Spital, soundsoviel Taggeld, das und das voll bezahlt und bei Ableben eine halbe Million oder eine ganze oder mehrere.

Aus der Solidarität unter allen ist ein Wettgeschäft gegen alle geworden.

Versicherungssucht, so scheint mir ab und zu, hat auch mit Spielsucht zu tun.

Ich wette mit meiner Versicherungsgesellschaft, daß meine Kamera gestohlen wird und bezahle dafür meinen Einsatz.

Die Versicherung wettet gegen mich, daß meine Kamera nicht gestohlen wird, und sie hat die Kamera zu bezahlen, wenn sie die Wette verliert.

Ich wette mit meiner Versicherungsgesellschaft, daß ich vor dem 24. März des Jahres 2000 sterben werde. Die Versicherung wettet gegen mich, daß ich älter werde.

Wer wird die Wette verlieren – und was heißt in diesem Zusammenhang schon verlieren?

Ach ja, meine hinterbliebene Frau – sie hätte zu leben, auch ohne diese Auszahlung, und das Geld wird sie nur ärgern.

Ich werde übrigens die gestohlene Kamera der Versicherung nicht melden. Ich neige zu Verdrängungen – ich werde mich vorerst ein bißchen ärgern über den Verlust, dann wird es mir einen ganzen Tag versauen, dann werde ich mir den nächsten Tag nicht auch noch versauen lassen wollen, ich werde den Verlust verdrängen, feststellen, daß ich gar keine Kamera brauche, daß ich fotografieren hasse, daß ich nie mehr eine kaufen werde.

Ich käme mir blöd vor, von der Versicherung Geld für etwas zu fordern, was ich nicht brauche.

Aber ein bißchen reuen wird es mich schon, daß ich die Kamera versichert hatte.

Im übrigen, ich besitze keine Kamera – aber ich glaube, auch die wäre versichert.

Eines ist sicher, die Versicherung der Kamera hat mit Sicherheitsbedürfnis nicht das geringste zu tun. Das ist ein Spiel. Wie absurd das Spiel ist, das beweist, daß selbst meine nichtexistierende Kamera versichert ist und daß ich nach einem Diebstahl selbst die anstandslos bezahlt bekäme.

Durch den Verlust meines Hauses könnte ich in meiner Existenz bedroht sein. Ich habe Schulden auf diesem Haus, die nur durch das Haus gedeckt sind. Durch den Verlust meiner Kamera bin ich in meiner Existenz nicht bedroht – außer, ich hätte in meinem Leben eine große Leidenschaft, eben diese Kamera. Ohne sie könnte ich dann schwermütig werden. Aber so ist ja die Versicherung meiner nichtexistierenden Kamera nicht gemeint.

Der verantwortungsvolle Familienvater mit der Knautschzone: Auch im Versicherungsgeschäft ist die Sache mit der Sicherheit oft nur ein Alibi – ein ganz gewöhnliches Wettgeschäft, ein ganz gewöhnliches Geldspiel – das seinen moralischen Anstrich bekommt durch die Behauptung der Sicherheit.

Sparen, vorsorgen, sich sorgen um den morgigen Tag – das ist moralisch.

Ich sehe das auch ein. Ich erwarte von der Politik zum Beispiel, daß sie sich sorgt, um die Zukunft des Waldes zum Beispiel, um die Zukunft der Luft zum Beispiel, um die Zukunft unserer Sozialversicherung.

Aber der Wald ist letztlich durch nichts anderes gefährdet als durch unser Gewinnstreben – jede, aber auch jede Luftverschmutzung bringt Geld.

Unser Erfolg aber wird mit Geld gemessen. Die Luftverschmutzung ist also ein Erfolg oder zum mindesten die Folge eines Erfolgs.

Sparen ist auch erfolgreich, das wird zu Recht oder zu Unrecht behauptet. Wenn ich spare, dann erwarte ich Zinsen. Diese Zinsen entstehen dadurch, daß die Bank mit meinem Geld erfolgreich arbeitet – dieser Erfolg verschmutzt die Luft, tötet den Wald.

Trotzdem ist Sparen moralisch und Verschwenden unmoralisch.

Es gibt ein islamisches Zinsverbot – das islamischen Ölscheichs offensichtlich wurst ist – dieses islamische Zinsverbot, von dem die Mohammedaner immerhin noch wissen, ohne sich daran zu halten, ist ein semitisches Zinsverbot, also auch ein jüdisches und ein christliches.

Aber so zwischen 4 und 5 % möchte ich schon, wobei es mir noch nie eingefallen wäre, Zinsen zu fordern, wenn ich Geld verliehen habe.

Die wohl berühmteste Rede in unserem Kulturbereich war wohl auch die absolut erfolgloseste Rede, die je gehalten wurde.

Es ist erstaunlich, daß sie an Prominenz, an Bekanntheit, nichts eingebüßt hat, und es wäre untersuchenswert, warum sie nicht längst unbekannt geworden ist.

Ich gebe zu, es ist mir peinlich, sie hier zu zitieren. Es liegt auf der Hand, und alle, die guten Willens hierhergekommen sind, haben diese eigenartige Blume im Kopf, die Lilie.

»Sehet die Vögel unter dem Himmel, sie säen nicht, sie ernten nicht, sie sammeln nicht in die Scheunen – – und warum sorget ihr für die Kleidung, schauet die Lilien auf dem Felde – –« usw. usw.[36]

Die bekannteste und erfolgloseste Rede dieser Welt ist die Bergpredigt – mir scheint, sie ist an den Seligpreisungen gescheitert.[37] Die Seligkeit ist ein zu kleines Angebot.

Sie ist ein zu kleines Angebot für das hohe Risiko, das ich mit meiner Prämie dafür eingehen würde. Zudem fehlt diesem Versprechen der Seligkeit der Charakter der Spielwette.

Jener Jesus von Nazareth hatte eine Sozialvorstellung – eine Vision von menschlichem Zusammenleben –, die dem römischen Recht nur in wenigen Dingen glich – und wenn, dann nur ganz zufällig.

Aber seine Kirche, die er auf Petrus gründete, hatte 300 Jahre später die einmalige Chance, den römischen Staat zu übernehmen – Rom war endlich christlich, und die Christen waren endlich Römer. Moral und römisches Recht waren jetzt auch für einen Christen dasselbe.

Auch Christen waren jetzt sparsam.

Die Bergpredigt aber schlug römischem Recht ins Gesicht.

Und auch uns späten Römern ist klar, daß sich auf der Bergpredigt keine Rechtsordnung aufbauen läßt, denn in dieser Bergpredigt steht nicht nur, »daß wenn dir jemand einen Streich gibt auf deinen rechten Backen, dem biete den anderen auch dar«.

»Und wenn jemand mit dir rechten will und deinen Rock nehmen, dem laß auch deinen Mantel ...«

»Gib dem, der dich bittet, und wende dich nicht von dem, der dir abborgen will ...«

»Wer dich bittet, dem gib; und wer dir das Deine nimmt, von dem fordere es nicht zurück ...«[38]

Das wären wunderbare Angebote für Nichtchristen. Sie könnten sich an den Christen – wären die Christen christlich – bereichern.

Inzwischen aber haben sich die Christen bereichert. Christentum und Reichtum sind inzwischen zum mindesten geographisch dasselbe geworden. Die politisch geschickte Erfindung von Luther, daß Arbeit Gott wohlgefällig ist, entspricht der Bergpredigt nicht.

Immerhin sei hier erwähnt, daß die Verhältnisse nicht erst heute nicht so sind.

Jesus hätte davon nicht gesprochen, wenn die Verhältnisse nicht schon damals so gewesen wären, wie sie heute immer noch sind.

Die Bergpredigt ist eine unmöglich freche Idee.

Sie verbietet das Stehlen, und sie verbietet das Zurückfordern. Wenn man daraus ein Gesetz machen würde – es könnte nicht funktionieren.

Wenn man daraus eine Haltung machen könnte – eine Haltung der Christen etwa oder eine Haltung der christlichen Länder – es würde blendend funktionieren – man würde geben und nehmen und nie fordern. Man bekäme ohne zu fordern und würde unaufgefordert geben – Diebstahl wäre unter diesen Bedingungen lächerlich.

Ich bin immerhin insofern ein Christ, daß mich nie eine Philosophie so beeindruckt hat wie die jenes Jesus von Nazareth.

Und nach all dem wenigen, was ich weiß über Kulturgeschichte, bin ich immer wieder beeindruckt, wie früh ihm schon solche Ideen eingefallen sind – und vor allem unter was für Bedingungen sie ihm eingefallen sind.

Gäbe es heute Christen, die die Armee abschaffen wollten – sie könnten es jedenfalls unter viel leichteren Bedingungen tun – ich selbst bezichtige mich in dieser Sache der kleinlichen Vorsichtigkeit – weil eben, weil eben die Verhältnisse nicht so sind.

Angenommen, nur eben angenommen – und das darf man ja wohl unter den Bedingungen seiner absoluten Erfolglosigkeit annehmen – angenommen, jener Jesus sei ein Sozialreformer gewesen und nur ein Sozialreformer –

angenommen, sein System der Gewaltlosigkeit wäre für diese Welt – und nur für diese Welt und für nichts anderes – ein taugliches Sozialsystem gewesen –

angenommen, es wäre ihm gar nicht darum gegangen, uns den Himmel und das ewige Leben zu versprechen –

also angenommen, seine Religiosität und sein Glaube wären nur ein Trick gewesen –

ich meine das nicht, aber angenommen –

denn ich selbst bin naiv genug, zu glauben, daß die Soziallehre von Jesus eine brauchbare und taugliche und erfolgreiche Sache wäre – ohne Versprechen von Himmel und ewigem Leben – ich bin überzeugt, daß seine Soziallehre das Leben auf dieser Welt angenehmer und lebenswerter machen würde.

Und also angenommen, dieser Sozialreformer sei ein Ungläubiger gewesen – was übrigens auch prominente Zeitgenossen von ihm annahmen –

angenommen also, das Versprechen der Seligkeit sei ein Trick gewesen – ich würde verstehen, wie er auf diesen Trick kam.

Die Bergpredigt ist eine Rede gegen das Sicherheitsbedürfnis der Menschen –

gegen nichts anderes – es ist nicht einmal eine Rede gegen die Bösen – »denn Gott liebt die Bösen«, steht da auch –.[39]

Die Bergpredigt ist ein Versuch, den Teufelskreis der Welt aufzubrechen, in der Überzeugung, daß nur und ausschließlich das sogenannte Sicherheitsbedürfnis zu Ausbeutung, zu

Egoismus, zu Mord und Todschlag, zu Raub und Diebstahl führt.

Aber bei seiner ganzen Theorie bleibt eine Unsicherheit, eine Unversicherbarkeit, weil sie uns sicher ist, wie nichts anderes –

und keine und keiner sitzen hier, die damit nicht ihre Not haben – es gibt die Sicherheit meines eigenen Todes.

Unser Sicherheitsbedürfnis hat mit nichts anderem zu tun als mit der grauenhaften Unsicherheit unseres Todes.

Wäre das Leben ewig – es wäre schrecklich, es wäre es –, wir müßten uns wirklich um nichts kümmern, und jede Versicherung – auch die meiner Kamera – wäre lächerlich unter der Bedingung, daß niemand stirbt. Sparen wäre lächerlich unter diesen Bedingungen, sich über den Dieb ärgern, der mir etwas nimmt, das wäre auch lächerlich unter diesen Bedingungen, und dem der bittet – ohne Grund bittet – nicht zu geben, das wäre auch lächerlich.

Daß ich selbst sterben werde, das macht mich zum unfriedlichen, zum aggressiven, zum geizigen, zum kleinlichen Menschen.

Wenn einer käme und mir sagen würde: »Du wirst ewig leben«, ich würde all meine Sicherheit aufgeben – das Versprechen, nicht sterben zu müssen, wäre mir Sicherheit genug.

Aber ich möchte nicht falsch verstanden werden: Ich bin wirklich ganz naiv davon überzeugt, daß das Sozialsystem des Nazareners auch ohne die Bedingung der Todlosigkeit funktionieren würde – nur läßt keiner von seiner Vorsorge, solange ihm sein eigener Tod gewiß ist.

Wir Ungläubigen sorgen also für etwas vor, für das es vernünftig keinen Anlaß gäbe, vorzusorgen, unsere Vorsorge ist Vorsorge für den Tod.

Die Gläubigen hätten es da besser, die würden weiterleben.

Angenommen, es wäre ein Trick gewesen von jenem Sozialreformer –

dann würde das heißen, daß er wußte, daß man den Menschen erst die Angst vor dem Tod nehmen muß – nicht etwa die Angst vor Alter und Krankheit – nur die Angst vor dem Tod, um sie solidarisch machen zu können.

Nur mein eigenes Schicksal hindert mich daran, das Schicksal der anderen ernst zu nehmen, und mein eigenes Schicksal heißt Tod.

Ich öffne zu Hause ein Trauercouvert. Etwas verängstigt schon, aber nicht zitternd. Mein lieber Onkel Jules ist gestorben. Ich hatte ihn sehr gern als Kind. Ich war bei ihm in den Ferien. Wir haben zusammen einen Heißluftballon gebaut. Ich hatte es schon sehr schön mit ihm. Ich liebte ihn.

Ich komme mir sehr schlecht vor dabei, aber ich gehe zur Tagesordnung über. Es gibt nur einen Tod, der mich wirklich betrifft, das ist mein eigener – und alle anderen Tode sind nur so schwer, weil sie mich an meinen erinnern.

Deshalb brauche ich nicht nur solidarische Sicherheit, nicht nur allgemeine Sicherheit mit allen zusammen – ich brauche mehr Sicherheit als alle anderen, weil ich schließlich der einzige bin, der sterben wird.

Wer sich so verhält wie ich und wir, der legt den Beweis ab, daß er das Versprechen vom ewigen Leben nicht glaubt, nicht angenommen hat, unabhängig davon, ob es wahr ist.

Von einer Sache bin ich aber überzeugt, das Versprechen von Jesus war ein Vorschlag zur Verbesserung dieser Welt, so wie ich auch sicher bin, daß Gott und der Himmel unseren Glauben nicht nötig haben. Diese Welt hätte ihn nötig.

Das Leben Jesu war nicht eine Propaganda-Aktion für den Himmel. Die damals sogenannten Heiden hätten für den Himmel genügt.

Das Leben Jesu war ein Vorschlag für diese Welt – ein erfolgloser Vorschlag –, aber immerhin einer, den wir noch nicht vergessen haben, den wir noch nicht haben ad acta legen können.

Daß es ein normales Sicherheitsbedürfnis gibt: ein Dach über dem Kopf, Schutz vor Witterung und Kälte, Erhaltung der Zuneigung von Menschen – für mich persönlich auch ein wenig Rotwein, keinen guten, ich bin den schlechten gewohnt – und etwas gegen den Hunger selbstverständlich, vielleicht auch ein Spiel, eine Taschenuhr, ein Radio, ja eigentlich doch sehr viele Dinge – Menschen, viele Menschen –

aber daran erinnert mich meine Versicherungspolice nur noch entfernt.

Es gibt übrigens in der Bibel eine absolute Versicherungsleistung. Die reichste Frau, die je auf dieser Welt gelebt hat. Die Geschichte hat mich als Kind tief beeindruckt. Die Witwe von Elia, die mit ihrem letzten Mehl und ihrem letzten Öl dem Gast ein Brot backt, und am anderen Tag hatte es wieder ein bißchen Mehl und ein bißchen Öl drin, und jeden Tag ein bißchen – ohne Ende, ohne Ende – schon wieder ohne Ende.

Johann Peter Hebel hat mal für den Unterricht »Biblische Geschichten« geschrieben. Sie sind im Buchhandel nicht mehr erhältlich und in seiner Gesamtausgabe nicht drin.

Sie galten einmal als ketzerisch, denn Hebel war ein aufklärerischer Christ und versuchte die Wunder natürlich zu erklären und schrieb: »Es ist wohl zu glauben, daß es gute Menschen aus der Nachbarschaft waren, welche der armen Frau täglich so viel zum Unterhalt des Propheten zutrugen. [...] Gott kann *wunder*bar die Seinigen retten.«[40]

Das Wunder heißt nicht Überwindung der Naturgesetze – das Wunder heißt immer Solidarität.

Das ist die Wundergläubigkeit der Christen.

Und wer den Egoismus der Menschen für ein Naturgesetz hält, kann kein Christ sein.

Im übrigen bin ich unter den heutigen Bedingungen überzeugter Sozialist und bereit, mich an den Verbesserungen von sozialen Sicherungssystemen zu beteiligen.

Nicht einmal zu dem war er fähig – mein alter Mann, von dem ich am Anfang erzählte. In einer Welt, in der man alles kaufen kann, wird es wohl nichts Teureres geben als das Nichtsterben.

Daran ändert auch nichts, daß man Menschen für die Sicherheit in den Tod schickt. Das ist nur ein Versuch, aus dem Sicherheitsalibi Todernst zu machen.

Es geht um das Geld und um den Tod, nicht um das Leben.

## Frau Müller, Sie sind verhaftet

Eine Frage – fast eine unanständige Frage – »Sind Sie Christ, sind Sie Christin?« Oder anders gefragt: »Sie sind Schweizerin oder Schweizer – sind Sie jetzt mehr Schweizer oder mehr Christ?« Dann sind Sie auch noch leidenschaftlicher Briefmarkensammler oder Bienenzüchter oder Fasnächtler. Sind Sie nun mehr Christ, mehr Schweizer oder mehr Bienenzüchter?

Oder noch mal anders. Glauben Sie, daß Briefmarkensammler alle gleich sind, alle denselben Charakter haben?

Oder: Könnten Sie sich vorstellen, etwas anderes zu sein als Schweizer – zum Beispiel Österreicher, Luxemburger oder Kenianer?

Also einmal angenommen, Sie würden zwar in dieser Gegend wohnen, aber Sie hätten mit Christentum gar nichts mehr am Hut, würden weder zur Kirche gehen noch Kirchensteuern bezahlen, weder die Bibel lesen noch beten – und morgen früh würden zwei Polizisten vor der Tür stehen und sagen: »Sie sind verhaftet, kommen Sie mit.« Und Sie würden fragen: »Warum?« Und Sie würden die Antwort bekommen: »Weil Sie Christ sind.« Und Sie würden sagen, daß Sie kein Christ sind, daß Sie nie zur Kirche gehen, daß Sie keine Kirchensteuer bezahlen, daß Sie nicht beten. Und dann würde der Polizist sagen: »Sie haben einen christlichen Namen – Müller ist ein christlicher Name, Bichsel ist ein christlicher Name, Leuenberger ist ein christlicher Name.«

Und dann wären Sie Christen, ob Sie wollten oder nicht. Plötzlich würden Sie zum Christen, gegen Ihren Willen.

Zum Briefmarkensammler sind Sie wenigstens einigermaßen freiwillig geworden.

Vor vielen Jahren in New York: Ich habe in einer Beiz ein paar Freunde getroffen, und einer sagt plötzlich: »Ich weiß noch irgendwo eine Party.« Also zogen wir los, sind fröhlich in diese Wohnung eingedrungen und haben uns vorgestellt, daß da ein paar Leute mit Whiskygläsern herumstehen. Aber in dem Zimmer war es absolut still, und die Leute saßen an den Wänden im Kreis und feierten Pessach, ein jüdisches Fest. Das war für uns fröhliche Eindringlinge sehr peinlich.

Wir wurden dann freundlich aufgefordert, uns dazuzusetzen, und die Feier ging weiter, sehr langsam und stockend, denn die, die da feierten, waren keine Juden. Sie konnten das Ritual nicht – sie mußten dauernd in Büchern nachlesen, wie es nun weitergeht, was man nun tun müsse und was man nun sagen müsse. Das war ein bißchen komisch, und als sich der Grund dafür herausstellte, war es erschütternd.

Das waren gar keine Juden, das waren nur junge Amerikaner mit jüdischen Namen. Die meisten von ihnen stammten von europäischen Flüchtlingen ab, die auch nichts anderes hatten als jüdische Namen.

Nun saßen sie da und probierten aus, wie das wäre, wenn man wirklich jüdisch wäre.

Das würde doch für die meisten von uns auch zutreffen, wir könnten uns auch einmal zusammensetzen und ausprobieren, wie das wirklich wäre, wenn wir Christen wären.

Und übrigens, wenn in New York jemand in der Bar sagt, er sei Jude, ist der erste Gedanke der anderen nicht, daß er aus einer besseren Familie kommt. Er kommt dann wohl aus der Bronx oder aus Brooklyn und ist aus der Armut. Die Geschichte der Juden ist nicht die Geschichte des Reichtums, sondern die Geschichte der Armut.

Eine weitere Frage, auch eine unmögliche: Haben Sie den Eindruck, daß Sie der christlichen Rasse angehören?

Oder haben Sie den Eindruck, daß Sie der weißen Rasse angehören?

Die amerikanische Nobelpreisträgerin Toni Morrison hat einmal geschrieben: »Die Schwierigkeit ist die, daß sich die Mehrheit immer als ›universell‹ und als ›rasselos‹ empfindet.«

Nein, wir sind keine Rasse. Weder eine christliche noch eine weiße, noch eine briefmarkensammelnde – wir *sind* einfach.

Also noch einmal die Frage: »Sind Sie mehr Briefmarkensammler oder mehr Schweizer oder mehr Christ?«

Zugegeben, eine saudumme Frage.

Aber es ist genau die Frage, die wir stellen, wenn uns der Begriff »Rasse« einfällt, und dann ist der Jude nur noch Jude und der Schwarze nur noch Schwarzer und der Türke nur noch Türke.

Und wir sind dann die einzigen Rasselosen.

Es ist doch selbstverständlich, daß man Geld, das einem nicht gehört, zurückgibt. Und zwar den Leuten zurückgibt, die einen Anspruch darauf haben. Nein, nicht den Juden müssen wir das zurückgeben, sondern den Leuten, denen es gehört.

Die andere Sache ist allerdings schwieriger – die Frage nämlich, ob wir uns aktiv an der Beraubung ihrer Verwandten beteiligt haben, die Frage, ob wir keine andere Chance gehabt haben. Diese Frage betrifft nicht einfach die Anderen, die betrifft nur uns. Sie betrifft zwar nicht die heutige Generation. Die heutige Generation ist nur unschuldig, wenn sie die Fehler der vorderen Generation einsieht und versucht, sie nicht zu wiederholen. Und das ist verdammt schwer. Vielleicht haben wir in unseren Köpfen mit dem Wiederholen bereits angefangen.

## Von der Erfindung der heiligen Schriften

Es mag auch mit meinem Alter zu tun haben, aber nicht nur. Es hat auch mit dem Alter der menschlichen Geschichte zu tun: Alles, was ich erzähle, ist bereits erzählt. Alles, was ich Ihnen heute erzähle, habe ich bereits mehrmals erzählt, und nur die dauernde Wiederholung macht aus Ereignissen, aus anscheinend alltäglichen und anscheinend außergewöhnlichen Ereignissen, Erzählungen. Die sogenannte Ungenauigkeit der mündlichen Überlieferung hat nicht nur damit zu tun, daß der Vater es seinem Sohn erzählt usw. ..., sondern auch damit, daß der Vater es bereits mehrmals erzählt hatte, bevor er es seinem Sohn erzählte. Und nicht so, wie ich es erzählt bekommen habe, werde ich es selbst memorieren, sondern so, wie ich es jeweils erzähle. Das aufgefrischte Gedächtnis kann nur ein verändertes Gedächtnis sein. Das aufgefrischte Gedächtnis ist aber ein verbessertes, und nur die wiedererzählte Geschichte kann eine gute Geschichte sein – oder auch die wiedergelesene, auch sie ist immer wieder eine andere.

Der Mann, mit dem ich das Schlafwagenabteil teile auf der dreißigstündigen Fahrt von Kairo nach Assuan, sitzt schon da in der Ecke, wie ich reinkomme, und liest in einem Buch. Er hat mehrere Bücher neben sich liegen. Er grüßt freundlich, und ich verstehe seinen Gruß und erwidere ihn. Ich packe meinen Koffer aus. Er sieht meine Bücher und freut sich darüber, daß ich auch welche habe. Und dann fragt er: »Lesen Sie viel?«

»Ja«, sage ich.

Und er sagt: »Ich lese immer, aber nur religiöse Bücher.«

Irgendwie schockiert mich das, weil für mich richtige Leser Allesleser sind. Einer, der sagt, ich lese, aber nur Bücher über Pferde, meint eigentlich nicht die Geschichte, sondern nur ihren Inhalt.

Ein anderer Leser, Jahre vorher – und ein anderes religiöses Buch: das Buch über den Prinzen Rama, eines der heiligen Bücher der Hindus.[41] Und der Leser war der balinesische Barmann in einem Hotel in Bali. Er begann mich auszufragen über das Christentum. Das ist mir vorher und nachher nie passiert, daß jemand gefragt hat.

»Sind die Europäer fromm?«

»Nein!«

»Stimmt es, daß die Christen glauben, daß Gott, Gottes Sohn, auf der Welt war?«

»Ja!«

»Warum?«

»Was warum?«

»Vielleicht sind die Europäer nicht fromm, weil sie es nötig haben, daß ihr Gott auf der Welt war – sie benötigen die Wirklichkeit, aber Wahrheit ist etwas anderes.«

Ich war ein eifriger, ein übereifriger Sonntagsschüler, und ich wollte als Kind Missionar werden, zu den Heiden gehen, die leben in Afrika, und ihnen das Evangelium bringen. Daß das Negerchen, das nickte, wenn man den Batzen durch den Schlitz fallen ließ, eine fürchterlich rassistische Einrichtung war, ist inzwischen ein allgemein anerkanntes Klischee. Aber hat uns vielleicht doch die Vorstellung von den Heiden viel mehr zu Rassisten gemacht – Christen waren und sind wir zwar nicht, aber immerhin keine Heiden; das geht tiefer als die Hautfarbe. Und ganz nebenbei: Ich habe mitunter den Eindruck, daß die Amerikaner die ganze übrige Welt für heidnisch halten, auch uns. Und auch das CIA hält sich für einen Teil der amerikanischen Mission.

Da stand er also vor mir, der Heide, und befragte mich nach unserem Glauben.

Und ich habe nun meinen schwachen Glauben zu verteidigen. Das tue ich so, daß ich seinen starken Glauben zu erschüttern versuche: »Und euer Prinz Rama, hat der auf der Welt gelebt?«

»Das weiß ich nicht«, sagt er.

»Vielleicht ist es ja nur eine Erzählung«, sage ich.

»Ja, es ist eine Erzählung«, sagt er.

»Dann kann ja auch jemand diese Erzählung erfunden und aufgeschrieben haben.«

»Ja«, sagt er, »sicher hat jemand diese Geschichte aufgeschrieben, und man kann nicht erzählen, ohne zu erfinden. Aber, was willst du von mir wissen? Ob die Geschichte von Prinz Rama in Wirklichkeit geschehen ist – oder ob sie die Wahrheit ist? Sie ist die Wahrheit, und nur deshalb glaube ich an sie.«

Der Disput, die Disputation dauerte drei Wochen, drei wichtige Wochen, und angefangen hatte es mit seiner Frage, ob die Europäer, die Christen, fromm seien – also, ob sie glauben oder wissen.

Der Ägypter im Schlafabteil des Luxuszuges war ein hoher Feuerwehroffizier aus Kairo, der nach Assuan zu einem Feuerwehrkongreß fuhr, und er las seine religiösen Bücher nicht wie der Priester sein Brevier, nicht wie der Germanist seinen Thomas Mann, sondern sichtlich mit Vergnügen. Und er erinnerte mich an einen kleinen Jungen in Olten, der sich in der Schule nicht nur in die Lehrerin verliebt hatte, sondern vor allem auch in ihre Buchstaben, und der schon bald alles las, was ihm in die Finger kam, und weil es zu Hause wenige Bücher gab: Meyers Konversationslexikon, Ausgabe 1890, Kochs großes Malerhandbuch und eben eine Bibel, kam halt auch die Bibel dran, das heißt eigentlich die Buchstaben, die da drin waren. Und dann kam der Stolz darauf, daß er die Buchstaben erkannte, daß er sie zusammenfügen konnte zu Wörtern und die Wörter zu Sätzen und die Sätze zu verständlichen und vor allem auch zu unverständlichen Zusammenhängen.

Die Unverständlichkeit hatte mit der Heiligkeit zu tun, davon war er überzeugt. Lesen war für ihn auch das Eindringen in die Wunder des Unverständlichen. Leseförderer in aller Welt wollen davon nichts wissen und glauben, sie könnten Leute zu Lesern machen, indem sie das Unverständliche voreilig aufschlüsseln.

Ab und zu besuchte uns in der Sonntagsschule ein alter Missionar mit ein paar langen Bartfäden am Kinn, erzählte uns von den Heidenkindern und sang uns mit seiner scherbelnden Stimme »Weißt du, wieviel Sternlein stehen« in irgendeiner heidnischen Sprache vor.

Der Feuerwehroffizier aus Kairo hatte drei Töchter, von denen er mir erzählte. Er zeigte mir Fotos von ihnen und von seiner Frau. Die Älteste wolle Ärztin werden.

Das mit der Wiedergeburt wollte ich genau wissen. Mein balinesischer Freund gehörte der dritten Kaste an und hatte also nach meinem Verständnis die Chance auf mindestens zwei weitere Wiedergeburten. Ich erwähnte also seine Chance und sein Glück. Er wies das entsetzt von sich. Er mochte nur aufsteigen ins Nirwana, am liebsten gleich jetzt nach diesem Leben. Er besaß ein Motorrad, und er liebte sein Motorrad. Er lebte richtig gern, und er interessierte sich für die Dinge des Lebens, hatte eine gute Frau, die Lehrerin war, und zwei Kinder. Ich quälte ihn tagelang mit meiner dummen Überzeugung, daß seine Wiedergeburten ein Glück seien, und ich mußte zum Schluß beschämt feststellen, daß es ihm ernst war – er war fromm.

Und hier eine Zwischenbemerkung: Erzählen, erzählen – irgend etwas erzählen, von Bali und Ägypten und Afrika und Sonntagsschule. Erzähl mir doch etwas, erzähl mir doch etwas. Erzählen ist mitunter ein Ausdruck der Verzweiflung: Wer nicht mehr reden kann, beginnt zu erzählen. Und das Erzählen wird zum Mittel gegen die Verzweiflung.

Das Erzählen der Mutter am Bett vor dem Einschlafen ist ein Mittel gegen die Verzweiflung, ist der letzte Schutz, die Begleitung in die Nacht.

Und Erzählen, das ist ein Tonfall. Lesen, das ist, einen Ton ins Ohr zu bekommen. Das Unverständliche, das Heilige lesen, wieviel habe ich später davon verloren, weil ich glaubte, es verstehen zu müssen, es verstehen zu können, es zu verstehen.

Das Lächeln meines lesenden Feuerwehroffiziers im Schlafwagenabteil – das Lächeln über die Größe des Unverständlichen, ja tiefe Frömmigkeit und nicht etwa Fundamentalismus. Im Fundamentalismus gibt es das Unverständliche nicht mehr. Die Präsidenten verstehen ihren Glauben. Mein balinesischer hinduistischer Freund wußte auch, daß die christliche Mission ihnen die Schrift gebracht hatte. Dafür war er dankbar. Ich konnte das Balinesische auch lesen, ohne es zu verstehen, und mein Freund nickte und verstand es, weil es deutschsprachige Missionare waren, die seine Sprache in deutscher Lautung aufgeschrieben hatten. (Ob mein Freund wohl auch wußte, daß inzwischen europäische Touristen in »seinem« Hotel lebten, die bessere Schulen besucht hatten als er und inzwischen durchaus analphabetisch lebten. Seine Frage dazu hätte wohl geheißen: »Wie lesen sie denn ihr Ramayana, ihre Bibel, wenn sie Christen sind?«)[42]

Der Feuerwehroffizier war ein tief freundlicher Mann. Ich mochte ihn sehr, und ich hätte ihm in allem vertraut. Ja, er war mir schon bald sehr nah, und ich saß in der anderen Ecke des Abteils und las meinen Jean Paul. Eben beschrieb er den Nil, den er nie gesehen hatte und an dem ich jetzt entlangfuhr. Ich lächelte, und der Feuerwehroffizier schaute auf und lächelte solidarisch mit – wir waren gemeinsam am Lesen. Gemeinsam beschäftigt mit der semitischen Tradition der Buchstaben. Daß ich mich vielleicht mit meinem Jean Paul auch in einer religiösen Tradition befand, fällt mir erst heute ein. Er lese nur religiöse Bücher, sagte er. Hätte ich sagen sollen: »Ich auch«?

Mein balinesischer Freund hat mir zum mindesten alle meine Wiedergeburtsideen gründlich ausgetrieben und verleidet – zurück ins Elend des Lebens? Eigenartig, wenn sie wieder einmal kurz aufflackern, meine Wiedergeburtsideen, dann fällt mir als erstes die Schule ein. Nein, in die Schule möchte ich nie mehr. Nicht, daß ich schlechte Erfahrungen gemacht hätte mit der Schule. Ich war ein mittlerer Schüler, kam einigermaßen durch, war nicht besonders durch Ehrgeiz geplagt und ging eigentlich recht gern in die Schule.

Erzählen ist etwas anderes als Reden. Erzählen formt die Sprache, und die Sprache formt den Inhalt. Das Gefäß verändert den Inhalt auch dadurch, daß es den Inhalt – das Chaos – in eine Ordnung bringt. Erzählen ist tröstlich, selbst das Erzählen, zum Beispiel, der Passion von Jesus von Nazareth. Wenn jemand weint, während Johann Sebastian Bach die Passion erzählt, die Johannespassion, dann weint sie oder er nicht wegen des Leidens, sondern nur wegen ihrer grandiosen Schönheit.

Erzählen ist tröstlich. Das ist mitunter ärgerlich für engagierte Autoren. Mein Freund Peter Schrader war ein Sprachgenie. Es gelang ihm als Rotkreuzhelfer in Vietnam, mehrere, man sagte sogar »alle« vietnamesischen Dialekte zu lernen, vorher lebte er längere Zeit mit Haussas in der Sahara zusammen, und er schaffte es auch in zwei Jahren nicht, ihre Sprache zu lernen.[43] Also kam er zurück und lernte die Sprache in einem Semester an der Universität Hamburg. Die Haussas reden nicht, sagte er, sie fürchten sich davor, von ihren Sorgen und ihrem Elend zu reden. Sie halten ihr hartes Leben nur erzählend aus. Und abends erzählen die Ältesten

Geschichten, uralte Geschichten, um alle am Reden und am Verzweifeln zu hindern. Wenn aber die Dinge des Alltags nicht angesprochen werden, Tisch, Stuhl, Tasse, Gabel, dann kannst du eine Sprache nicht lernen, sagte Peter Schrader, wer nur in Geschichten lebt, lebt in einer geschlossenen Welt.

Turnen haßte ich, und den Religionsunterricht verabscheute ich und beteiligte mich gern daran, den Pfarrer zu ärgern. Ich hatte mich längst entschieden. Ich hatte mich entschieden, die Bibel zu lesen, die Sonntagsschule zu besuchen, im Blauen Kreuz mitzumachen und all die pietistischen Prediger in der Unterkirche zu beeindrucken.[44] Ich bin als kleiner Snob zum Leser geworden, als Snob zu meiner Frömmigkeit gekommen. Ich hatte mich für die Minderheit entschieden, für die Minderheit der Leser, für die Minderheit der Frommen. Ich hatte mich für die Unanständigkeit entschieden, für das Anders-Sein als die Anderen und nicht für den offiziellen Religionsunterricht – ich hatte mich für die Minderheit entschieden, für jene Minderheit, die anders ist.

Nur wer Lust hat auf das Unverständliche, kann zum Leser werden, nur wer Lust auf das Verbotene hat, wird zum Leser – mit roten Augen und Taschenlampe nachts unter der Bettdecke.

August Bebel, einer der Väter der deutschen Arbeiterbewegung, erzählt in seiner Autobiographie, wie er als Drechslergeselle durch ganz Deutschland gelaufen sei, bis er in Freiburg einen Meister fand, der dem evangelischen Bebel gestattet hat, in den katholischen Kolpingverein einzutreten. Denn dort gab es einen Lesesaal mit Zeitungen – ein Fußmarsch durch ganz Deutschland, um an die verbotenen Buchstaben zu kommen.[45]

Denn nur mit diesen Buchstaben kann man die Welt verändern. Nazim Hikmet, der große türkische Revolutionär und Autor – kein anderer wußte Politik und Poesie so selbstverständlich zu verbinden –, sagte einmal, daß er nicht so besonders stolz sei auf sein Werk, aber auf etwas sei er stolz,

er habe viele Jahre seines Lebens in vielen Gefängnissen verbracht, und er habe kein Gefängnis verlassen, ohne daß nicht
alle Mitgefangenen lesen konnten.[46]

*Die Buchstaben weitergeben, die Arbeit des Missionars.*

Ich habe keine schlechten Erfahrungen gemacht mit der
Schule, und erst als ich selbst Lehrer war, erfuhr ich, daß
ich mit Lehrern hätte schlechte Erfahrungen machen können. In die Schule gehen, das ist ein hohes Risiko. Ich habe
fast alles einem einzigen Lehrer zu verdanken, meinem Lehrer in der fünften und sechsten Klasse, Kurt Hasler. Ihm ge-
fielen meine Aufsätze, ihm vertraute ich. Er ist für den Zufall
verantwortlich, daß ich durch die Schulen gekommen bin. Er
ist für den Zufall verantwortlich, daß ich mich für einen
Schriftsteller hielt und trotzig darauf beharrte. Es ist unwahrscheinlich, daß ich ein zweites Mal das Glück hätte.
Ich fürchte mich vor der Vorstellung, noch einmal mit der
Schule von vorn zu beginnen. Ich verzichte auf Wiedergeburt.

Paulo Freire erzählt, wie er mit einer Wandtafel auf dem
Rücken durch den brasilianischen Urwald zog, zu den Leuten ging und fragte, was sie hier für ein Problem hätten. Sie
sagten: »Wasser!« Und Freire schrieb auf seine Wandtafel
das Wort »Wasser«, dann das Wort »Brunnen«, das Wort
»graben«, »einen Brunnen graben«. Er erklärte ihnen nicht,
wie man einen Brunnen gräbt, er zeigte ihnen nur die Buchstaben für Brunnen, und nach drei, vier Tagen konnten alle
lesen, und Freire zog weiter. Als er nach Wochen zurück-
kam, war der Brunnen gegraben.[47] Die Buchstaben waren
der Weg zum Brunnen, jene Buchstaben, die die Welt verändern – jene Buchstaben, von denen auch August Bebel er-
hoffte, daß sie die Welt verändern werden.

Am Anfang war das Wort. Ich kann mir das nur schriftlich
vorstellen. Es steht geschrieben.

Es steht geschrieben mit jenen Buchstaben, die auch mein
fadenbärtiger Missionar zu den Heiden nach Afrika ge-

bracht hatte. Und sollte ich gegen meinen Willen wiederge-
boren werden, dann bitte in der Nähe einer Missionsstation,
in der Nähe von Freire und Illich.[48] Ich möchte nicht in eine
richtige Schule gehen. Ich möchte nur die Buchstaben lernen.

Geschichten, Geschichten. Es war einmal. Es war einmal
ein Feuerwehroffizier, der lesend von Kairo nach Assuan
fuhr, es war einmal ein balinesischer Hindu, der das Ramayana las.

»Es war einmal«, ein einfaches, ein nichtssagendes Sätz-
chen, und wohl eine der schönsten Erfindungen der deutschen Sprache, eine Erfindung der Gebrüder Grimm, wenig
andere Sätze sind so schlicht, bescheiden und pathetisch zugleich.

»Es war einmal«, das ist der Wahrheitsbeweis. Es ist der
Anfang aller Geschichten, aller Erzählungen – denn erzählen kann man nur aus der Erinnerung heraus, Erzählen hat
mit Vergangenheit zu tun: Es war einmal.

Ich war ein anständiger, ein recht angepaßter Junge. Ich
hatte, und darunter litt ich, kein Talent für Unanständigkeit.
So wurde dann das Lesen zu meiner Unanständigkeit, zur
Unanständigkeit in der totalen Anständigkeit. Wer konnte
etwas dagegen haben, weder meine Lehrer noch meine Eltern, noch der Pfarrer, den ich weiterhin ärgerte. Nur meine
Schulkollegen, die fanden das blöd, und daß sie das blöd fanden, war mir gerade recht. Ich las das Unanständige, ich las
die Bibel. Und niemand konnte mich dafür der Unanständigkeit bezichtigen. »Christ sein bedeutet das Recht, ein Anderer zu werden«, sagte Dorothee Sölle, ein Satz, der mich später tief beeindruckt hat – ein Anderer zu werden.[49] Mit den
Buchstaben beginnt das, mit der Schrift, mit der Heiligen
Schrift, den heiligen Schriften.

Und Lesen ist elitär. Die Leser sind nicht nur heute eine
Minderheit, sie waren es schon immer, wenn auch immer
wieder aus anderen Gründen.

Der kleine Snob, der anders sein wollte als die Anderen, hatte auf das richtige Vehikel gesetzt, auf das Vehikel der Minderheiten, auf die Buchstaben.

Und dann in Assuan in der Mittagshitze unter einer Palme am Nil sitzen und mehrmals hintereinander den einen Satz im »Schulmeisterlein Wutz« von Jean Paul lesen, wo der Nil erwähnt wird.[50] Das hat nichts mit Information zu tun, da kann man nichts lernen dabei, da steht einfach das Wort Nil, und der richtige Nil liegt vor mir, die imposanten Katarakte des Nils von Assuan – und das Wort »Nil« im Jean Paul ist größer als der richtige Nil. Was wäre der Fluß vor mir, wenn ich nicht wüßte, wie er heißt. Am Anfang war das Wort. Zuerst gab es das Wort Nil, und dann wurde ein Fluß daraus. Was anderes hätte daraus werden können? Nur ein Fluß!

Und ich ertappe mich dabei, daß ich deutsch denke, und mir fällt selbstverständlich ein, daß dieser Satz »Am Anfang war das Wort« in Hunderte von Sprachen übersetzt wurde.[51]

Mein Übersetzer aber ist Luther. Und meine Bibel ist deutsch. Wenn ich sie englisch lese oder französisch, dann bekomme ich zwar den gleichen Inhalt mit. Aber Erzählen ist eine Form, und die Form wird durch die Sprache bestimmt, durch eine Sprache, die von Luther für diese Übersetzung gefunden und erfunden wurde.

Oder zur Illustration eine Zwischengeschichte. Ich kam mal auf die Idee, meine Bibliothek aufzuteilen: Die deutsche Literatur unten, die fremdsprachige Literatur in deutscher Übersetzung im Zimmerchen oben rechts, und die fremdsprachige im Original oben links, und ich begann die entsprechenden Bücher nach oben zu tragen – bis ich Shakespeare auf deutsch in den Händen hatte. Ich brachte es nicht übers Herz, ihn aus der deutschen Literatur zu entfernen. Schlegel und Tieck hatten Shakespeare zu einem Teil der deutschen Literatur gemacht.

Es kann mir nicht gelingen, Luther bei den Übersetzern fremdsprachiger Bücher einzuordnen.

Ich habe auch Mühe, mich mit einem Engländer über Shakespeare zu unterhalten. Er spricht von etwas anderem. So wie der Amerikaner von etwas anderem spricht, wenn er von Indianern spricht. Er ist nicht verdorben durch die Erfindungen von Karl May.

Und die Geschichten, die mir die Mutter erzählt hat vor dem Einschlafen, das waren ihre Geschichten, auch wenn sie »Schneewittchen« und »Kluge Else« hießen. Sie hat sie gefunden und neu erfunden. Und selbst wenn sie sie vorlas, blieben es ihre Geschichten, mit ihrer Stimme, mit ihrem Duktus.

Ich jedenfalls stelle immer wieder fest, daß bei mir als Erlebnis beim Schreiben, als körperliches Ereignis zum Beispiel, fast dasselbe abläuft wie beim Lesen. Das Lesen ist genauso Erfinden wie das Schreiben. Ein Wiedererfinden – was das Schreiben auch ist: Ein Schriftsteller ist einer, der immer wieder Dinge erfindet, die es bereits gibt.

Das unterscheidet ihn nicht vom Übersetzer, auch der erfindet Sätze, die es bereits gibt.

Und nur, damit hier wieder einmal erzählt wird, das großartige Beispiel aus Schlegels Shakespeare-Übersetzung: In der Rüpelszene im »Sommernachtstraum« gibt es den Satz: »My father was a shoemaker, he was concerned with the human sole«, also »Sohle« – oder »Seele«. Das ist wohl als Wortspiel nicht übersetzbar. Schlegel übersetzte, und ich nehme an, daß er nach dieser Erfindung vor Glück nächtelang nicht mehr schlafen konnte: »Mein Vater war ein Schuhmacher, er beschäftigte sich mit des Menschen Wandel.«

Shakespeare ist mitunter auch eine Erfindung von Schlegel und Tieck. Und wenn ich Shakespeare und Schlegel und Tieck lese, dann ist es wiederum meine Erfindung oder zum mindesten meine Entdeckung, ich habe es erkannt, mir ist es aufgefallen, mir hat es gefallen.

Ein Besuch im Spital. Die Nachbarin meiner Frau sitzt neben dem Bett und liest – ein Buch, Dünndruck mit Lese-bändchen. Ich kann eine große Neun entdecken, das 9. Kapitel also – die Bibel. Und mir fällt auf, daß die Bibel anders gelesen wird als die Zeitung oder ein Trivialroman. Die Frau ist am Lesen, nur am Lesen – sie informiert sich nicht, sie bildet sich nicht, sie unterhält sich nicht, sie liest nur. Das Lesen an und für sich ist die heilige Handlung, das Lesen der heiligen Schrift, der heiligen Buchstaben. Jene Buchstaben, die die Frau wohl schon Dutzende von Malen gelesen hat und deren Zusammenhang sie wohl schon längst auswendig kennt. Trotzdem liest sie – weil es jetzt nur um das Lesen geht, um das Lesen der Heiligen Schrift. Der katholische Priester ist verpflichtet, die Messe, die er schon längst auswendig kann, zu lesen. Lesen als Konzentrations- und Meditationsübung.

Lesen an und für sich – wie der Erstkläßler, der sich freut, Buchstaben zusammenfügen zu können. Und später lesen, um zurückzufinden zu sich selbst, das fast Unverständliche lesen, meinen geliebten Jean Paul. Das Unverständliche akzeptieren und lieben, weil es am wenigsten vom Lesen an und für sich ablenkt.

Lesen wie der islamische Feuerwehroffizier im Zug zwischen Kairo und Assuan, stillvergnügt lesen. Jenes Lesen, das eine semitische Tradition ist – eine Tradition, die bei uns Christen schon sehr gefährdet ist. Die Tradition, das Lesen zu lernen, die Schrift zu lernen, um ein guter Jude, ein guter Moslem, ein guter Christ zu werden.

Es gibt diese Restaurants, die ihre täglichen Menüs auf schwarze Tafeln schreiben, meistens an etwas erhöhter Stelle angebracht. Ich habe das immer wieder beobachtet: Die Leute kommen rein, bleiben stehen, erheben ihren Blick und beginnen zu lesen. In Wirklichkeit nur, um ein Menü zu wählen. Aber sie sind dabei, ohne es zu wissen, am Lesen, und ihr Blick zur Tafel gleicht dem Blick der Frommen zum Hochaltar, als würden sie beten oder meditieren. In diesen Restaurants habe ich immer wieder den Verdacht, daß Lesen an und für sich eine religiöse Handlung sein könnte. Die Gesetzestafeln von Mose – es steht geschrieben.[52] Das Menü steht geschrieben, da oben an der Wand.

Es geschieht etwas im Kopf beim Lesen, das nichts zu tun hat mit Inhalt und Information. Lesen hat immer wieder eine Spur von Meditation. Und die Schrift dient nicht nur der Fixierung des Mündlichen, die Schrift entführt das Mündliche in eine andere Welt, eine Welt übrigens, die Bologna und Pisa nicht angenehm sein kann, eine Welt, die andere Wertvorstellungen hat als Effizienz.[53]

Lesen ist umständlich und unökonomisch. Noch bedauert die Gesellschaft, daß die Schrift ihrem Untergang entgegentreiben könnte. Ich zweifle ab und zu, ob sie das ehrlich bedauert oder nicht bereits daran ist, ihren Untergang zu betreiben.

Auch die christliche Kirche hatte in ihrer langen Geschichte alphabetfeindliche Phasen.

Das Unverständliche zu lieben und zu lesen, das würden jedenfalls die Autoren der Pisa-Studie entsetzt von sich weisen, und ich würde bei ihnen mit meinem unverständlichen »Titan« von Jean Paul durchfallen, auch wenn ich ihn schon mehrmals gelesen habe. Aber eben gelesen an und für sich. Ich saß vor meinem Jean Paul wie Bruder Klaus vor seinen Meditationsbildern, vor seinen Mandalas.[54]

Die Chassiden erzählten Geschichten, weil es verboten war, Gott zu beschreiben.[55] Für dieses »Nichtbeschreiben« benötigten sie mitunter die Schrift.

Könnte es sein, daß der Semitismus auf die Schrift gekommen ist wegen des Bilderverbots, wegen dem »Du sollst dir kein Bildnis machen«?[56]

Erzählen ist mitunter auch Verschweigen. Erzählen führt letztlich in das Schweigen. So haben fast alle von uns das gelernt von ihrer Mutter, die erzählt hat vor dem Einschlafen, vor dem Ins-Schweigen-Gehen.

Mein Feuerwehroffizier im Schlafwagen, der seine religiösen Bücher las in einer Sprache – Arabisch –, die er wohl durch und durch als religiöse Sprache empfand, nämlich dann, wenn er sie lesend benützte, er las wohl arabische Hochsprache, eine Sprache, die ihm als Frommer wohl geläufig war und trotzdem fremd blieb und auf Distanz, die Heiligkeit der Schrift. So wie ich lutherische Hochsprache las, wenn ich als Kind las. Eine deutsche Sprache zwar, keine Fremdsprache, aber eine recht fremde Sprache – gefunden und erfunden und geformt für die Übersetzung der Bibel. Und ich selbst habe das Glück, immer noch in einer Sprachsituation zu leben wie die Zeitgenossen Luthers, mit meiner Mundart und mit meinem großen Staunen gegenüber einer etwas fremden Sprache, die mir immer wieder viel zu groß und zu pathetisch ist.

Ich nehme nicht an, daß Luther erwartet hat, daß seine Übersetzungssprache einmal zur allgemeinen Umgangssprache wird. Vielleicht hätte ihn das sogar entsetzt.

Mein Mitfahrer auf der Reise nach Assuan las Hocharabisch, und auch ich las Hochsprache – doch, doch, mein lieber Feuerwehroffizier, ich lese auch fast nur religiöse Schriften.

Dies alles als Vorbemerkung zu meinem verwegenen Thema – jetzt also könnte es beginnen, bei Martin Luther zum Beispiel, der den Christen mitunter auch das Alphabet zurückgebracht hat, der dem Christentum, auch den einfachen Christen das semitische Lesen zurückgebracht hat – also beginnen wir bei Luther. Darf ich das Nachdenken darüber Ihnen überlassen?

Die Fahrt von Kairo nach Assuan ist zu Ende. Ich stehe auf dem Bahnsteig in Assuan, und ich erschrecke.

Woher weiß ich, daß mein Bettnachbar zu einem Feuerwehrkongreß nach Assuan geht, woher weiß ich, daß seine älteste Tochter Medizin studieren will, woher weiß ich, daß er nur religiöse Bücher liest?

Er sprach nur Arabisch, und davon verstehe ich kein Wort.

Und sein Englisch beschränkte sich auf »yes« und »no« und »hello«.

Trotzdem, wir verstanden uns.

Könnte es sein, daß wir uns übers Lesen verstanden haben, über das ähnliche Lesen – über das Lesen des Unverständlichen.

Haben wir uns vielleicht gemeinsam im Unverständlichen verstanden?


## Man muß sie gesehen haben

Am Stammtisch sagt einer immer wieder: »Der hat es ihnen aber gesagt.« Es geht um eine Politschau am Fernsehen, und wie ich frage, was er ihnen denn gesagt habe, sagt er: »Laut und deutlich hat er es ihnen gesagt.« Ich insistiere und will wissen, was es war. Er wird böse, denn darum gehe es nun nicht, er habe es ihnen eben gesagt. Er hat gesehen, wie es jener denen gesagt hat – er war dabei und hat es gesehen. Nur gesehen, aber weil er es gesehen hat, hält er es für wahr, und selbstverständlich gibt es auch einen Ton am Fernsehen, aber der Ton ist auch nur ein Teil des Bildes, auch den Ton hat er sozusagen nur gesehen.

Da haben Argumente kaum mehr etwas suchen, die Diskussion wird zur Show, und Show ist etwas Visuelles. Das sieht man. Man sieht, daß er recht hat, man sieht, daß er gescheit ist, und man sieht, daß alle anderen dumm sind und im Unrecht. Nicht einmal, daß es gegen seine Rente ging, hat der Zuschauer, der eine Invalidenrente bezieht, mitbekommen. Ich habe mich auch schon gefragt, ob sich Analphabetismus – und ich meine jetzt nicht im Speziellen einzelne Analphabeten, sondern eine mehr und mehr analphabetische Welt – auch auf Akustisches beziehen könnte. Die Wahrheit ist dann nur noch ein Bild: »Der hat es ihnen gesagt.«

Selbstverständlich sind jene, denen er »es« gesagt hat, zum vornherein die Feinde jenes Zuschauers, und sie werden es durch die polternde Attacke des geliebten Politikers noch mehr. Es gibt dann kein Dafür mehr, nur noch ein Dagegen; und das Dagegen ist im Bild attraktiver als das Dafür. Er hat es gesehen, selbst gesehen. Und was er gesehen hat, muß er nicht gehört haben, Feindschaft genügt und braucht keine Argumente. Einer sagt mir begeistert, er habe mich gestern am Fernsehen gesehen. Ich weiß von nichts, es muß irgendeine Wiederholung gewesen sein, und ich möchte gern wissen, was es denn war, was ich denn gesagt habe.

Er weiß es nicht, nicht ein einziges Wort. Aber er ist begeistert, er hat mich, seinen Trinkkumpanen, am Fernsehen gesehen, wirklich gesehen. Wäre es eine Radiosendung gewesen, er hätte zum mindesten so viel mitbekommen, daß ich herausgefunden hätte, um was es ging.

Trotzdem und selbstverständlich hat das Fernsehen einen größeren Werbeeffekt als das Radio, größere Einschaltquoten, größere Magie, und vor allem – die Prominenz ist nur ein Bild, nichts anderes als ein Bild. Die Metapher »Vorbild« ist Wirklichkeit geworden, das singende Girl am Fernsehen ist nicht nur ein Bild, sondern ein Vorbild, und wo die »Vorbilder« sind, dort nisten sich die Vorurteile leicht ein. Auf eine Radiosendung bekomme ich ohne Übertreibung zwanzig mal mehr Reaktionen als auf eine Fernsehsendung. Radio kann man nicht konsumieren ohne zu hören. Wie oft schon habe ich es erlebt, daß ein Fernsehjournalist bei einem Interview mir eigentlich nicht zuhörte, sondern nur zuschaute.

Vielleicht meinte das jüdische Bilderverbot mehr als nur »Du sollst dir kein Bildnis machen«, sondern auch die Aufforderung, zu hören – nicht das Bild Gottes zu sehen, sondern das Wort Gottes zu hören.[57]

Als Kind war mir das klar: In einer katholischen Kirche

gibt es Bilder, in einer reformierten nicht. Und ich war schon als Kind begeistert von jenen Tabellen, auf denen vorn in der Kirche die Nummern der zu singenden Lieder mit großen Zahlen aufgelistet waren. Ich freue mich jedes Mal wieder, wenn ich sie bei meinem guten Jean Paul wiederfinde. Es muß ihm gleich gegangen sein wie mir: »25,1,2« war nicht einfach nur »Großer Gott, wir loben dich, erste und zweite Strophe«, sondern eine Magie, ein Mandala, ein Meditationsbild. Und auch das Zählen der Orgelpfeifen war nicht nur immer aus Langeweile geschehen, sondern konnte durchaus auch Meditation sein. Jedenfalls lenkte es weniger von der Predigt des Pfarrers ab als ein Bild des »richtigen« Christus im Chor.

Hören, zuhören hat etwas Friedliches. Schauen kann aggressiv sein, im Volksmund zum Beispiel: »Schaut euch diese Kerle an, schaut euch diese Drögeler, diese Alkis, diese Jugos an.« Würde es heißen: »Hört diesen Drögelern zu, hört diesen Alkis zu, diesen Jugos zu«, dann wäre das sozusagen das Gegenteil. Und einen Satz vergesse ich nie mehr, den Satz eines bekannten Kolumnisten anläßlich der Globuskrawalle in Zürich 1968: »Man muß sie gesehen haben!« Das war eine Aufforderung zur Hetze.[58]

Bilder gab es schon immer, aber das Bildzeitalter ist letztlich doch mehr als nur eine Bilderflut. Es ist ein grundsätzlich anderes Denken. Ich habe mich damals, als das Fernsehen mehr und mehr selbstverständlich wurde, lange dagegen gewehrt, aber als dann schon fast alle meine Schüler Fernsehen zuhause hatten, stellte ich fest, daß ich mich mit ihnen nicht mehr über Aktuelles unterhalten konnte, und es blieb mir nichts anderes übrig, als einen Fernseher anzuschaffen. Erst glaubte ich, ich müßte das, um dieselben Informationsquellen zu haben, aber immer mehr stellte ich fest, daß ich lernen mußte, wie sie zu denken. Der Konjunktiv war aus ihrem Denken verschwunden: »Es könnte sein«, »Könnte es sein?« gab es nicht mehr – es war jetzt alles eins zu eins die Wahrheit. Darüber, über die Wahrheit, gab es nichts mehr zu sagen. Und wo es nichts mehr zu sagen gibt, beginnen die Feindschaften.

Der polternde Politiker ist ein Meister im Verführen zur Feindschaft. Er ist im Bild. Das genügt jenen, die er verführt. Wer irgendwo im Bild erscheint, ist prominent. Und weil man ihn gesehen hat, den geliebten Politiker – jetzt und live gesehen hat, ist er die Realität, und man hält die Realität für die Wahrheit. Und die Anderen am Fernsehen, seine politischen Gegner, die reden ja nur, die wissen nichts anderes als zu reden, sie sind nicht im Bild – und wenn schon, dann: »Schaut euch die mal an!«

Wir gehen immer noch davon aus, daß man darüber reden könnte, daß man Argumente gegen Argumente abwägen könnte. Es geht nicht mehr um Worte, es geht jetzt um Bilder gegen Bilder. Auch das ist nicht neu. Schon sehr früh hat sich das Christentum vom Bilderverbot verabschiedet, und zwar selbstverständlich und diskussionslos. Aber ob es ohne jeden Grund geschehen ist, das ist wohl fraglich. Das Rätsel, weshalb ausgerechnet das mächtige Rom das Christentum zur Staatsreligion machte, bleibt. Aber als das Christentum selbst zu einem Teil der Macht wurde, brauchte es Bilder. Gut, wir wissen, das hatte bestimmt auch pädagogische Gründe. Die Frage ist nur, was war denn der Zweck der Pädagogik? Die Macht funktioniert ohne Argumente, sie braucht Bilder. Jedenfalls beginne ich in der heutigen Situation der Gesellschaft das Bilderverbot – »Du sollst dir kein Bildnis machen« – zu verstehen.

Aufzuhalten sind die Bilder nicht – und im übrigen, ich mag Bilder. Aber so selbstverständlich wie heute waren sie nicht immer. Es ist noch nicht lange her, da gab es in der Schweiz eine Zeitung, die stolz darauf war, auf Pressebilder fast ganz zu verzichten. Es war eine angesehene, wenn nicht gar noble Zeitung, die Wert darauf legte, gepflegt zu sein. Es war auch eine rechthaberische Zeitung, und das versuchte sie mit Argumenten zu sein. Sie war stolz auf ihr gepflegtes Wort – die »Neue Zürcher Zeitung«. Es gibt sie noch, und sie pflegt immer noch einen relativ vorsichtigen Umgang mit Bildern. Ich frage mich, ob die Vorstellung von bilderfeindlicher Gepflegtheit vielleicht doch auch mit zwinglianischer Bürgerlichkeit zu tun hatte. Aber gut, die Zeiten sind wohl vorbei – aber sie sind vielleicht noch gar nicht so lange vorbei, wie wir meinen. Das – und eigentlich nur das, daß es vielleicht doch erst kürzlich geschah, die allerletzte Aufgabe der Bedenken gegenüber Bildnissen – das erschreckt mich.

# V Das Recht, ein Anderer zu werden: Dorothee Sölle und Peter Bichsel im Gespräch

**Erwin Koller** Verehrte Anwesende. Wir haben im Fernsehen vor drei Jahren ein kleines Fest gemacht für die »Wort-zum-Sonntag«-Sprecherinnen und -Sprecher, für diejenigen, die Abschied genommen haben, und für diejenigen, die neu gekommen sind. Und da haben wir Peter Bichsel gebeten, er solle doch zu uns kommen und den Leuten sagen, wie er als Zeitgenosse auf dieses »Wort zum Sonntag« und auf das, was es soll, reagiert. Da hat er einen Passus gesprochen, den ich Ihnen jetzt gerne zur Einleitung vorlese. »Was ich dieser Kirche, wenn ich sie nicht mag, von Herzen gönne, ist, daß sie ihren Gründer nie loskriegen wird. Sie kann so konservativ werden, wie sie will, sie wird ihn mitschleppen müssen. Und immer wieder werden sich Weltverbesserer und Revolutionäre und Unterdrückte und Leidende auf ihn beziehen. Da werden sie predigen können, was sie wollen: Sie werden das nicht verhindern können. Und da kann ein Prediger so konservativ sein, wie er will – seine Mühe ist vergebliche Mühe. Christus ist so oder so das Andere. Das einzige, was Erzkonservative könnten, ist, die Kirche endgültig erledigen. Christus wußte, daß er die Gemeinschaft braucht. Wer ihn nicht brauchen kann, braucht nur die Gemeinschaft zu zerstören. Zum Beispiel damit, daß er behauptet, öffentliche Anständigkeit und staatliche Anständigkeit und militärische Anständigkeit – das sei christliche Anständigkeit. Es gibt aber gar keine christliche Anständigkeit – es gibt nur ein christliches Bekenntnis und eine christliche Selbstverständlichkeit: Christentum ist immer das Andere, und ein Christ ist ein Anderer, nicht ein Gleicher. Der Satz, der mich in meinem Leben am tiefsten betroffen gemacht hat, ist der Satz von Dorothee Sölle: ›Christ sein bedeutet das Recht, ein Anderer zu sein.‹«[1] Damit sind wir beim heutigen Thema, und nachdem ich lange Peter Bichsel zitiert habe, gebe ich das Wort an Dorothee Sölle, und ich möchte Sie, Frau Sölle, bitten, uns doch zu sagen, woher dieser Satz kam, was der Zusammenhang war, in dem er gesprochen wurde.

**Dorothee Sölle** Den Satz, »das Recht ein Anderer zu *werden*« (richtiger als *sein*), den möchte ich gerne festhalten im Sinne einer für mich immer stärker gewordenen Einbindung in die jüdische Tradition. Ich bin im Laufe meiner theologischen Entwicklung eigentlich immer jüdischer geworden. Ich habe die Antijudaismen des Neuen Testaments kritisiert, entlarvt, den Triumphalismus der Kirche leidend zur Kenntnis genommen. Ich denke, das Beste, was wir als Christen tun können, ist, so jüdisch wie nur irgend möglich zu werden. Darin sehe ich das Anders-Werden, denn der Jude ist ja in unserer Geschichte immer wieder der Andere, der ewig Andere gewesen. Und Andersheit – ausgesondert sein, isoliert werden, abgeschoben werden – ist ein Name für Christus. Das Wort, das mir jetzt zu diesem »das Recht, ein Anderer zu werden« einfällt, ist ein Wort der jüdischen Tradition, das ich immer mehr lieben gelernt habe, das Wort ›Teschuwa‹, die Umkehr. Die Rabbiner lehren über die Teschuwa, daß man alles mögliche über sie sagen kann, daß es aber keinen Tag und keine Stunde gibt, an der sie unmöglich ist. Wir müssen annehmen, glauben, denken, hoffen, daß wir alle, an jedem Tag und zu jeder Stunde, fähig sind, umzukehren und anders zu werden. Das ist für mich das eigentliche Vermächtnis des Judentums, dem wir uns christlicherseits annähern – Christus als die Erlaubnis, in diese Tradition hineinzuwachsen, und als das Recht, umzukehren. – Ich möchte euch jetzt einen Text vorlesen, der nicht ganz direkt darauf bezogen ist; aber einer intelligenten Hörerschaft kann man zumuten, ein theologisches Thema auch in einem anderen, säkularen Text wiederzuentdecken, der vielleicht auch von der Umkehr und dem Recht, anders zu werden, spricht. Es ist ein poetischer Text, den ich für einen

Freund geschrieben habe, den ich irgendwie heute vermisse, weil er eigentlich zu uns beiden gehört, für Heinrich Böll. Es ist ein etwas kölscher Text, aber das wird man in Zürich verzeihen, denke ich mir. Und er hat auch etwas mit Manhattan zu tun. Er heißt »Ein Psalm von der Lower East Side Manhattans für Hein Böll aus dem Severins-Viertel in Köln über die Armen und die heilige Dorothy Day«. Vielleicht sage ich noch ein paar Sätze über Dorothy Day, die leider in Europa nicht sehr bekannt ist. Sie war eine große Frau des amerikanischen Katholizismus mit all den wunderbaren Eigenschaften dieses Katholizismus, die auch heute noch an den Bischöfen dort bemerkbar sind: Aufsässigkeit, ein Stück Anarchie, eine Identifikation mit den Armen und ein Hang zur Gesetzlosigkeit. Das charakterisiert diese Frau, die im Süden Manhattans während der Depression den »Catholic Worker«, eine Verbindung von Christen und Arbeitern, geschaffen hat. Sie haben Suppenküchen aufgebaut, sie haben die Armen ernährt, sie haben eine kleine Zeitung herausgegeben, die immer noch einen Cent kostet, und sie haben versucht, pazifistisch zu leben. Sie waren also radikal gegen das, was uns davon abhält, Christen zu werden: Geld und Gewalt als die wesentlichen Werte unserer Gesellschaft. Also:

*Ein psalm von der lower east side manhattans*
*für hein böll aus dem severinsviertel in köln*
*über die armen und die heilige dorothy day*


Der armeleutegeruch in deinen büchern hein
wenn ich zum catholic worker komme
riech ich das alte brot in die heiße suppe gebrockt
die kleider in denen die leute wochenlang leben
    und schlafen
die unbegreifliche geduld der armen

die im korridor einer behörde auf einen stempel warten
und wenig später den zettel verlieren
möchten sie noch etwas suppe sag ich
es ist ihnen peinlich ein wort vergessen zu haben
sie fischen in ihren drei oder vier plastiktüten
      nach einem ausweis
sie schämen sich wenn sie nichts finden
eine alte frau fängt an zu schreien
jemand hat sie falsch angeredet
sie hat einen anderen namen
wüst ist ihr rachepsalm gegen die falschen leute
aber vielleicht schimpft sie gott
in ihren augen leuchtet ein stück wahrheit
und wenn es nur das ist den namen zu retten
die eigene würde

So schreit auch der widerstand gegen den krieg
weil wir stören sind wir gestörte

Und die jungen leute hier abgehauen aus dem mittelwesten
als hätten sie deine sachen gelesen hein
und noch halbtot vom college
und der anstrengung ein erfolg zu sein tag und nacht
kommen sie her und kochen suppe und betteln um reste
pickel im gesicht stehen sie herum und träumen von
einer gesellschaft in der es leichter wäre gut zu sein
wie peter maurin lehrte
die hunde draußen durchwühlen den abfall
und die kinder aus den gepflegten vorstädten schnuppern
nach einer art geistlicher nahrung
und haben angst vor dem burn-out der sie einholt
mit achtundzwanzig oder so
ich denk an die frauen in deinen büchern hein
was macht sie stark was ist das geheimnis
und hier mitten im brotgeruch fällt mir ein

sie haben keine angst vor dem burn-out
sie brennen einfach sie sparen sich nicht

Und dorothy day ich wünschte du hättest sie getroffen
ora pro nobis ich denke nicht dran mit der liturgie
     aufzuhören
und mit diesen großen andauernden liebesgeschichten
zwischen einer jüngeren und einer älteren frau
ich habe mich lang genug geniert darüber zu reden
seit ich elf war und meine lehrerin liebte
eine falsche scham für all das was nicht umtauschbar ist
in harte währung eine dumme angst
als zählten diese lieben nicht weil wir eingewilligt haben
sex ist cash in diese brutalen lügen
und meine große liebe zu dorothy day
macht mich neugierig und hungrig und gibt mir die kraft
inständiger verachtung

Das betreten eines luftschutzkellers im frieden
zu übungszwecken
ist ein verbrechen
dorothy day ging lieber ins gefängnis als daß sie sich
an den von der regierung befohlenen verbrechen beteiligte
sie hat immer gewußt was uns zerstört
die lohnarbeit
das gefängnis
der krieg
eins bringt das andere mit sich
geld und gewalt machen uns fertig
und die rüstungsdividende ist sicher

Aus der vaterstadt köln hör ich den spruch
frau nachbar frau nachbar
die anarchie ist machbar
hein ich schick dir hinüber

was ich derzeit zum lobe gottes beitragen kann
den anarchismus in köln und manhattan
und diese alte katholische frau
vor ein paar jahren gestorben
aber was heißt das schon

Dorothy day von der ich höre
daß sie tagelang weinte
wenn sie nicht weiterwußte
tagelang auf ihrem bett saß
nicht sprach nicht aß betete und weinte
für uns alle du weißt
etwas von dieser untröstlichkeit
seh ich in deinem gesicht hein
das will ich nicht missen
um keinen preis
heilige dorothy day bitt für uns alle
gegen den krieg[2]

**Erwin Koller** Peter Bichsel, du hast gehört, wie eine
Frau aus Deutschland, die Dorothee Sölle, sich einerseits
auf das Judentum bezieht und sich dort wieder einbetten
möchte mit ihrem Christentum – und andererseits in ihrem
Gedicht nun über den Atlantik geht, nach Manhattan – das
ist deine Geschichte nicht. Was ist deine Geschichte mit diesem Wort, mit dieser Hoffnung, daß man auch ein Anderer
sein könnte?

**Peter Bichsel** Wenn Hoffnung ein weltlicher Begriff ist,
dann keine Hoffnung. Zum »Andern«: Zunächst wird es
dieser Kirche nicht gelingen, ihren Gründer über Bord zu
werfen. Allen Andern ist es gelungen. Nur zur Illustration:
Den Sozialdemokraten und den Sozialisten ist es gelungen,
Marx über Bord zu werfen. Es ist den Liberalen gelungen,
die englischen liberalen Philosophen über Bord zu werfen.
Es ist sogar der Volkswirtschaft gelungen, die Grundlagen

der Volkswirtschaft über Bord zu werfen. So etwas wird der Kirche nicht gelingen. Das macht sie spannend und interessant. Was ich hier aus diesem wunderschönen Gedicht herausspüre – schade, daß die traurigen immer so schön sind und nicht die lustigen, das muß wohl so sein –, das ist diese eigenartige Mischung von Resignation und Hoffnung. Ich habe diese Mischung als junger Mensch nicht verstanden, nicht verstehen können, nicht verstehen wollen. Ich bin etwas unglücklich darüber, daß ich älter geworden bin und sie heute verstehe und mich darin eingeübt habe. Es gibt die ketzerische Vorstellung, daß jener Jesus von Nazareth gewußt hat, daß er die Welt nicht verändern wird. Angenommen, er wäre nichts anderes als ein ehrgeiziger Philosoph gewesen, der nichts anderes gewollt hätte, als in 2000 Jahren noch berühmt zu sein, dann hätte er das eigentlich ganz gut eingerichtet mit diesem christlichen Dilemma. Die Erklärung, das christliche Versprechen, daß alle Christen sein dürfen, die Mörder und die Verbrecher und die Diktatoren und die Übeltäter, ist ein scheußliches Versprechen und für uns Menschen eigentlich nicht nachvollziehbar. Daß ein Hitler, daß ein Himmler Christ sein darf, wenn er sagt: ich bin's. Und daß andere Christen, die Bekennende Kirche zum Beispiel damals, nichts daran zu ändern haben. Die Frage heißt: Kann ich mir die Bekennende Kirche, den bekennenden Christen, wie es hier in diesem Gedicht heißt, doch nur als Anarchist vorstellen?[3]

**Sölle** Ja, gegen alle Herrschaft. Aber ich stutze ein bißchen bei ›alle dürfen Christen sein‹. Adolf Hitler war Katholik und ist meines Wissens nicht ausgetreten. Nur besagt das für mich nicht sehr viel, und für ihn auch nicht, und auch, meine ich, für Christus eigentlich nichts. Denn wenn das Christentum sich von der Teschuwa löst, also von seinen jüdischen Wurzeln, dann zerstört es sich selber. Wir sehen das heute ganz deutlich in den fundamentalistischen Gruppen der ganzen neuen religiösen Rechten, die es in den USA gibt: Millionen von Menschen, die einen gesäuberten, entjudaisierten, gerechtigkeitsfreien rosa Jesus haben wollen. Er liebt dich und dich und dich, aber keineswegs uns alle und keineswegs eine neue Erde. Und davor habe ich Angst. Es ist ein Mißbrauch des Namens Jesu, ein Mißbrauch von Kirche. Es gibt Bibelübersetzungen im Amerikanischen, die sich Mühe geben, das so häufig vorkommende Wort Gerechtigkeit zu umgehen; Mildigkeit, Güte, Lindigkeit, Freundlichkeit sind ja auch sehr schöne Wörter. Dann braucht man nicht dieses ja schon beinahe kommunistisch riechende Wort Gerechtigkeit in den Mund zu nehmen. Da kann man die Ökonomie draußen lassen. Da kann man sich drücken vor den Realitäten und macht sich einen zuckersüßen Jesus. Und davor habe ich eigentlich Angst, und ich denke, daß der auch Angst davor hatte. Und ich hatte eigentlich Ihren Satz, daß die Kirche den Jesus nicht loswird, so verstanden, daß sie den jüdischen, den leidenden, den die Gerechtigkeit suchenden Jesus nicht loswird. Und nicht irgendeine Gallionsfigur. Die kann man ständig wieder neu kaufen.

**Bichsel** Ich meine es auch konkreter. Es ist ganz eigenartig klar und von keiner Geiß wegzulecken: Ein bekennender Christ darf keine Waffe führen. Und zwar gibt es hier keine Ausnahme. Nicht die geringste Ausnahme. Es gibt auch die Ausnahme nicht, daß ich, wenn ich geschlagen werde, als Christ zurückschlagen darf. Es gibt diese Ausnahme bei Jesus von Nazareth nicht. Trotzdem führen wir alle Waffen, mit ganz wenigen Ausnahmen. Um gleich bei diesem Beispiel zu bleiben: Es ist selbstverständlich, daß die Kirche, der größte Teil der Kirche, die meisten Führenden der Kirche, für die Armee ist. Für sie entsteht daraus nicht das geringste Dilemma. Denn wir werden sie ja nicht brauchen. Gleichzeitig passiert diese zynische Gemeinheit, daß jener, der die Waffe nicht führen will, sich vor Gericht als religiös Bekennender darstellen muß, d. h. ethische Gründe geltend machen muß, damit er ein bißchen weniger lang ins Gefängnis muß bei uns. Ich würde allerdings sagen, es gäbe sehr viele politische Gründe, weltpolitische Gründe, diese Waffe nicht zu führen. Also auf beiden Seiten, auf den Seiten der Waffenführenden und auf der Seite der Waffenverweigernden, setzt der Staat diesen christlichen Glauben ein.[4] Völlig zu Unrecht. – Wir alle wissen, daß nach der Meinung eines Jesus von Nazareth ein Christ nicht reich sein kann. Nicht etwa nicht reich sein darf, er kann es gar nicht. Denn es ist selbstverständlich, daß er von seinem Reichtum abgeben muß, wenn er Armut in seiner Umgebung sieht. Und wir sehen in unserer Umgebung – die ist kleiner geworden – sehr viel Armut. Und wir sind das reichste Volk der Welt! Und ein christliches reiches Volk. Nicht etwa ein kommunistisches, nicht etwa ein faschistisches, nicht etwa ein kapitalistisches, sondern ein christliches reiches Volk. In dieser Situation – mein Satz, die Kirche wird diesen Christus nicht loskriegen, diesen Jesus nicht loskriegen. Das ist ein kichernder Satz. Das mag ich ihr so gönnen. Ich finde das so toll, daß sie das nicht kann. Denn seit annähernd 2000 Jahren versucht sie es. Sie weiß, wenn sie ihn loskriegt, gibt es sie nicht mehr. Solange es sie gibt, ist aber dieser Begründer der Kirche eine ungemeine Belastung. Noch mal den Vergleich, nur um es sichtbarer zu machen: Den Sozialdemokraten ist es gelungen, ihre Gründer über Bord zu werfen. Darum gibt es sie nicht mehr.

**Koller** Dorothee Sölle, darf ich Sie fragen: Sprechen Sie jetzt vom gleichen Jesus? Fühlen Sie sich bei Peter Bichsel gut aufgehoben, wenn er von diesem Jesus spricht?

**Sölle** Mir ist eben ein Zweifel gekommen. Ich fühle mich eigentlich ganz zu Hause. Aber es gibt für mich – nicht in der Welt, in der ich lebe, aber an andern Stellen der Welt – die Situation, wo die Verteidigung von Menschen notwendig wird. Ich denke an ein kleines Land, das ich liebe: Nicaragua. Und es gibt in der christlichen Tradition ja eine ausgeführte Lehre vom gerechten Krieg. Daran haben die Kirchenväter seit Augustinus herumgebastelt und haben versucht, Kriterien zu finden, unter welchen Umständen vielleicht denn doch ein Krieg gerecht sein könnte. Wenn es überhaupt einen solchen Krieg gibt, heute, dann ist es der Versuch Nicaraguas, zu überleben gegen die Contra.[5] Also die Mörderbanden, die in ihr Land einfallen, abzuwehren, die Schulkinder, die ermordet werden, die Kaffeeernte, die verbrannt wird, zu beschützen. Das ist für mich ein gerechter Krieg, und ich weiß, daß nicaraguensische Christen die Waffe mit Schmerz und mit Zweifel in die Hand nehmen. Und es doch meinen tun zu müssen. Ich glaube allerdings, daß es für uns in Europa so etwas überhaupt nicht geben kann. Es ist eine lächerliche Vorstellung. Und von der Schweizer Armee kann man eigentlich zu ihrem Lob nur sagen, daß sie total überflüssig ist. Das ist eigentlich das Beste, was man über sie feststellen kann. Ich sage das sehr bewußt im Gegensatz zu meinem eigenen Land. Meine Armee ist nicht auf Verteidigung eingestellt; die ist auf Vorne-Verteidigung, auf »Fofa«, auf Einfall, auf Überraschungsangriff, auf First Strike eingestellt. Deswegen brauchen wir die Tiefflieger, die unsere Schulkinder terrorisieren, weil die dafür nötig sind, beim Einfall, der zur modernen Strategie gehört, in einem Spannungsfall als erster einzufallen. Das ist eine tatsächlich andere Situation. Trotzdem muß ich sagen: Ich habe bei »das Recht, ein Anderer zu werden« auch daran gedacht, daß es in der Schweiz heute Menschen gibt, die ein ernsthaftes Interesse daran haben, anders zu werden, einen ernsthaften Wunsch, und die deswegen auf diesen Gedanken gekommen sind, mitten in Europa ein Stück Freiheit wiederzufinden. So würde ich das mal definieren: Freiheit vom Militarismus. Was für eine wunderbare Idee. Ich denke jetzt nicht nur an euch, die ihr dann vielleicht frei werden könntet, wenn auch noch nicht gerade bei dieser Entscheidung, aber bei der übernächsten, sondern ich denke wirklich an das, was das für die Welt bedeutet, auch für uns, eure

Nachbarn: Einige sind schon jetzt frei geworden. – Da war der andere Punkt, wo ich ein bißchen zweifelte, Peter. Das war die Frage, ob der Jesus an die Realisation von mehr Freiheit geglaubt hat, ob er an das Reich Gottes geglaubt hat.

**Bichsel** Also, zum ersten: Es wäre sehr schön, wenn Ihre Darstellung der Schweizer Armee der Wirklichkeit entsprechen würde. Wenn diese nämlich unnötig wäre. Sie ist ganz bitter nötig für dieses Land. Sie ist nötiger als die Bundeswehr in der Bundesrepublik. Sie scheint mir nötiger zu sein als die amerikanische Armee und als die russische Armee, weil sie in keinem andern Land der Welt so zentral im Getriebe des Staates drin ist wie bei uns. Ich war kürzlich zum ersten Mal als Patient in einem Spital. Kleinigkeit, eine Woche. War nicht so schlimm. Sie waren sehr freundlich, die Ärzte. Und diese Freundlichkeit hat mich plötzlich an etwas erinnert, nämlich an meinen Militärdienst. Die waren so nett mit mir. Man mußte beim Arzt um Urlaub betteln, zwei Stunden in die Stadt. Und vor der Arztvisite ging das große Zittern durch das Zimmer – alle wollten nach Hause. Und der Arzt kam und sagte: Der kann gehn, ja, da ist alles prima. Zur Sicherheit vielleicht doch noch bis heute nachmittag. Keiner hat gemuckst, keiner hat etwas gesagt. Es waren keine Ärzte, es waren Schweizer Oberste, Hauptleute, zum mindesten Oberleutnants, die im zivilen Leben, im unwichtigen zivilen Leben, Ärzte waren. Das trifft man in keinem Land der Welt, daß die Ärzte auch Offiziere sind. Daß die Spitalverwaltung von Offizieren geleitet wird. Das trifft man in keinem Land der Welt, daß die Bankiers auch Offiziere sind, daß unsere großen Bankgesellschaften militärisch geleitet werden. Das sagen die Wirtschaftsleute: Die beste Schule ist die Kaderschule der Armee. Wer ein Regiment zu führen weiß, der weiß auch Bankpersonal zu führen. Das ist in der Bundesrepublik nicht so, und das ist in Amerika nicht so. Und ich sage jetzt etwas, was ich nicht sagen dürfte (ich habe auch gesagt, ich sage das nie öffentlich): Natürlich ist die Abschaffung der Armee ein Angriff auf das Herzstück der Schweiz, auf das Zentralrädchen unseres Mechanismus.[6] – Die Armee brauchen wir aber ganz praktisch noch für andere Sachen: Die Armee schafft Arbeitsplätze. Und zwar nicht nur in der Waffenindustrie. Die Bankgesellschaft hat dauernd, ich glaube, etwa 600 Leute im Jahr im Militärdienst. Abschaffung der Armee heißt: 600 Arbeitsplätze weniger. Das heißt: in der ganzen Industrie Tausende von Arbeitsplätzen weniger. Selbst weniger Journalisten wird man brauchen, selbst weniger Fernsehleute, selbst weniger Radioleute wird man brauchen. Selbst weniger sozialdemokratische oder kommunistische Parteisekretäre wird man brauchen, da immer einer im Dienst ist. Das ist zentral. Nun, um ein Ende zu machen – ich rede dann nicht mehr davon –: Die Armee brauchen wir auch, um am Krieg beteiligt zu sein. Das neutrale, anständige, brave Land Schweiz hätte kein Argument mehr, Waffen zu exportieren in alle Länder der Welt, wenn es das nicht mit eigenem Rüstungsbedarf begründen könnte. Wir haben eine kriegerische Armee, die an den Kriegen der Welt, allen Kriegen der Welt beteiligt ist. Und wenn ein Reicher, der Reichste im reichen Westen, kommt und sagt, mein Reichtum hat mit Hunger und Tod nichts zu tun, mein Reichtum ist nicht aggressiv, dann lügt er. Und wir sind reich, wir alle zusammen, wir Schweizer. Reich sein ist eine Aggression, reich sein ist Kriegsführung – ich glaube, damit wäre Jesus wohl einverstanden, mit dieser Interpretation. Und der Angriff auf die Schweizer Armee, das ist wirklich ein Angriff ins Herz. Und es ist ein Angriff von Leuten, die sich vorstellen, das liberale Versprechen der Schweiz von 1830 könne eingelöst werden. Auch das ist nicht eingelöst worden, auch die Schweiz hat ihre Gründer über Bord geworfen.

**Koller**  Also, ich fühle mich ja so glücklich, daß ich hier an einem Ort zu Gast bin, wo ich nicht für Ausgewogenheit sorgen muß. Aber, Peter, kannst du noch etwas expliziter machen, was das, was du eben gesagt hast, nun mit deinem Satz vom »Anders-werden-Können« zu tun hat? Was hat das innerlich miteinander zu tun?

**Sölle** Also, ich bin jetzt gerade zehn Tage in der Schweiz und habe einen Wind des Anderswerdens aus diesem Vorschlag gehört, der bei uns wohl noch indiskutabel wäre, wenn wir von kleinen Kreisen absehen. Aber daß es hier zu einer öffentlichen Debatte kommt, das macht mir Hoffnung. Und ich sehe da ein Stück von dem Recht ein Anderer zu werden, dem Recht, eine andere Schweiz zu werden, auch verwirklicht. Und eigentlich geht es über meine vielleicht manchmal zu bescheidenen Träume hinaus. Es hat mich glücklich gemacht, es ist ein wunderbares Erlebnis zu sehen, wie Leute die heiligste Kuh, die sie haben, zu schlachten anfangen.

**Bichsel** Ich glaube, wenn es so ist, daß Christsein das Recht, ein Anderer zu werden, vielleicht die Pflicht, sich zu bemühen, anders zu werden, beinhaltet, dann sind wir Schweizer – ich sage wir, ich beziehe mich mit ein – nicht sehr geeignet zu Christen. Denn unser Sicherheitsbedürfnis ist die Norm. Siehe Versicherungen: Lebensversicherung, Schadenversicherung, alles ist versichert. Hier sitzen Gerechte und Gutwillige – aber die Summe, die wir aus unseren Versicherungssummen hier zusammenkriegen, die ist immens. Das geht so gegen eine Milliarde, was da drinsitzt, an Versicherungsanspruch. Das Sicherheitsbedürfnis des Schweizers ist, es soll alles so bleiben, wie es ist. Die Angst vor Tamilen, die Angst vor Türken. Ich gebe gerne zu, daß ich mich hie und dann bemühen muß, wenn im Bus zu viele Tamilen sitzen. Es fällt mir relativ leicht, mich zu bemühen. Aber es geht nicht so mühelos. Es gibt auch bei mir Situationen – ich bin nervös und komm da rein, und da reden ein paar Leute anders und vielleicht noch lauter als ein anständiger Schweizer – ich muß mich bemühen, ich bin auch Schweizer. Die Bedrohung, daß uns jemand verändern könnte – wir sind doch Schweizer, und wir wollen es doch bleiben. Und jetzt kommen Tamilen und Türken. Und Italiener haben wir schon eh und je und zuviel. Und unter den jungen Leuten gibt es so viele Schwarzhaarige. Das sind die Zweitgenerationen, Italos heißen sie jetzt bereits im Slang, die Zweitgenerations-Italiener. Und die verändern uns. Nun müßte ein Christ einer sein, der sich freut auf Veränderung. Endlich kommt etwas anderes, endlich haben wir eine Chance zu versuchen, anders zu denken, mit andern zu denken. Das ist sehr unschweizerisch. Da sind wir von unserm Charakter her sehr, sehr schlecht geeignet.

**Sölle** Das ist bei uns vielleicht noch schlimmer, mein' ich. Ich lebe in Hamburg. Bei uns lebt eine ganz große Anzahl von türkischen Kindern. Ich lebe in einem Viertel zwischen Altona und Othmarschen, also zwischen einem sehr stark von Türken bewohnten Gebiet und einem Villenviertel. Und als meine Kinder in die Schule gingen, da war das Problem, ob sie jetzt in die weiter nördlich, d. h. vornehmer gelegene Volksschule gingen oder in die geographisch näher liegende. Damals hat mir der Schulamtsmensch dringend abgeraten, mein Kind in die näher liegende Schule zu schicken, weil es eigentlich da nicht hingehöre. Ich war damals zu unsicher, zu schwach, das durchzusetzen. Wir kamen aus USA – ich wollte mein Kind ein bißchen beschützen –, aus einer sehr behüteten Welt, und ich sehe das eigentlich ganz genauso, daß wir Angst haben vor Veränderung.

Aber ich möchte noch mal was Theologisches sagen. Ich habe eben bei Ihnen etwas gehört: ein Christentum, das seine innere Wahrheit im Bekenntnis der Sünde hat, in dem Verständnis dessen, wie wir als Sünder existieren, miteinander leben, wie wir uns dann auch anklagen können, uns analysieren können, unser Gewissen bilden und erforschen können. Ich will das in gar keinem Sinn kleinmachen. Aber was ich eigentlich in den letzten Jahren – und zwar gerade nicht aus meiner protestantischen Tradition, sondern ganz anderswo, von meinen Schwestern und Brüdern in der Dritten Welt und an andern Stellen – gelernt habe, ist dies: Mit dem armen Mann aus Nazareth loszuziehen bedeutet nicht nur, an die eigene Sünde zu glauben, sondern tatsächlich an die Möglichkeit der Befreiung. Auch wir, also auch die Menschen in der Schweiz, die noch an die Armee glauben, können frei werden. Es gibt die Freiheit. Ich weiß nicht, ob ich jetzt sozusagen ein literarisch anderes Genus anspreche und etwas sage, wofür ich eigentlich gar nicht mehr gradstehen kann, weil es schon eine Predigt ist, weil es also schon etwas erschwingt, was man gar nicht so einfach empirisch zeigen kann. Aber ich möchte eigentlich nicht ohne dieses, was man nicht so einfach empirisch zeigen kann, also ohne dieses Reich Gottes und seine Gerechtigkeit leben. »Trachtet am ehesten nach dem Reich Gottes und seiner Gerechtigkeit, so wird euch alles andere zufallen.«[7]

**Koller** Ich möchte da doch nochmals zurückgehen auf die Frage: Was heißt denn das, »anders werden«. Warum wehren wir uns dagegen? Peter Bichsel hat jetzt gesagt, wir sind vom Charakter als Schweizer her nicht geeignet, uns zu ändern. Sie, Frau Sölle, haben gesagt: Wir haben Angst vor Veränderung. Ich würde mal die These wagen: Wir können uns nur verändern oder wir können überhaupt nur zur Veränderung aufrufen, wenn wir auch irgendwo die Menschen verstehen, warum sie an dem Ort bleiben wollen, wo sie sind, warum sie sich nicht ändern wollen. Ich meine, das kann man ja nicht einfach schlechtmachen, sondern da muß man ja irgendwo die Wurzel sehen, warum das so ist.

**Bichsel** Ich hatte einen nahen Verwandten, den ich sehr mochte, und er mich auch. Und der ist sehr christlich erzogen worden. Und ist auch Christ geblieben. Er ging zur Kirche, er war kein Intellektueller. Er hat sich mit philosophischen Fragen eigentlich nicht beschäftigt. Aber er wußte etwas aus seiner pietistischen Erziehung, von der er später nie mehr sprach (er ging ab und zu zur Kirche, nicht mehr):

Er wußte davon, daß alle Leute, alle Menschen Sünder sind. Und er war ein so gerechter, ein so legal lebender Mensch, daß ihm das immer ein Dilemma war, denn er selbst war nämlich keiner. Er war wirklich keiner und mußte so von sich selber den Eindruck haben, daß er nicht ein richtiger Christ ist, weil er kein Sünder ist. Aber er hat, wie alle andern auch, etwas verwechselt. Er hat gedacht, es sei eine Sünde, links zu fahren mit dem Moped. Und da muß man rechts fahren. Und er hat gedacht, es sei eine Sünde, die Steuern zu spät zu bezahlen. Also hat er sie immer zu früh bezahlt. Er hat nichts gemacht in seinem Leben, gar nichts, für das er hätte vor Gericht kommen können. Wirklich nichts. Er hatte auch Glück: Er hat nicht getrunken. Ich meine damit die Verwechslung der öffentlichen Anständigkeit mit Christsein. Es gibt in dieser öffentlichen Anständigkeit sicher auch Parallelen – etwa, daß man den andern nicht bestehlen soll usw. Aber daß einer ein moralischer Mensch ist, der sich legal verhält, das ist eine so bodenlose Selbstverständlichkeit. Ich habe gedacht, daß die Kreditanstalt lügen wird, abstreiten wird, daß sie das Falschgeld diesen Geldwäschern zurückgegeben habe statt der Polizei. Nein. Die haben nicht gelogen. Die haben gesagt: Ja, das ist die Praxis, machen wir immer so. Und dann haben sie in einem großen Inserat noch bekannt, daß sie einsehen, daß das eigentlich nicht der effektive Kampf gegen die Falschmünzerei sei und daß sie sich überlegt haben, daß das ab jetzt anders gemacht wird, und sie hätten das auch allen ihren Angestellten mitgeteilt. Die Schweizerische Kreditanstalt hat sich durch und durch unmoralisch, verabscheuungswürdig, schmutzig und dreckig benommen. Dabei sei gesagt: Das ist legal. Sie haben nicht gegen die Gesetze verstoßen, sie kommen dafür nicht vor Gericht, das ist eindeutig und klar. Ich rede nicht vom Gesetz, und dafür, was ich jetzt sage, kann ich die Kreditanstalt nicht einklagen. Sie hat sich unmoralisch verhalten, das ist ganz klar.[8]

**Koller** Ich geb gern das Wort der Dorothee Sölle, aber ich bleibe doch bei meiner Frage. Du hast die Frage nicht beantwortet, nämlich: Warum wollen Leute dort bleiben, wo sie sind, warum wollen sie sich nicht ändern, warum wollen sie die Chance, ein Anderer, eine Andere zu werden, nicht wahrnehmen? Vielleicht kannst du nachher noch Antwort geben.

**Sölle** Ich zweifle etwas, was ich zu dieser Frage sagen soll. Denn einerseits möchte ich meinen: heute ist das vollständig unverständlich. Angesichts des kollektiven Selbstmords, den wir zu begehen in der Lage sind und womit wir fortfahren, ist es wirklich nicht zu verstehen, daß die Leute so weitermachen wollen wie bisher. Noch vor zwanzig, dreißig Jahren hätte man vielleicht über dies und das reden können, wo die Leute bestimmte Institutionen lieben, bestimmte Sicherheiten lieben, bestimmte Formen der Angstabwehr ausgebaut haben. Aber heute ist doch die Realität, in der wir leben, so bedrohlich, daß man sich wirklich nur fragen kann … Ja, eigentlich verstehe ich es überhaupt nicht. Wollen sie denn alle keine Kinder haben, oder wollen sie die Anzahl der krebskranken Kinder noch vergrößern? Wollen sie denn alle Wiesenschaumkräuter ausrotten? Wo liegt denn eigentlich das Interesse an dieser Art von Weitermachen, von weiter schnell Autofahren, von weiter der chemischen Industrie nicht hereinreden? Bei uns gibt es einen Slogan – »Weiter so, Deutschland« –, der genau diese Gesinnung ausdrückt. Ich verstehe das eigentlich nicht, daß das *animal rationale* sich so irrational, also so selbstmörderisch verhält. Das ist schwer zu verstehen. Es gibt einen Satz bei einem der Propheten in der Bibel – es ist Ezechiel, der sagte: »Warum wollt ihr sterben?«[9] Es ist einer der rätselhaftesten Sätze. Der Prophet fragt sein Volk: Warum macht ihr so weiter, warum rüstet ihr, warum unterdrückt ihr die Armen, warum wählt ihr den Tod, warum wollt ihr sterben? Ich kann eigentlich über diese Frage hinaus kaum denken, also in eine gewisse pastorale Mildigkeit, die ich in Ihrer Frage höre, Herr Koller. Die kann ich im Augenblick nicht aufbringen, angesichts der Art von Tod, der bei uns präpariert wird. Da kann ich nur fragen: Warum wollt ihr sterben? Findet ihr das so schön?

**Koller** Also ist das Recht, ein Anderer zu sein, eine Andere zu sein, eine Pflicht, eine Notwendigkeit, es gibt keine andere Chance – habe ich Sie richtig verstanden?

**Sölle** Es ist auch eine Einladung. Es ist eigentlich eine Art – mein Gott, was ist denn das – Leben. Leben ist anders werden. Alle sieben Jahre wird das gesamte Zeug, aus dem ich bestehe, alle Zellen, alle Blutkörperchen – alles wird ausgetauscht und ein anderes. Und nur vielleicht meine Ideologie, mein Denken, meine Gewohnheiten, meine Diktion, meine Abhängigkeiten von bestimmtem Konsum, die bleiben vielleicht dieselben. Aber das wirkliche Leben ändert sich, und wenn man mit diesem Fluß des Lebens zu leben versucht und nicht ständig dagegen: das heißt anders werden.

**Koller** Aber ist es nicht gelegentlich so, daß alle unsere Energien in der Richtung auf Veränderung von unserer Umwelt, von unserer Arbeitswelt gebraucht werden, wo wir alles reinstecken müssen, sodaß wir dann irgendwo noch ein Nest brauchen, wo wir die alten sein dürfen und können? Sie können mich gern pastoral nennen, aber ich würde meinen, es könnte auch durchaus eine Verachtung herausgelesen werden, wenn wir über diese Menschen und über diese Form von Armut hinweggehen.

**Bichsel** Es gibt auch andere Angebote von diesem Jesus, z. B. das phantastische Angebot: Eher kommt ein Kamel durchs Nadelöhr als ein Reicher in den Himmel.[10] Das Wort hat nichts, null, absolut nichts bewirkt. Es gibt keinen Anlaß, nicht reich zu werden. Ich gehöre mit dazu. Ich schaffe es zwar nicht richtig, aber ... Ich habe mich gestritten, in Bremen, wegen des Honorars, brauchte 200 Mark mehr, habe sie auch gekriegt. Von einer Bank, ja, richtig. Dabei, wir leben in einer Zeit, wo sehr vieles sichtbar wird. Denn in Wirklichkeit: Wir kennen alle den Satz vom Kamel, das durchs Nadelöhr nicht geht, wir kennen das alle. Wir haben es alle, alle zusammen nicht geglaubt, nie geglaubt. Für mich bekommt ein solcher Satz heute ganz neue Dimensionen. Vielleicht ist in diesem Satz viel mehr Wissen drin, als wir glaubten. Vielleicht wußte er schon etwas von der Gefährlichkeit des Wachstums, zum Beispiel. Es gab eine Zeit, die haben einzelne von uns noch erlebt, da waren die Armen schmutzig. Da wo die Armen wohnten, lag das Papier auf der Straße, und da gingen die räudigen Hunde rum. Dieser Schmutz, den die da machen, hat heute mit Umweltverschmutzung fast gar nichts zu tun. Das bißchen Papier, das in den Slums rumliegt, verschmutzt die Umwelt nicht. Die Hunde, die da scheißen, und die Kinder, die schmutzig sind, verschmutzen die Umwelt fast nicht. Es sind die Reichen, es ist unser Reichtum, auch meiner, zu Hause, mein Abfall, was die Umwelt verschmutzt. Also der Reiche kommt nicht nur nicht durch dieses Nadelöhr, sondern er hindert alle andern auch dran. Ich Reicher verschmutze mitunter auch die bis anhin saubere Welt des Armen. Ich weiß, daß das Übertreibungen sind. Und ich weiß, daß es große Probleme der Armut gibt usw. Ich will jetzt nur noch von diesem Teil des gemeinsamen Selbstmords reden, der vom Reichtum und vom Wachstum betrieben wird. Moderne Waffen sind in nichts und nirgends eine Folge von einem höheren Sicherheitsbedürfnis, sondern eine Folge von einem höheren Investitionsbedürfnis, das ist ganz klar.

**Sölle** Ich möchte nochmals auf unsere vielleicht noch nicht ganz klare Spannung zurückgehen, die ich empfinde. Ich habe wenig Erbarmen mit den Reichen, wenig Hoffnung für die Reichen, wenig Mitleid, wenig Trauer. Und zwar deswegen, weil es so viele andere gibt, denen meine Trauer und mein Mitleid und mein Schmerz gilt. Ich finde, in unserem Land ist es nicht so wichtig, etwa von der Kirche aus einen pastoralen Dienst an der sicherlich zerfressenen und unglücklichen Seele der Manager, wenn sie dann abends so vor ihrem Whisky sitzen und traurig sind, zu tun. Aber ich finde, die Hoffnungslosigkeit junger Menschen in demselben Land, also die absolute Negation jeder Form von Leben oder Hoffnung – ich denke zum Beispiel an die vielen, vielen jungen Menschen, ganz ernsthafte Menschen, die ich kenne, die es ablehnen, ein Kind in diese Welt zu setzen, ja, die das fast für ein Verbrechen halten (das kann man dem Kind doch gar nicht zumuten, sagen sie), die aus Liebe zu einem solchen Kind ihm das lieber ersparen –, das ist für mich eines der erschreckendsten Symbole einer sterbenden Welt. Und da setzt also mein Mitleid oder meine Trauer an, da möchte ich eigentlich mit den Leuten reden und sagen: Merkwürdigerweise gibt es immer noch Menschen, die trotz all diesem Wissen, was ihr in eurem Kopf habt, trotz diesem massiven Todesbewußtsein, was ihr mit euch herumtragt, diesem Vergiftungsbewußtsein – es gibt merkwürdigerweise immer noch Menschen, die Kinder haben wollen, das Leben wieder anfangen lassen, die es bejahen, die darauf hoffen, daß diese Kinder ein anderes Verhältnis zum Leben entwickeln, eine andere Beziehung, daß sie das Recht, ein Anderer zu werden, wahrnehmen. Und irgendwie gehört meine innere Loyalität mehr denen, die zerstört werden von den Weitermachern, den Unangefochtenen, die nur angefochten sind auf einer andern Ebene ihres Seins. Ich bestreite gar nicht, daß diese leiden und neurotisch werden und auch Krebs kriegen, natürlich – nur mir liegt eigentlich fast mehr an denen, die das gar nicht mit eingefädelt haben, die also gar nicht verantwortlich dafür sind, wie die Dinge jetzt so liegen, den Jüngeren, den Mutlosen, ja denen, die sich von Verzweiflung oder von Drogen abhängig machen. Und da meine ich, daß das Recht, ein Anderer zu werden, eigentlich eine Hoffnungsbotschaft ist, es mit dem »anders leben« doch mal zu versuchen.

**Koller** Darf ich da gleich anknüpfen und Sie beide eigentlich bitten: Es sitzen da Menschen vor Ihnen, die aus der gleichen Generation sind wie wir da vorne, und es sind andere da, die sind eine Generation jünger: Was heißt denn das jetzt für diese Menschen: diese Einsicht, man müßte es noch anders versuchen?

**Bichsel** Wenn ich da anschließen darf – und um nicht mißverstanden zu werden: ich halte das Leben, dieses Leben für lebenswert, und ich möchte es unter allen Umständen, *unter allen Umständen* leben. Wir haben vor der Veranstaltung zusammen von unseren Enkeln und Enkelinnen geschwärmt und erzählt. Ich habe gesagt: Ich habe bei meiner Enkelin sehr viel gelernt, der zweijährigen, nämlich daß diese Welt existiert. Die kam an und sagte: Baum, und ich sehe wirklich vor meinem Haus einen Baum stehen, da steht wirklich ein Baum. Und sie hat das Wort so strahlend gesagt, daß ich ihn wieder gesehen habe. Was sind meine Erfahrungen, meine schäbigen resignativen Erfahrungen gegen die Erfahrung, die das kleine Mädchen macht. Und es gibt einen Mond, und es gibt eine Sonne. Das existiert. Das Leben ist lebenswert. Es ist faszinierend mitanzusehen, wie sich so ein Kind Leben erobert. Das bleibt. Und ... das war's.

**Koller** Wollen Sie noch etwas sagen, Frau Sölle, zu dieser Frage? Ich glaube, das ist eine Frage, die brennt und an der man nicht leicht vorbeikommt.

**Sölle** Ich glaube ja auch, daß das Leben lebenswert ist und schön und gut sein kann und an vielen Stellen Menschen gelingt. Ich denke allerdings diesen Verzweifelten gegenüber, da kann der Bann der Verzweiflung, also die Kraft des Todeswissens übermächtig werden – das Todeswissen, das wir jeden Tag aufnehmen, das unsere Gedanken erfüllt, so wie eben unsere Wissenschaft zu 51% für den Tod arbeitet und denkt, bessere Todesmethoden ausdenkt; so wird ja auch unser gesamtes Wissen zerstört durch diesen Sog des Todes. Und ich meine, wenn Menschen in einer solchen Bewußtheit leben, dann ist das Kind, auch mein Enkel, eigentlich ein Lehrer des Kampfes und nicht ein Lehrer nur der Freude, sondern Kampf und Freude fallen irgendwann einmal zusammen. Also was der Jesus mit dem »Trachtet nach dem Reich Gottes« ... – ein merkwürdiger Imperativ, »trachtet«, das heißt ja »füllt euren Sinn, füllt euren Leib« (»trächtig« hängt ja mit »trachten« zusammen), werdet trächtig vom Reich Gottes, das heißt, empfangt von dem Reich Gottes und tragt das aus, laßt es wachsen in euch, macht mal neun Monate mit, was das eigentlich heißt, versucht mal, in diese Richtung zu gehen – das alles meine ich eigentlich mit dem Wort ... Das ist ein anderer Punkt, der mir bei meinem Aufenthalt hier in der Schweiz aufgefallen ist, daß einige Leute mich kritisierten und sagten: Du redest soviel von Widerstand, soviel von Kampf: Dann hast du also immer noch Feinde. Und da sage ich verzweifelt: Ja, mein Gott, du denn nicht? Natürlich haben die Kinder auf dieser Welt Gegner, und die Salamander und die Blumen, die Bäume haben furchtbare, mächtige Gegner. Und wenn wir die Kinder und die Salamander usw. nicht beschützen, an irgendwelchen Punkten wirklich die Umkehr tun und weniger Energie verbrauchen und benötigen und weniger Atomstrom brauchen und benötigen und und und ... ich meine, ich brauche das nicht aufzuzählen. Aber ich meine einfach: Wir haben alle genügend Gründe, heute und sofort in einen Kampf einzutreten, der überhaupt den Satz, daß das Leben lebenswert ist, erst verifiziert.

**Koller** Ich glaube, wir haben gehört, daß dieser Satz, »das Recht, ein Anderer, eine Andere zu werden«, seine private Seite hat und seine öffentliche, seine individuelle und seine politische Seite. Ich möchte mir jetzt erlauben, die Frage nochmals auf eine andere Art und Weise anzugehen. Wenn wir in die Zeitungen blicken, in Radio und Fernsehen hineinhören und hineinsehen, dann ist jetzt ein Wort zentral, ein Name kommt immer wieder vor: Salman Rushdie. Mich hat dieser Fall des Schriftstellers der »Satanischen Verse«, der da vom fernen Iran einen Pfeil geschossen bekommt, enorm betroffen gemacht, weil er mich an eigene Vergangenheit, an europäische Vergangenheit erinnert.[11] Und ich möchte Sie beide fragen, was bei Ihnen so etwas auslöst. Denn ich vermute, daß das Recht, ein Anderer zu werden, eigentlich beinhaltet, daß man Dogmen abschwört, daß Dogmen eigentlich im Leben keinen Platz mehr haben. Und das wäre ja eine andere Seite der Existenzauffassung.

**Bichsel** Nachdem ich in Bremen in der Diskussion gesagt hatte, ich werde mit Literatur die Welt nicht verändern, und das sei nicht so wichtig, diese Literatur, da kam unser Fall Rushdie aufs Tapet: Da ist doch jetzt Literatur, da geht's doch um Literatur, das ist doch etwas Wichtiges. Es geht natürlich nicht um Literatur. Es geht um die alte Sache: Sensationen. Ich finde es grauenhaft, absolut grauenhaft, was da passiert mit diesem Todesurteil. Darüber gibt es gar nichts zu sagen. Ich finde es aber unheimlich, wie der europäische Westen und Osten wohl auch diese Sache philisterhaft behandelt. Wie sicher wir sind, wir alle, daß wir nicht so denken, daß wir nicht so sind! Das sitzt doch in Tausenden, in Tausenden von Köpfen: Der gehört an die Wand gestellt, solche Menschen muß man umbringen, solche Bücher müßte man verbrennen. Wie schnell sind wir da bereit! Und wenn Bücher brennen, brennen bald Menschen, hat Heinrich Heine gesagt. Und bei den Bücherverbrennungen sind wir ja schon längst angelangt. Unser philisterhaftes Umgehen mit dem – ein uraltes Wort – mit dem »Heidnischen«. So sind die Wilden in Persien, so sind die Heiden in Persien, wir Christen nicht. Und so etwas – nun kommt dieser Satz noch – und so etwas im 20. Jahrhundert! Wie wenn das 20., hier in diesem Europa, ein gutes Jahrhundert gewesen wäre! Wie kommen die Leute drauf? So etwas in einer modernen Welt! Wie wenn diese Welt, nur weil sie eine moderne Technik hat, eine aufgeklärte Welt wäre! Diese Philisterei, die erschüttert mich viel mehr an dieser Sache als die Sache selbst, die ja an und für sich schon grauenhaft genug ist.

**Sölle** Ich meine dasselbe Ding. Der Fundamentalismus, also die Dogmengläubigkeit, die absolute Wahrheitsgewißheit, die an einigen Stellen der Welt tobt, ist bei uns nicht mehr die Methode. Aber ich glaube nicht, daß irgend etwas Entscheidendes sich dadurch geändert hat. Ich bin mir auch nicht ganz sicher, ob Dogmen eigentlich das Schlimmste sind. Zum Beispiel in der Frauenbewegung, der Frauenarbeit sind theoretisch die dümmsten Dogmen des Patriarchats – also daß Frauen weniger intelligent sind, keine Mathematik können, kein Durchhaltevermögen haben, sich nicht organisieren können – weithin besiegt. Selbst bei den dümmsten Vertretern des Patriarchats wird man sich auf diese Dogmen gar nicht mehr zurückziehen. Nur ändert das eigentlich noch nichts. Es bedeutet eigentlich gar nichts, wenn überall in einem liberalen Sinn alle möglichen Gleichheitssprüche gemacht werden, aber praktisch Gleichheit noch genausoweit entfernt ist wie am Anfang dieses Jahrhunderts. Ich sehe da noch zu wenig Klarheit, wenn die Dogmen fallen. Das heißt noch keineswegs, daß sich wirklich das Bewußtsein verändert, und daß die Ausgrenzungen, die Ablehnung, die Negativität andern gegenüber – denen also das Recht, anders zu sein, ja gerade abgesprochen wird –, daß die schon durch die Entdogmatisierung aufgehoben würden, das kann ich nicht sehen. Es gibt ganz viele softe Dogmen heute, die kommen nicht mehr im Gewande des Dogmas und des Fundamentalismus, sondern die kommen etwa im Gewand der Einschaltquote, um mal Ihr Business da zu zitieren. Das ist doch das Dogma: Wie viele sind denn drin, und wie blöde muß denn eine Sendung sein, daß genug Leute einschalten, und dann wird die Sendung wiederholt.

**Koller** Soll ich mich rühmen, daß ich eine kleine Einschaltquote habe, abends um 11 Uhr?

**Sölle** Was ich eigentlich nur meine, ist das: Der moderne

Kapitalismus hat unterdessen Mechanismen ausgebildet, die so raffiniert funktionieren, daß der Fundamentalismus alter Art nicht mehr notwendig ist. Die Drohung ist nicht notwendig, der Konsum ist notwendig; die Bestrafung ist nicht notwendig, sondern das Abhängigmachen der Leute. Daß ihnen also ihre Seele abgekauft wird und ihr Verstand, geschieht ganz ganz anders als bei allen Khomeinis. Und deswegen entrüstet sich die westliche Welt so und tut so, als sei das etwas völlig Überwundenes, was bei uns längst passé ist und nie wieder vorkommt, obwohl die Phänomene, mit denen wir wirklich kämpfen und die wirklich die Menschen zerstören – also was ich vorhin mit dem Propheten Ezechiel gesagt habe: »warum wollt ihr sterben?« –, darauf werden höchst merkwürdige Antworten nach wie vor freiwillig und lauthals gegeben.

**Bichsel** Ich glaube, das Wort des modernen Dogmas heißt »Selbstverständlichkeit«. Es ist doch völlig selbstverständlich, daß diese Unterhaltungssendung vom Soundso am Freitagabend einfach besser ist als anderes. Das ist die Einschaltquote: »Das ist doch selbstverständlich.« Und das Zeug ist doch langweilig, und das ist doch spannend. In der Beiz sagt keiner: Ich finde das spannend, ich finde das langweilig, sondern es *ist*. Das sind die Selbstverständlichkeiten. So wie es wohl für eine große Anzahl von Mohammedanern, von Islami selbstverständlich ist, daß sie diesen Befehl zu befolgen haben. Eine absolute Selbstverständlichkeit. Und die ganze christliche Welt verlangt jetzt, daß es Millionen von mohammedanischen Befehlsverweigerern gibt. Diese Millionen von Mohammedanern müssen das einsehen, daß der Ayatollah verrückt ist, total übergeschnappt, ein unverantwortlicher, verbrecherischer, verrückter Mensch, ein irrsinniger Mensch. Müssen sie doch einsehen! Verlangen wir von denen. Wie verhalten wir uns gegenüber Befehlen?

**Sölle** Ich möchte wirklich noch mal einen Augenblick zu bedenken geben, daß die islamische Welt unsere Welt der

Drogenabhängigkeit, der Einschaltquoten, der spirituellen Verarmung, der zunehmenden, wachsenden Verblödung bei viel an Materie im Kopf, sozusagen, daß sich die islamische Welt dem verweigert und sagt: danke, nein. Wir brauchen weder eure Pornofilme noch eure Einschaltquoten. Diese Kultur steht uns bis hier. Und die versuchen, einen Damm dagegen aufzurichten, und in dem Sinn würde ich sie verteidigen. Das heißt nicht, daß das, was sie tun, gut wäre, aber daß dieser Grundansatz der kulturellen Kritik an unserer Welt sein Recht hat: ein Überlebensrecht einer anderen Kultur in dem Weltimperialismus unserer Kultur. Wir können uns nur eine pluralistische Kultur wünschen, in der einige Leute auch »danke, nein« zu unseren Pornofilmen sagen. Und sagen: Wir verbieten das, wir lieben das nicht, es zerstört unsere Kultur, es ist kein Ausdruck von Freiheit, kein Ausdruck von Fortschritt, sondern nur ein Ausdruck von westlicher Profitgier. Eine Art kulturellen Damm aufrichten, so verstehe ich das eigentlich, was die wollen, gegen eine angebliche Freiheit, die doch eigentlich nichts als Verrohung, Vergleichgültigung und Verdummung bedeutet. Ich weiß auch nicht genau, wie man diesen Damm aufbaut, und ich denke nicht, daß es mit autoritären Methoden möglich ist. Aber ich denke, daß solche Dämme aufgebaut werden müssen, und ich sage oft zu jungen Leuten, die Kinder haben: Ich würde mir sehr überlegen an eurer Stelle, ob ihr euch das Ding, diesen TV-Apparat, anschafft und ob ihr nicht lieber ein paar Steine in dieses Ding, was uns beherrscht, diese Maschine, werft. Denn die zerstört die Menschen. Es ist doch Gift, was da rauskommt.

**Koller** Ich habe letzthin einem Kollegen gesagt, der über dieses Ereignis von Salman Rushdie schrieb: Ich würde in diesem Zusammenhang nicht den Begriff »Mittelalter« brauchen, weil ich das als Beleidigung unseres Mittelalters empfinde, wenn man das damit vergleicht. Aber ich muß auf der anderen Seite sagen – und ich sage das auch Ihnen, Frau

Sölle –, ich bin natürlich schon froh, daß wir in Europa den Terror der ersten Hälfte unseres Jahrhunderts hinter uns haben, einigermaßen, und daß bei uns Drohungen nicht mehr Morddrohungen sind – daß natürlich Mechanismen der Einschüchterung und der Angst immer noch funktionieren ist unbestritten –, aber daß wir uns auf ein paar Grundregeln einigen, daß man nicht noch über das eigene Land hinaus Mordjustiz macht, das finde ich einen Fortschritt. Und da stehe ich auch zu unserer liberalen Gesellschaft, daß sie da ein Stück Fortschritt geschaffen hat – ich hoffe das.

**Bichsel** Darf ich das schnell in meine Sprache übersetzen? Ich bin einverstanden. Ich würde es aber so formulieren: Ich bin sehr froh, daß sich an diesem Mordurteil die Schweiz offensichtlich nicht aktiv beteiligt. Am letzten, am Ende der ersten Hälfte des 20. Jahrhunderts, hat sich diese Schweiz aktiv beteiligt und zum mindesten darüber diskutiert, ob er recht hat oder nicht, wenn er das tut. Ich bin sehr froh, daß wir uns diesmal offensichtlich nicht beteiligen, hoffe ich.

**Sölle** Ich empfinde jetzt einen Dissens aus Geschichte. Ich gehöre zu einer Generation, die durch den Faschismus beschädigt ist, die Eindrücke, Lebensgefühle mitbekommen hat und die in der Aufarbeitung der deutschen Geschichte sehr sehr viel zu lernen versucht hat. Ich bin nicht so gewiß, daß ich sagen kann: Das war die erste Hälfte des Jahrhunderts, da gab es diese schrecklichen Phänomene, heute sind wir weiter. Die Möglichkeiten, diese Phänomene auf eine viel perfektere Weise zu reorganisieren, sind täglich gewachsen, sie wachsen jeden Tag weiter. Ich denke nicht nur an die Atombombe für das Ende des Lebens, sondern auch an den Anfang des Lebens, an die neue Gentechnologie, die ich für eine Atombombe am Anfang des Lebens halte, die Zerstörung von dem, was eigentlich Menschsein bedeutet. Und ich kann nicht meinen, daß wir mit Hitler den Faschismus losgeworden sind. Das reicht noch nicht. »Der Schoß ist fruchtbar noch, aus dem das kroch«, hat Bert Brecht gesagt.[12] Und es bleibt in dieser Welt, in der wir leben, die Bereitschaft etwa zum begrenzten Atomkrieg – von Hunderten von führenden Militärs noch vor acht Jahren soundso oft geäußert, als eine leider notwendige Folge – oder die Bereitschaft zu dem, was Edward Teller, ein führender Wissenschaftler der westlichen Welt, so von sich gibt, als Vater der Wasserstoffbombe und so weiter – da hat sich nichts geändert.[13] Da wird die Nomenklatur verschoben, aber die Bereitschaft und die reale Vorbereitung auf das, was eben möglich erscheinen soll, den chemischen Krieg, den atomaren Krieg und diese gentechnologische Manipulation, der wir entgegengehen – ich würde gerne ein Stück Optimismus teilen, aber es fällt mir sehr sehr schwer. Ich sehe den Holocaust in andern Formen weitergehen – das sagen mir meine Freunde aus der dritten Welt immer wieder: Auch heute sterben 40 000 Menschen am Hunger. Ohne Notwendigkeit, es sei denn die der Reichen, Profite zu machen.

**Koller** Peter Bichsel, du hast am Anfang unseres heutigen Gesprächs einmal so nebenbei gesagt: Hoffnung, nein. Ich möchte gerne am Schluß dieses Gesprächs erfahren, was denn in uns geschehen ist in den letzten zwanzig oder dreißig Jahren, daß wir heute so reden. Was ist denn da geschehen an gesellschaftlicher und an eigener Veränderung oder Erstarrung, wie auch immer, daß wir heute so reden?

**Bichsel** Ich habe gesagt: Hoffnung, nein, wenn sie was Weltliches ist, was Vernünftiges ist. Ich habe keinen Anlaß, nach allen Daten, und das sind wenige, die ich besitze, über das, was da so passiert in der Welt – ich habe keinen Anlaß, vernünftig Hoffnung zu haben. Und ich meine damit ein anderes Wort: Ich habe keinen Anlaß, Optimist zu sein. Und ich habe schon mehrmals gesagt, pointiert gesagt: Ich hasse nichts so wie die Optimisten. Sie sind die Schrecklichen dieser Welt. Die Optimisten haben diese Welt zerstört. Die Optimisten waren das. Die Optimisten haben unser Wachstum gemacht. Die Optimisten haben das gemacht und nicht die Traurigen. Und nicht die Pessimisten. Die Leute, die sich dauernd hinstellen und sagen: »Das geht schon weiter, es ist immer gegangen, machen wir doch. Machen wir doch weiter Militär, es ist doch lustig, machen wir doch weiter Zivilschutz; wir bauen da Bunker, und dann geht das Atom drüber weg und so weiter, und wir haben eine Chance. Und ich sage Ihnen, meine Herren, wir haben keine große Chance, aber wir haben eine Chance.« Diesen Optimismus – ich glaube, den gilt's zu bekämpfen. Ich gehe, wenn ich traurig bin, wenn ich traurig bin über etwas, nie zu einem Optimisten, sondern dann gehe ich zu einem Traurigen. Vielleicht weint er mit mir, vielleicht weine ich mit ihm. Wenn es eine kleine Hoffnung gibt, dann ist es die Solidarität der Traurigen.

**Sölle** Du sagst eigentlich das, was ich mit einem Ausdruck der Bibel nennen wollte: die Hoffnung wider alle Hoffnung. Der Paulus war ja auch nicht so dumm; der hat gesagt: »Hoffnung des, das man siehet, ist keine Hoffnung.«[14] Die kannst du vergessen. Also die sozusagen statistisch ableitbare Hoffnung, was du jetzt Optimismus nennst, das hat mit Hoffnung als einem existentiellen Akt, in dem ich jetzt – wo ich aus der Verzweiflung einen Schritt herausgehe und etwas sehe vor mir, was anders ist und mich befreit – das hat damit gar nichts zu tun. Und es ist tatsächlich keine Hoffnung dieser Welt, die uns trägt, sondern eine andere, eine stärkere. Und das mit der Solidarität der Traurigen, das leuchtet mir am meisten ein, weil es mir genauso geht, wenn ich Hoffnung erfahre durch andere Frauen, manchmal durch Gruppen, die ich treffe, die an irgend etwas beteiligt sind, was sie dazu ermutigt, diesen Schritt über sich hinaus zu tun. Die haben sich auch aus dem Gefängnis der bloßen Analyse befreit. Ich glaube, es gibt ein intellektualistisches Gefängnis der bloßen Realitätsbeschreibung, in der das Weinen, von dem du sprichst, gar nicht mehr stattfindet. Da ist schon alles festgeschrieben und in bestimmte Akten eingeordnet, sozusagen. Für mich ist immer wichtiger geworden auch die Tradition der Hoffnung. Ich denke, die Bibel ist kein optimistisches Buch. Sie lehrt nicht irgendein »Hoppla, wir leben, und es wird schon weitergehen«. Die erzählt, daß erstaunlicherweise unter sehr vielen Blinden hin und wieder Menschen die Augen aufgetan wurden. Die erzählt das in der Sprache des Wunders und nicht der Normalität, das heißt in der Sprache, die eigentlich für alle Blinden nur wiederum Hoffnung verspricht.

**Koller** Ja, ich habe noch selten so gute Antworten auf Fragen bekommen, die ich nicht gestellt habe. Ich bleibe diesmal hartnäckig und stelle die Frage doch. Ich meine, die Solidarität der Trauernden – ich kann dem sehr viel abgewinnen, ich finde das sehr schön. Trotzdem: ich glaube da ist die Gefahr vorhanden, daß das umgedeutet wird in eine Fatalität der Resignation, so postmodern. Ich habe die Frage gestellt: was ist in Ihrem Leben passiert? Es gab vor zwanzig Jahren Aufbrüche für eine neue Gesellschaft, für ein neues gesellschaftliches, politisches Tun. Ich möchte der jungen Generation, die da ist, nicht davor sein, zu hoffen oder zu erwarten, daß es wieder mal eine Zeit der Aufbrüche gibt. Vielleicht haben Sie dazu etwas zu sagen aus Ihrer Erfahrung heraus. Peter Bichsel, du hast vorhin gesagt: Erfahrung ist immer etwas Terror, ja?

**Bichsel** Zu dieser Sache: Aufbruch vor zwanzig Jahren. Ich bin immer blöd bei solchen Veranstaltungen zu einer Sache und bei Lesungen, die ich mache. Ich lasse nicht davon ab, wenn ich eine Lesung hab, in Bremen oder irgendwo in der Schweiz: immer habe ich den Eindruck, das sind alles 68er, die dasitzen. Dabei ist 68 zwanzig Jahre her – unheimlich lange. Und ich breche dann ein bißchen zusammen, wenn einer aufsteht und was ganz anderes sagt, was ganz Un68eres. Und wenn da plötzlich junge CDU-Leute – um nicht immer die Schweiz zu beschimpfen – dasitzen. Aber ich lasse nicht davon ab, und wenn ich 80 werde. »Die Leute, die dasitzen, sind 68er.« Ich weiß, es ist blöd, und ich werde verblöden dabei, und die Leute werden es merken, das ist klar, aber auch hier, wenn ich hier gesprochen habe und bös und provokant gesprochen habe – ich habe einige Leute lächeln sehen. Ich habe einige Leute nicken sehen. Und dann habe ich die kindische Vorstellung, wir wären alle, wir sind alle, und wir alle zusammen schaffen's, und wir alle hier drin sind die Welt. Ich meine damit nicht, daß alle hier drin mit mir einverstanden sind. Aber wir könnten doch hier miteinander sprechen – darauf muß ich mich verlassen. Ein Schafhirt hat mir gesagt, die Schafe seien so blöd. Das Schlimmste ist, wenn die Herde auseinanderfällt, weil man die nicht mehr zusammenkriegt. Denn die sieben, die von den 600 Schafen weggegangen sind, können nicht zählen und meinen, sie seien alle. Also dieser Jesus von Nazareth war wohl ein Intellektueller und hat die Schafe in ihrer Intelligenz überschätzt. Aber in diesem Sinne möchte ich wirklich ein Schaf sein. Wir sind alle – das ist meine Hoffnung.

**Sölle** Ich kann gar nichts mehr dazu sagen, weil das so schön ist. Mir war eben noch mal eingefallen: auch die 68er Jahre. Ich habe viel von Ernst Bloch gelernt, aber ich habe mich immer irgendwie gerieben an dem Prinzip Hoffnung.[15] Ich habe immer gedacht: Ernst, da ist irgendwas falsch. Es gibt die Hoffnung, und die hängt mit den Schafen zusammen. Aber sie ist kein Prinzip, und der Versuch, der philosophische Versuch, sie zu einem Prinzip zu machen, also sie zu einem Denkprinzip und Seinsprinzip zu machen, war vielleicht allzu leichtsinnig. Ein Versuch, ohne die Schäden des Fortschritts zu sehen, ein vorökologischer Versuch, ein Versuch aus einer gewissen Blindheit. Ich glaube, daß Bloch sich auch widersprochen hat, und zwar wo er alles mögliche Philosophische über dieses Prinzip redet, aber eigentlich ein alter Rabbi ist, der unendliche Geschichten erzählt. Und da ist viel mehr wirkliche Hoffnung in diesen Geschichten, die er erzählt, als in der systematischen Philosophiererei. Und das ist nun in der Tat etwas, was ich immer mehr gelernt habe, vor allem auch durch die Frauenbewegung: daß eigentlich nicht Dogmen uns etwas über die Hoffnung mitteilen. Unser Wissen erstarrt zunehmend zu Todeswissen, aber es gibt trotzdem Erfahrungen, es gibt Begegnungen, es gibt Menschen, es gibt winzige Stücke Brot, vielleicht für jeden und jede von uns, die wir irgendwo an ganz unerwarteten Stellen finden. Ich denke an die Frauen in der Frauenhilfe für Südafrika bei uns, die zehn Jahre lang einen Boykott durchgeführt haben: zehn Jahre lang Arbeit, Mühsal, Beschimpfung, Demütigung, Verhandeln mit Großhändlern, die nun nicht gerade zimperlich sind, wenn da einige junge Frauen auftreten. Und dann haben zwei große Lebensmittelketten gesagt: Wir verkaufen kein Obst mehr aus Südafrika: Hertie und Kaufhof – im Frühjahr vor einem Jahr. Das ist für mich eine Hoffnungsgeschichte. Sie ist winzig, und ihr könnt mir genug Gegengeschichten erzählen, ich weiß das. Es gibt immer zu jeder Hoffnungsgeschichte massenweise entsetzliche, zerstörerische Gegengeschichten. Aber manchmal habe ich das Gefühl, daß wir uns nicht als Kaninchen vom Blick der Schlange lähmen lassen sollten. Wir sollten die Position des Kaninchens verlassen, denn diese Position zerstört uns selber. Und ich denke oft, daß wir auch aufgerufen sind, Hoffnungsgeschichten zu verteilen. Ich denke mir immer, daß die ersten Christen in der Jesusbewegung auch wahnsinnige Übertreiber waren; die erzählten plötzlich: Aussätzige sind gesund geworden. Natürlich bezog sich das nicht auf das ganze Land, sondern auf irgendein verlassenes Nest, wo *ein* Aussätziger geheilt wurde. Es wurde aber erzählt mit der Kraft der Hoffnung, mit der Kraft des »wenn das dort geschieht, im Namen Gottes, warum kann es nicht auch hier geschehen, im Namen Gottes«. Wenn der das kann, warum eigentlich wir nicht. Und das ist die für mich unzerstörbare Kraft von diesem Jesus, daß er uns einlädt, er zu werden.

**Koller** Danke. Vielleicht darf ich zum Abschluß selber noch eine Geschichte erzählen, eine ganz kurze. Es ist eine Geschichte aus meiner Studentenzeit. 1962 war ich in Rom, und das war die Zeit des Aufbruchs – Johannes XXIII. usw. –, und da durfte man auch Sprüche machen über die Konfessionsgrenzen hinweg.[16] Ich weiß nicht, ob man das heute noch darf, ich riskier's mal. Also da haben wir gesagt, wie das Konzil eröffnet wurde: Der Luther hat auf dem Reichstag zu Worms gesagt: Hier steh ich, ich kann nicht anders, Gott helfe mir, Amen. Und der Johannes der XXIII. ist auf seinen Thron gestiegen, hat sich hingesetzt und hat das Konzil eröffnet mit dem Wort: Hier sitze ich, ich kann noch ganz anders, Gott helfe euch, Amen. – Ich kann noch ganz anders – ich hoffe, daß Sie dieses Wort, in allen seinen Facetten, mit nach Hause nehmen.

# Peter Bichsels Texte zur Religion
Ein Nachwort

## I. Über Gott und die Welt

Wer über Gott und die Welt spricht, spricht über alles Mögliche. Der vorliegende Band nimmt die geläufige Redewendung auf, führt sie aber auf ihren Wortsinn zurück: Wenn Peter Bichsel hier über Gott und die Welt spricht, spricht er – über Gott und die Welt. Was unter diesem Titel versammelt wird, sind seine Texte über Religion. Damit kommt eine Facette von Bichsels Schreiben in den Blick, die vielleicht überrascht. Daß er sich während Jahrzehnten immer wieder und in verschiedenen Formen zur Religion geäußert hat, will zum geläufigen Bild des Schriftstellers nicht ganz passen. Sein Profil ist doch bekannt: Bichsel, das ist der ehemalige Primarlehrer, der mit seinen *Milchmann*-Geschichten (1964) einen frühen Erfolg feiert, der sozial Engagierte, der mit Max Frisch, Otto F. Walter und anderen 1970 die progressive »Gruppe Olten« ins Leben ruft, der Freund und Berater des sozialdemokratischen Bundesrats Willi Ritschard, der Kolumnist, der seine Stoffe oft aus Kneipengesprächen bezieht. Entsprechend groß war denn bei vielen die Verwunderung, als die Theologische Fakultät Basel dem Autor 2004 ein Ehrendoktorat verlieh. Dr. theol. h. c. Bichsel, das hörte sich nach einem Irrtum an, wenn auch einem ehrenvollen.[1]

Daß durchaus kein Irrtum vorlag, macht die Laudatio deutlich, welche die Ehrung zu begründen hatte. Die sensible Würdigung Georg Pfleiderers[2] liest sich zunächst wie ein Beleg für eine der Thesen aus Bichsels vielrezipierten Frankfurter Poetik-Vorlesungen (1982): »Die Geschichten sind nur deshalb Geschichten, weil sie uns an Geschichten erinnern.«[3] Pfleiderer führt den Nachweis der Berechtigung des Ehrendoktorats geradezu offensiv unter Bezugnahme auf seine eigenen Leseerfahrungen, auf die spontane Verbindung von bichselschen mit eigenen Geschichten. Die theologische Pointe dieses Zugriffs liegt dann aber in einer Überschreitung der individuellen Ebene hin auf die des Kollektivs. Denn immer wieder erfahre sich auch der einsame Leser als Teil einer Gemeinschaft, oder eben: Gemeinde. Was Bichsels Geschichten herzustellen vermöchten, sei nicht weniger als eine »Kirche der Leser«: »Eine Kirche, ich meine das ganz ernst. Denn das steht für mich hinter dem Wort von der ›Verschwörung der Leser‹. Die unsichtbare Volkskirche der Leserinnen und Leser.«[4] Und auch in dieser Kirche wird ein Sakrament gereicht, das »Sakrament der kleinen Dinge«[5]. Was darunter zu verstehen ist, illustriert Pfleiderer kaum zufällig anhand einer der unzähligen Kolumnen Bichsels, einer jener subtil reflektierenden Mitschriften aus dem und für den Alltag.[6] Sie würden in ihrer kunstvollen Einfachheit nicht nur gefallen, sondern »ergreifen«[7]. Pfleiderer geht schließlich so weit, diese Form des Schreibens auch für das Geschäft der Theologie als maßgeblich zu erklären: »Sie [Peter Bichsel] schreiben dort, auch dort, wo die Theologie eigentlich schreiben sollte: Bei den Leuten, wo sie es lesen. Und Sie schreiben so, daß sie verstanden werden – ›sie‹ mit einem kleinen s.«[8] – Es ist bemerkenswert, mit welcher Entschiedenheit der Laudator die *Wirkung* des Bichselschen Schreibgestus als Begründungsbasis heranzieht. Was die theologische Auszeichnung in erster Linie motiviert, ist nicht etwa eine thematische Affinität, sondern eine Charakteristik des Zugriffs auf Gegenstände beliebiger Art.

Daß kein Irrtum vorlag, zeigt in anderer Weise aber auch der vorliegende Band. Er bietet – gleichsam als materialer Nachtrag – erstmals einen umfassenden Einblick in Bichsels *explizite* Auseinandersetzung mit der Religionsthematik (wobei Religion hier in erster Linie das Christentum meint, aber eben nicht nur). Die versammelten Texte entstanden in einem Zeitraum von fünf Jahrzehnten. Einige von ihnen sind leicht greifbar, andere wurden nur entlegen publiziert, wieder andere werden hier erstmals zugänglich. Die Gliederung des Materials orientiert sich an den Gattungen sowie jeweils an der Chronologie (wobei nicht alle Texte genau datierbar sind). Der Band beginnt mit einigen mehrheitlich unpublizierten *Laienpredigten* älteren und neueren Datums. Auf sie ist besonders hinzuweisen, da Bichsel hier den Diskurs *über* Religion zugunsten eines *religiösen Sprachmodus* verläßt. (Freilich wird diese Einlassung in den Predigten auch wiederholt als problematisch thematisiert, etwa in Form einer einleitenden Reflexion auf die Legitimität in Frage kommender Anreden.) Ein zweiter Teil gilt den *Geschichten*, jener Gattung, die Bichsels eigentliche ist, auch dann, wenn er predigt oder essayistisch schreibt. Es handelt sich hier allerdings um Geschichten ›im engeren Sinn‹: um in sich geschlossene Erzähltexte, die sich nicht (was für Bichsel charakteristisch wäre) ausdrücklich auf sich selbst, ihr Erzähltsein und -werden, beziehen. Ein Erzählmodus, der das reflektierende Subjekt des (autobiographischen) Erzählers in den Vordergrund rückt, ist dann aber bestimmend im dritten Teil: Er umfaßt eine größere Zahl von *Kolumnen*, die zwischen 1977 und 2007 in verschiedenen Zeitungen und Zeitschriften erschienen sind (u. a. auch in der Stuttgarter Kulturzeitschrift *Das Plateau*, die sich ausdrücklich dem Gespräch zwischen Literatur, Kunst und Theologie widmet). Der vierte Teil bietet einige kurze, aber auch umfangreichere *Essays und Reden*, beginnend mit einem frühen und bislang unpublizierten Versuch über *Christentum und Politik* (ca. 1970) über die gewichtige Dankesrede zur Verleihung des Ehrendoktorats der Theologischen Fakultät Basel bis zu einem aktuellen Beitrag zur Rolle des Bildes in der Religion.[9] Den Abschluß bildet schließlich ein 1989 geführtes *Gespräch* mit der feministischen Theologin Dorothee Sölle (1929-2003), deren Texte für Bichsels Verständnis des Christseins von zentraler Bedeutung sind (s. u.). – Damit werden nicht alle, wohl aber der größte Teil von Bichsels Schriften zur Religion in einem Band zugänglich. Was nicht aufgenommen wurde, sind einerseits – obwohl thematisch einschlägig – zwei umfangreiche und leicht greifbare Texte[10] und einige Interviews[11], andererseits Beiträge, die das Thema nur *en passant* betreffen.[12] Und schließlich fehlen auch einige Schriften, deren Typoskripte nicht oder nur unvollständig erhalten blieben.[13]

Aufgrund der notorischen Interpretationsbedürftigkeit des Religionsbegriffs liegt es auf der Hand, daß auch die vorliegende Auswahl anders aussehen könnte. Denn was Religion ist bzw. wie der Terminus sinnvoll bestimmt werden kann, sind Fragen, die ja nicht nur zwischen den verschiedenen Disziplinen, die sich ihr widmen (insbesondere Religionswissenschaft und Theologie), kontrovers diskutiert werden, sondern auch innerhalb dieser Disziplinen.[14] Das Verständnis, das in diesem Fall zugrunde gelegt wurde, ist ein schlichtes. Es orientiert sich an Begriffen und Problemkomplexen, die man einigermaßen konsensfähig dem Phänomenbereich Religion zuordnen wird. Ausgehend vom Personen- und Stichwortregister, das die gesammelten Kolumnen Bichsels begleitet, wäre also zu denken an Namen und Begriffe wie »Barth, Karl«, »Bethlehem«, »Bibel«, »Buber, Martin«, »Buddha«, »Fegefeuer«, »Jesus« »Jude«, »Legende«, »Taliban«, »Vatikan« etc.[15] Von einem spezifischeren Religionsbegriff auszugehen, schien nicht zwingend notwendig, wenn ein produktiver Zugriff darin liegt, gleichsam induktiv den Besetzungen und Kontexten der Signalwörter nachzugehen, welche sich in Bichsels Bezugnahmen mit ihnen verbinden. Auf diesem Weg zeigt sich denn, daß sofort auch Bereiche in den Blick kommen, die ungleich weniger eindeutig religiös konnotiert sind (»Armee«, »Aufklärung«, »Buchstabe«, »Lesen«, »Reichtum« etc.).

Im Folgenden sollen nun unter Absehung von der Gattungsdimension vier Aspekte benannt werden, die für Bichsels Bezug auf die Thematik charakteristisch sind: die Dominanz der *biographischen Perspektive* (die eigene religiöse Sozialisation, der existentielle Bezug auf das Christentum), die enge Verbindung von *Religion und Politik*, die religiösen Implikationen der kulturellen Praktiken des *Lesens und Erzählens* und schließlich – als Konkretion des eben genannten Gesichtspunkts – die Zentralstellung der *Weihnachtsgeschichten*. Das Anliegen der Ausführungen ist nicht mehr als das einer vorläufigen textnahen Rekonstruktion dieser Aspekte. Daß sie sich im Einzelnen vielfach überlagern und eine eingehendere Untersuchung andere mehr namhaft zu machen hätte, braucht kaum betont zu werden.

## II. »Alle meine religiösen Erfahrungen betreffen das Christentum.« Religion, biographisch

Bichsel hat sich zu verschiedenen religiösen Traditionen geäußert, im Zentrum seiner Aufmerksamkeit steht, biographisch bedingt, jedoch fraglos das Christentum. Sein Verhältnis zur Religion ist wesentlich geprägt durch eine Kindheit und Jugend in einem moderat christlichen Haushalt: »Meine Mutter [...] besuchte die Kirche ab und zu. Sie gab ihr Urteil ab über die Qualität der Predigt, eher über die äußere Qualität als über den Inhalt; fromm war sie sicher nicht und sehr wahrscheinlich auch nicht gläubig. [...] Die religiöse Herkunft meines Vaters ist einfacher zu beschreiben und weit schwerer erfaßbar. Seine Eltern waren in einer pietistischen Freikirche, im Blauen Kreuz auch. [...] Mein Vater hatte später nicht mehr die geringsten Beziehungen zur Brüdergemeinde und zum Blauen Kreuz – vielleicht eher eine unausgesprochene Ablehnung. [...] Er besuchte die Kirche häufig, preßte dort die Lippen aufeinander, weil er Angst hatte, er könnte einmal mitsingen. Mein Vater konnte nämlich nicht nur nicht singen – es war viel schlimmer. Er wußte nicht, ob er singen kann oder nicht, weil er es in seinem ganzen Leben nie versucht hatte. Ich meine auch das als Beschreibung seiner Art von Religiosität. [...] Ich hatte immerhin den Eindruck, daß meine Eltern an Gott glauben, und in bezug auf meinen Vater stimmte das wohl auch.« (126 f.)[16] Dieses religiöse Milieu bildet den Hintergrund einer eigentümlichen Emanzipation nicht *vom*, sondern *durch* das Christentum. Dessen »Übertreibung« erlaubt Bichsel nämlich gerade, sich nicht nur in religiöser Hinsicht von den Eltern abzusetzen: »Das religiöse Bekenntnis wurde zu meinem Emanzipationserlebnis. Ich hatte sozusagen den Dreh gefunden, gegen meine Eltern zu rebellieren, ohne daß sie viel dagegen haben konnten. Ich tat ja nichts Schlechtes im religiösen Sinne, ich verstieß nur gegen ihren Grundsatz der Diskretion.« (128) Dieser Verstoß bestand etwa darin, mit anderen Angehörigen des »Jünglingsbundes« des Blauen Kreuzes vor Solothurner Restaurants alkoholfeindliche Slogans zu skandieren. »Ich war Mitglied einer etwas belächelten Kirche, und es bereitete mir schelmisches Vergnügen, daß mir diese Kirche niemand verbieten konnte, weil die verlogene Mehrheit von sich behauptete, sie sei christlich und kirchlich und anständig.« (Ebd.) Bichsels eifrige religiöse Praxis – bis 13 ist er begeisterter Sonntagsschüler, dann selbst Sonntagsschullehrer, er will Missionar werden – macht anstößigerweise auch nicht an den konfessionellen Grenzen Halt. Im Zuge eines »ersten bewußten Ausflug[s] in religiöse Romantik« interessiert er sich auch für den Katholizismus. Um neun Uhr besucht er die katholische Messe, um dann um zehn Uhr in der reformierten Kirche selbst Sonntagsschule zu halten (vgl. 129). Sein intensiver theologischer Austausch mit einem Priester, der dem »religiöse[n] Chaot« von einer ins Auge gefaßten Konversion abrät, wird von der Schulleitung sanktioniert. Erneut erlebt Bichsel seine Religiosität »als Emanzipationsmittel« – »mein Christsein als Anderssein, mein Bekenntnis als Rebellion« (130).

Was dann erfolgt, ist ein allmählicher »Abschied von der Kirche«, der sich wesentlich einem verstärkten theologischen Interesse verdankt. Er wendet sich Kierkegaard zu und hat zumindest den Ehrgeiz, »den ganzen Karl Barth zu lesen«. – »Mein Abschied von der Kirche begann damit, daß ich aus meinem Glauben eine Wissenschaft machen wollte. Ich ersetzte meine Frömmigkeit durch Interesse.« (Ebd.)

Doch ist die zunehmende Distanz zum kirchlichen Milieu nicht nur eine Folge der intellektuellen Auseinandersetzung mit religiösen Fragen. In der Darstellung seines Abschieds räumt Bichsel einem anderen Moment bereits quantitativ ungleich mehr Raum ein: dem Feldpredigeramt.[17] Das Amalgam aus religiöser und politischer Ordnung, das in ihm zum Ausdruck kommt, ist ihm zutiefst widerwärtig: »Ich hasse sie [die Feldprediger] nicht, ich gebe mir Mühe, sie nicht zu hassen. Aber die Vorstellung, ein höherer Offizier tröstet mich als Sterbenden im Lazarett, hat für mich etwas sehr Grauenhaftes. Es ist so etwas wie Amtsanmaßung – nicht etwa in dem Sinne, daß sich der Pfarrer das Amt des Hauptmanns anmaßt, sondern der Hauptmann maßt sich das Amt des Pfarrers an.« (131) Ebenso die Institution als solche wie seine persönliche Erfahrung (vgl. 131 ff.) zeigen dem Autor, daß die Kirche nicht mehr sein kann, was sie einmal für ihn war: eine »Emanzipationshilfe [...]. [...] Die Kirche hat für mich ihren Wert als Alternative verloren. [...] [S]ie hat der weltlichen Anständigkeit keine eigene entgegenzusetzen.« (133)[18] Diese Enttäuschung führt jedoch nicht zu einer vollständigen Abwendung von der Kirche; aus »sentimentalen« Gründen hält er an einer formalen Mitgliedschaft fest. »Sie [meine religiöse Biographie] ist zu sehr mit der Kirche verbunden, als daß ich sie mit meinem Austritt beleidigen könnte.« (125)

In der Beschreibung dieses Bedeutungsverlusts deutet sich bereits an, was für Bichsel nicht weniger als den *Kern* der christlichen Religion ausmacht: Christsein bedeutet – mit

Dorothee Sölle gesprochen – »das Recht, ein Anderer zu werden«[19]. Bichsel zitiert diese Bestimmung immer wieder, und er tut es auch in der exklusiven Verbindung mit einem Superlativ: »Der Satz, der mich in meinem Leben am tiefsten betroffen gemacht hat, ist der Satz von Dorothee Sölle: ›Christ sein bedeutet das Recht, ein Anderer zu sein.‹« (191). Ebendies, daß die Berufung auf Christus das Recht einschließt, »umzukehren«, ist der Grund – mehr noch: der *Garant* –, daß die christliche Kirche[20] trotz den Versuchungen (oder auch Nötigungen) von Angleichungen aller Art nie ganz verloren zu geben ist: »Was ich dieser Kirche, wenn ich sie nicht mag, von Herzen gönne, ist, daß sie ihren Gründer nie loskriegen wird. Sie kann so konservativ werden, wie sie will, sie wird ihn mitschleppen müssen. [...] Da werden sie predigen können, was sie wollen. [...] Christus ist so oder so der Andere.« (Ebd.) Der Satz »Die Kirche wird diesen Christus nicht loskriegen« ist, so Bichsel weiter, »ein kichernder Satz«: Er bringt die Genugtuung darüber zum Ausdruck, daß der »Begründer der Kirche« für ebendiese »eine ungemeine Belastung« darstellt (199). Dies ist, nebst der Bedeutung, welche der Kirche in seiner eigenen Biographie zukommt, der zweite Grund, weshalb er der reformierten Kirche als Mitglied verbunden bleibt.

Doch der Autor bleibt nicht bei einer Darlegung der kritischen Funktion Christi für das Christentum stehen, und es geht auch um mehr als um eine bloß sentimentale Erinnerung an ein willkommenes, doch tendenziell austauschbares Medium pubertärer Unterscheidungsbedürfnisse. Bichsel formuliert darüber hinaus immer wieder auch Sätze, die eine *bleibende* existentielle Bedeutung zum Ausdruck bringen: »[I]ch brauche ihn [Gott], damit das alles, was ist, nicht sinnlos ist – und damit das alles, was ist, nicht alles ist. [...] Ich brauche ihn nicht, um zu überleben, ich brauche ihn nur, um leben zu können. [...] Ich brauche ihn, damit es sinnvoll ist, daß diese Welt mich überlebt.« (12 f.) – »Ich meine

[...], daß das Versprechen des Jesus von Nazareth für mich das Versprechen einer Gegenwelt ist, und dieses Versprechen hat mich für immer geprägt, weil ich zu dessen Einlösung keine Mehrheit brauche, weil es in der Minderheit und Machtlosigkeit einlösbar ist [...]. Ich schäme mich dabei nicht, arrogant zu behaupten, daß wir zwei, Christus und ich, uns kennen. Er hat mir seine Verwandtschaft angeboten. Ich bin ein sehr schlechter Verwandter, aber ein bißchen stolz auf die Verwandtschaft bin ich schon.« (134 f.) Wenn Bichsel die ausführlichste Darstellung seiner religiösen Biographie mit dem Titel *Abschied von einer geliebten Kirche* (1979) versehen hat, so steckt darin nicht nur die tragische Spannung zwischen Liebe und Abschied, sondern implizit auch die zwischen der – kritisch wahrgenommenen – Institution der Kirchen und der – affirmativ wahrgenommenen – Gestalt, auf die sie sich berufen.

Vor diesem Hintergrund mag es zunächst erstaunen, daß die frühe Neigung und Beinahe-Konversion zum Katholizismus Jahre später noch überboten wird in Form einer äußerst intensiven Attraktion durch den *Hinduismus*. Im Zuge einer Studienreise nach Bali (1978) beginnt sich Bichsel für den balinesischen Hinduismus nicht nur zu interessieren, er gerät erneut in die Nähe einer Konversion: »Nach vierzehn Tagen bin ich überstürzt und eigentlich bestürzt von Bali abgereist. Ich habe auf dem Flugplatz in Denpasar um einen Platz gekämpft, ich mußte unbedingt weg, heute weg. Etwas, was ich verdrängt hatte, hatte sich unheimlich stark gemeldet: Die jahrelange religiöse Abstinenz meldete Entzugserscheinungen an. Ich mußte abreisen, weil ich befürchtete, Hindu zu werden, und das wollte ich nicht.« (124 f.) Was in der Darstellung dieser Zäsur innerhalb seiner religiösen Entwicklung bemerkenswerterweise fehlt, sind die erwartbaren Hinweise, welche die Attraktionsmomente des Hinduismus genauer benennen. Bichsels Kommentar vernachlässigt das Objekt seines Interesses klar zugunsten einer Analyse dieses Interesses selbst. Und dabei ist der Begriff des Interesses aber gerade zu schwach, um die betreffende Erfahrung adäquat zu beschreiben: Es habe sich um »Entzugserscheinungen« gehandelt. Die Attraktion sei – anders als im Fall des Katholizismus – nicht »romantischer Natur« gewesen. In seinem Bali-Erlebnis habe sich vielmehr ein tieferes, »sozusagen ein biologisches Bedürfnis« gemeldet, »zum romantischen Bedürfnis etwa im ähnlichen Verhältnis stehend wie Sexualität zu Erotik«. Auch wenn die »Flucht« gelingt, so lehrt ihn das Ereignis doch etwas Wesentliches: »Ich muß ein religiöser Mensch sein, das habe ich zu akzeptieren, damit habe ich zu leben.« Und entscheidend der Nachsatz: »Meine religiösen Erlebnisse betreffen ausschließlich das Christentum. Auch mein Bali-Erlebnis ist in diesem Zusammenhang zu sehen.« (125)[21]

### III. »Es gibt eine Verpflichtung des Christen zur Politik«. Religion, politisch

Im Hinweis auf die Bedeutung, welche die Bekanntschaft mit dem Feldpredigeramt für Bichsels religiöse Biographie besitzt, deutete sich bereits an, daß Religion und Politik in seiner Wahrnehmung eng miteinander verbunden sind. Der Autor hat sich zu ihren problematischen, aber auch ihren wünschbaren Verstrickungen in verschiedenster Weise geäußert. Die ausführlichste und grundsätzlichste Auseinandersetzung findet sich jedoch im frühen Essay *Christentum und Politik* (ca. 1970; 115-124). Bichsel entfaltet sein Plädoyer für ein politisches Handeln des Christen – denn daran liegt ihm – in drei Abschnitten, denen er thesenhafte Überschriften voranstellt: (1.) »Es gibt keine christliche Politik«, (2.) »Es gibt kein unpolitisches Christentum«, (3.) »Es gibt eine Verpflichtung des Christen zur Politik«. In seinem quasi-syllogistischen Argumentationsgang zeigt sich der Autor als ebenso selbstbewußter wie kompetenter Interpret der Christentumsgeschichte. Er nimmt zu den historischen Anfängen des Christentums Stellung, zur Entwicklung des sowohl religiös wie politisch zwielichtigen Urchristentums zur römischen Staatsreligion, oder auch zur wechselseitigen Wahrnehmung von (bürgerlichem) Christentum und liberal-revolutionären Bewegungen des 19. Jahrhunderts.

Der Text läßt aber auch erkennen, daß Bichsel seiner pietistischen Prägung in einem Punkt treu geblieben ist: Auch er argumentiert auf *seine* Weise mit der Bibel. Der Nachweis der christlichen »Verpflichtung« zur Politik erfolgt, von den geschichtlichen Reminiszenzen abgesehen, wesentlich auch durch den Verweis auf das biblische Gebot der Nächstenliebe[22] und (was keineswegs selbstverständlich ist) den sogenannten Herrschaftsbefehl, das *Dominium terrae*, des ersten Schöpfungsberichts: »und machet sie [die Erde] euch untertan und herrschet« (Gen 1,28).[23] Letzterer wird entgegen der gängigen und auch berechtigten Neigung jedoch nicht kritisch glossiert (Sich-untertan-Machen als tendenziell gewalttätig-autoritäre Machtausübung)[24], sondern zustimmend: »Den Satz ›Macht Euch die Erde untertan‹, kann ich nur politisch verstehen. [...] Wenn auch das Elend dieser Welt fast als Naturzustand erscheint, wir haben kein Recht, uns damit abzufinden.« (122) Bichsels exegetische ebenso wie seine kirchengeschichtlichen Bemerkungen liegen also bereits ganz auf der Linie, die später in der genannten Formel Dorothee Sölles ihren konzentriertesten Ausdruck findet. Sein Anliegen liegt auch hier darin, das Christliche nicht nur als Recht, sondern, stärker, als *Verpflichtung* zur – in diesem Fall ethischen – Differenz zu verstehen. Und dies impliziert wiederum ein Bekenntnis zur Minderheit, die dem Umbiegen des christlichen Auftrags zur gewöhnlichen »Gangundgäbe-Anständigkeit« (119) widersteht. Aktive »Nachfolge« (ein theologischer Begriff, den der Autor affirmativ aufnimmt) besteht darin, sich wenn nötig auch in die Unanständigkeit zu begeben: »Christus selbst hat sich [...] mit dem Verstoß gegen Sabbatsgesetze, mit seinem Einsatz für die Ehebrecherin in die Unanständigkeit begeben; man tut so etwas nicht, wird man ihm etwa gesagt haben.« (119) Die Tendenz, »den Jetztzustand zur Norm« zu erheben (122), hält er also nicht nur für konservativ, sondern schlicht für nicht christlich.

Vor diesem Hintergrund wird verständlicher, weshalb Bichsel die Kirche in seinem *Abschieds*-Text kritisch als »halbstaatliche Anständigkeitsinstitution« (134) anspricht und als »bösen Scherz« nachsetzt, er könne sich vorstellen, daß sie »schon sehr bald in ihre Verfassung den schönen Vereinsstatutensatz aufnimmt: politisch und konfessionell neutral« (133). Verständlicher wird aber auch, woher eine zusätzliche Genugtuung über die nicht stillzustellenden »Provokationen jenes nonkonformen jüdischen Philosophen Jesus von Nazareth« (144) rührt. Denn die Institutionen, welche den Sozialismus verwalten – jene andere ›Idee‹, zu der sich Bichsel bekennt –,[25] verfügen über keine vergleichbare Sicherung. Wenn dann »Politiker, die in keiner Weise einer sozialistischen Idee verpflichtet sind«, aus reinen Machtgelüsten ihr »Geschäft« (145) betreiben, ist die Differenz, welche der sozialistische Gedanke bedeuten könnte, verloren: »Den Sozialdemokraten ist es gelungen, ihre Gründer über Bord zu werfen. Darum gibt es sie nicht mehr.« (199) Daß es sie nicht mehr gibt, verdankt sich nach Bichsel Auffassung der Absenz jener »Schizophrenie«, welche die Kirche an Christus bindet: »Ohne die Kirche – und ohne ihre Korruption – wären wir nicht im Besitz jener Aussagen von Jesus, die wir dieser Kirche nun mit vollem Recht zum Vorwurf machen können. Die Kirche hat ihre eigene Schizophrenie mitüberliefert.« (144)[26] Die Einsicht, daß die Kirche ihren Gründer nicht loswerden kann, erlaubt es, nicht nur die Kirche, sondern auch die Partei in kritischem Licht zu sehen. »Die Frage: Sind die Sozialisten so sozialistisch, wie die

Christen christlich sind? geht in diesem Sinne zugunsten der Christen aus.« (145)[27] Aber auch unabhängig von Bichsels Befund bezüglich dieses Vergleichsaspekts ist entscheidend, daß er der Kirche einen wesenhaften Vorzug zuschreibt: Das christliche »Versprechen einer Gegenwelt« braucht im Gegensatz zu allen politischen Versprechen für seine Einlösung keine Mehrheiten, »das Versprechen des Jesus von Nazareth [ist] in der Minderheit und Machtlosigkeit einlösbar« (134).[28]

Eines der wiederkehrenden Themen, die die christliche Verpflichtung zur Politik konkret werden lassen, ist das der Friedenspolitik, des Gewaltverzichts, wie er insbesondere unter Berufung auf die Bergpredigt (Mt 5-7) immer wieder eingeklagt wird. Aus den entsprechenden Passagen geht vielleicht am deutlichsten hervor, daß sich Bichsel über die Realisierung des Rechts und Anspruchs, als Christ ein Anderer zu sein, keine Illusionen macht. Er nimmt die Forderungen der Bergpredigt, der »bekannteste[n] und erfolgloseste[n] Rede dieser Welt« (161), in ihrer verstörenden Radikalität ganz und gar ernst. Zugleich nimmt er, von der eigenen Erfahrung ausgehend, aber auch die menschliche Unfähigkeit ernst, ihre »Vorschläge« (21) auch radikal zu leben. Die entsprechenden Passagen sind daher deutlich von einem selbstkritisch-resignativen Ton bestimmt. »Ich muß einsehen können, daß ich selbst die Neigung zum Unfrieden, zur Ungerechtigkeit, zur Aggression habe – daß es meine Neigung zum Unfrieden ist, die Unfrieden stiftet – und nicht etwa die Neigung des Anderen.« (21) Der Anspruch einer christlichen Differenz läßt nicht nur am Christsein anderer verzweifeln, sondern vor allem auch am eigenen. Die eigene Trägheit und Neigung zum Opportunismus machen es schwer, den »Trotz« des christlichen »Ich bin ein Anderer« konsequent zu leben, gerade dann, wenn »Christ sein in unserer Zeit [...] mit Nein sagen wohl mehr zu tun hat als mit Ja sagen. [...] Ich habe zu oft in meinem Leben nicht nein gesagt. Und mein Mut und mein Trotz ist ein literarischer. Er gelingt mir fast nur auf dem Papier.« (11; 13 f.)

Eine sehr prägnante Darstellung des Dilemmas bietet etwa die Kolumne *Zum Beispiel das mit den Käfern* (1993): Die weihnachtliche Konjunktur der Frage nach Wünschen für das neue Jahr läßt den Autor die Hoffnung formulieren, daß ihn ein Engel von den Käfern in seiner Wohnung befreien möge: »Ich habe genug davon, sie umzubringen. Bei jedem Zerquetschen habe ich ein schlechtes Gewissen.« (75) Das schlechte Gewissen rührt insbesondere auch daher, daß er ihnen, den »Schädlingen«, keinerlei Schädigung nachweisen kann. Der Grund ihrer Tötung ist vielmehr eine diffuse Angst vor ihrer Vermehrung – in Verbindung mit der verinnerlichten Forderung, daß ein ordentlicher Mensch (ein Gleicher) keine Käfer in der Wohnung hat. »Also bringe ich sie um, und ich nehme ihnen das persönlich übel, daß ich sie umbringen muß. Ich hasse sie, weil sie mich schuldig machen. [...] Ich bin kein Rassist, aber sie – die andere Rasse, die Rasse Käfer – beweist mir tagtäglich, daß ich ein Rassist bin.« (Ebd.) Von dieser Erfahrung ausgehend, gelangt er dann auch zu den größeren Hoffnungen: »Wenn sie doch endlich weg wären, die Flüchtlinge, die Drogen!« Denn hier sieht er die identische selbstgefällige Deutung am Werk: »Schuldig sind jene anderen, die uns zu Tätern machen.« (76)

Auch dieses Beispiel zeigt: Bichsels Überlegungen zum Frieden und zur Tugend der Gewaltlosigkeit – sei sie nun ausdrücklich christlich motiviert oder nicht – betreffen immer auch die kollektive Dimension. Auch hier, insbesondere in bezug auf das nationale Kollektiv der Schweiz, dominiert das skeptische Register. Wie er etwa in der Predigt über die siebte Seligpreisung (»Selig sind die Friedfertigen; denn sie werden Gottes Kinder heißen«, Mt 5,9) ausführt, ist das »Land des Friedens« gerne dabei, wenn sich mit Krieg Geld verdienen läßt, und es ist auch dafür gesorgt, daß fragwürdige Formen der Bereicherung im Rahmen der »Anständigkeit« und gesetzlichen Legalität geschehen können. Diese Erscheinungen, insbesondere aber auch die Institution der Schweizer Armee,[29] nimmt Bichsel nun gleichfalls ausdrücklich aus christlicher Perspektive kritisch in den Blick: »Das Reich Gottes ist nicht das Reich der Erfolgreichen. In der ganzen Bibel steht nichts davon, daß man etwas Besonderes werden müsse, daß man Erfolg haben [...], reich werden sollte. Aber die christlichen Gegenden – ausgerechnet die christlichen – haben ausgerechnet das geschafft. Christentum und Reichtum ist zum mindesten geographisch dasselbe geworden. Insofern ist dieses Land Schweiz das christlichste aller Länder – das reichste aller Länder.« (19) Und die wiederum wenig optimistische Schlußfolgerung lautet: »Wollten wir aus unserer Schweiz ein friedliches Land machen, wir müßten von unserem Reichtum abgeben. Wer will das. Ich nicht, und sie alle nicht.« Was bleibt, ist die »himmeltraurige Hoffnung«, »daß der Allerhöchste die Bösen und Undankbaren liebt« (24), also auch die SchweizerInnen.

Wenn Bichsel aus einem Gedicht Dorothee Sölles, das diese im Verlauf ihres Gesprächs zitiert, eine »eigenartige Mischung von Resignation und Hoffnung« (197) heraushört, so ist diese zweifellos auch bezeichnend für viele seiner eigenen Texte. Das Scheitern und die relative Unfähigkeit zum Trotz, der vor allem auf dem Papier gelingt, wird fein registriert und schonungslos eingestanden. Und wie nachhaltig diese Erfahrungen wirken, zeigt sich vielleicht am deutlichsten an der Weise, wie – ungleich seltener – der Hoffnungspol und mit ihm immer auch das Gemeinschaftliche zur Sprache kommt, die Gemeinschaft in und mit der Minderheit. Hier dominiert der Konjunktiv, das schwache »Angenommen, nur angenommen«, das von vollmundigem Optimismus denkbar weit entfernt ist: »Und dann habe ich die kindische Vorstellung, wir wären alle, wir sind alle, und wir alle zusammen schaffen's, und wir alle hier drin sind die Welt.« (Sölle 221) »Angenommen, nur angenommen, wir hier, die wir hier versammelt sind, wären die Gutmeinenden, die Netten oder, um hoch zu greifen, die Gerechten – nur angenommen –, dann wüßten wir zwar, daß wir wenige sind und in der Minderheit. Aber hier unter uns wären wir alle – und mir wäre es wohl, zusammen mit jenen von den Zäunen, unter uns allen.« (39)

## IV. »Ich lese auch fast nur religiöse Schriften.« Religion, gelesen und erzählt

Daß der Begriff der Geschichte (im Sinn von *narratio*, nicht *historia*) und die ihm korrespondierenden Vollzüge des Lesens und Erzählens grundlegend sind für seine Poetik, hat Bichsel in seinen Frankfurter Vorlesungen *Der Leser, das Erzählen* (1982) breit entfaltet. Die Weise, wie er dies tut, trägt durchaus Züge des Bekenntnishaften. Die vier Vorlesungen strotzen geradezu von emphatischen und auch apodiktischen Erklärungen über die fundamentale Bedeutung des Lesens und Erzählens.[30] Wenn Bichsel diese Vollzüge also ebenso in bezug auf das Ausgesagte wie auf den Aussagemodus (das bekenntnishafte Register) mit höchster Bedeutung versieht, so machen verschiedene Texte darüber hinaus ausdrücklich, daß diese Bedeutung auch eine *religiöse* ist. Am deutlichsten wird diese Auffassung bezüglich des Lesens. Bichsel bezeichnet es als eine »semitische Tradition« (Erfindung 11), verortet die kulturelle Praktik also wesentlich im Thora-Studium bzw. in der Zentralstellung der Lektüre der heiligen Schriften in Judentum, Christentum und Islam: »Die Tradition, das Lesen zu lernen, die Schrift zu lernen, um ein guter Jude, ein guter Moslem, ein guter Christ zu werden.« (181) Nun liegt es auf der Hand, daß dem Akt des Lesens im Kontext der klassischerweise »Schrift-« oder »Buchreligionen« genannten Religionen eine basale Bedeutung zukommt.[31] Bichsel hat darüber hinaus aber zumindest die starke Neigung, nicht nur die Lektüre heiliger Schriften, sondern das Lesen *an sich* als religiösen Vollzug wahrzunehmen: »Es gibt diese Restaurants, die ihre täglichen Menüs auf schwarze Tafeln schreiben, meistens an etwas erhöhter Stelle angebracht. Ich habe das immer wieder beobachtet: Die Leute kommen rein, bleiben stehen, erheben ihren Blick und beginnen zu lesen. In Wirklichkeit nur, um ein Menü zu wählen. Aber sie sind dabei, ohne es zu wissen, am Lesen, und ihr Blick zur Tafel gleicht dem Blick der Frommen zum Hochaltar, als würden sie beten oder meditieren. In diesen Restaurants hatte ich immer wieder den Verdacht, daß Lesen an und für sich eine religiöse Handlung sein könnte. Die Gesetzestafeln von Mose – es steht geschrieben. Das Menü steht geschrieben, da oben an der Wand.« (181 f.)[32] Bichsel ist sich bewußt, daß er hier eine brisante Nivellierung vollzieht, eine Nivellierung, die doppelt beschreibbar ist: als Profanierung (Einzug der Differenz von heiligen Schriften und profanem Schriftgut ›gegen unten‹) *und* als Sakralisierung (Einzug der nämlichen Differenz ›gegen oben‹). Daher spricht er, betont vorsichtig, auch nur von einem »Verdacht« und unterscheidet klar zwei Perspektiven: Aus der Sicht der Beteiligten ist das Lesen des Menus ein ganz und gar profaner Akt, nur in jener des Beobachters »gleicht« ihr Blick dem der Frommen zum Hochaltar oder zu den Gesetzestafeln.

Doch bringt Bichsel auch ein Stichwort ins Spiel, welches erlaubt, das zumindest Religionsaffine seiner eigenen Lektürepraxis näher zu bestimmen: die *Unverständlichkeit* des Gelesenen. Da Unverständlichkeit aber eine Erfahrung *in actu* ist, wirkt sie zurück auf die These, daß das Lesen an sich ein religiöser Vollzug sei. Wenn die genannte Perspektivenunterscheidung die These um ihre Radikalität bringt, so wird sie durch den Hinweis auf die Erfahrung der Unverständlichkeit wiederum forciert. In einer der kaum verhohlen autobiographischen Passagen seiner Basler Rede heißt es: »Und er [der lesende ägyptische Feuerwehroffizier, s. u.] erinnerte mich an einen kleinen Jungen in Olten, der sich in der Schule nicht nur in die Lehrerin verliebte, sondern vor allem auch in ihre Buchstaben, und der schon bald alles las, was ihm in die Finger kam, und weil es zu Hause wenige Bücher gab: Meyers Konversationslexikon, Ausgabe 1890, Kochs großes Malerhandbuch und eben eine Bibel, kam halt auch die Bibel dran, das heißt eigentlich die Buchstaben, die da drin waren. Und dann kam der Stolz darauf, daß er die Buchstaben erkannte, daß er sie zusammenfügen konnte zu Wörtern und die Wörter zu Sätzen und die Sätze zu verständlichen und vor allem auch zu unverständlichen Zusammenhängen. Die Unverständlichkeit hatte mit der Heiligkeit zu tun, davon war er überzeugt.« (172 f.). Diese Interpretation der kindlichen Leseerfahrung setzt sich fort in den Lektüren des Erwachsenen, wobei natürlich »sein« Jean Paul als Beispiel herangezogen wird. Und Bichsels Lob des Unverständlichen nimmt dieses *en passant* auch gleich als – gegenwärtig kaum überzeugendes – pädagogisches Instrument in den Blick: »Das Unverständliche zu lieben und zu lesen, das würden jedenfalls die Autoren der Pisa-Studie entsetzt von sich weisen, und ich würde bei ihnen mit meinem unverständlichen ›Titan‹ von Jean Paul durchfallen, auch wenn ich ihn schon mehrmals gelesen habe. Aber eben gelesen an und für sich. Ich saß vor meinem Jean Paul wie Bruder Klaus vor seinen Meditationsbildern, vor seinen Mandalas.« (182)[33] Hier deutet sich eine schwächere Form der genannten Nivellierung an: Die Distanz der Schriftkorpora ist geringer, da die heilige Schrift (hier auch: die heiligen Bilder) nicht auf das maximal profane Geschrieben-Stehen des Menüs bezogen wird, sondern auf die Mittellage kanonischer »schöner Literatur«.

An dieser Stelle muß nachgetragen werden, daß die Basler Rede insgesamt nichts anderes ist als eine Ansammlung von Geschichten vom Lesen und Erzählen, von Geschichtssträngen, die, wenn überhaupt, nur lose miteinander verknüpft werden. Einen zentralen Strang stellt dabei die fingiert autobiographische Erzählung von einer dreißigstündigen Eisenbahnfahrt von Kairo nach Assuan dar, die der Autor gemeinsam mit einem zufällig anwesenden ägyptischen Feuerwehroffizier unternimmt. Auf diese episodisch entwickelte Szene ist eigens hinzuweisen, denn hier wird die Differenz der Lektüre heiliger Schriften[34] und des Lesens an sich in aufschlußreicher Weise eingezogen: als Schilderung des sukzessiven Schwindens der eigenen Vorbehalte gegen diese Nivellierung.

Da beide, Bichsel und der Feuerwehroffizier, Bücher bei sich haben, kommen sie ins Gespräch. Zunächst dominiert jedoch die Differenz. Daß der Ägypter zwar »immer«, jedoch »nur religiöse Bücher« (4) liest, ist für den Erzähler nichts weniger als »schockierend«, »weil für mich richtige Leser Allesleser sind. Einer, der sagt, ich lese, aber nur Bücher über Pferde, meint eigentlich nicht die Geschichte, sondern nur ihren Inhalt.« (Ebd.) Wenn der Strang einige Abschnitte später wieder aufgenommen wird, ist die Zurückhaltung jedoch bereits deutlich geringer. Und dies eben deshalb, weil der Feuerwehroffizier den Erzähler an einen Jungen in Olten erinnert, der sich gleichfalls mit Hingabe der Lektüre – unverständlicher – heiliger Schriften widmete (vgl. 172 f.). Wiederum einige Abschnitte später ist die Distanz durch die geteilte Leidenschaft für das Lesen noch weiter geschwunden: »Ich lächelte, und der Feuerwehroffizier schaute auf und lächelte solidarisch mit – wir waren gemeinsam am Lesen. Gemeinsam beschäftigt mit der semitischen Tradition der Buchstaben. Daß ich mich vielleicht mit meinem Jean Paul auch in einer religiösen Tradition befand, fällt mir erst heute ein. Er lese nur religiöse Bücher, sagte er. Hätte ich sagen sollen: ›Ich auch?‹« (174 f.) Was dann folgt, ist eine Verbeugung des Erzählers vor Luther und seiner Leistung einer sprachbildenden Übersetzung des

Alten und Neuen Testaments ins Deutsche.[35] Und dieser Exkurs ist es, der schließlich, ganz am Ende der Rede, auch die Vorbehalte des Konjunktivs und des »vielleicht« wegwischt: »[D]och, doch, mein lieber Feuerwehroffizier, ich lese auch fast nur religiöse Schriften.« (183)[36]

Deutlich wird auf jeden Fall, daß es nach Bichsels Auffassung eine bestimmte Lektüre*haltung* gibt, die das Lesen landläufig profan genannter Schriften (etwa Jean Pauls) in nächste Nähe zur affirmativen Lektüre sogenannt heiliger Schriften rückt. Und diese Lektürehaltung besteht wesentlich darin, daß sie sich an der Unverständlichkeit des – auch und gerade mehrfach – Gelesenen nicht aufhält, sondern an deren »Größe« (um ein altes Wort zu bemühen) *erbaut*.[37] Diese Erbauung hat, indem sie von einer bleibenden Unverständlichkeit ausgeht, jedoch nichts Harmloses an sich. Erbauliche »Frömmigkeit« ist hier das Gegenteil eines »Fundamentalismus«, der den Text, indem er ihn »ganz« und »richtig« verstanden zu haben meint, als Gegenüber gerade zum Schweigen bringt: »Das Lächeln meines lesenden Feuerwehroffiziers im Schlafwagenabteil – das Lächeln über die Größe des Unverständlichen, ja tiefe Frömmigkeit und nicht etwa Fundamentalismus. Im Fundamentalismus gibt es das Unverständliche nicht mehr. Die Präsidenten verstehen ihren Glauben.« (174)

Wenig erstaunlich gilt Bichsels Interesse innerhalb der biblischen Erzählungen dann insbesondere auch ihren irritierenden Momenten, dem, was innerhalb der Geschichten nicht thematisiert oder an den Rand gedrängt wird – etwa der Figur des Esau, der, kaum hat er Jakob für ein Linsengericht sein Erstgeburtsrecht (und damit sein Erbrecht) verkauft, aus dem Blick gerät (vgl. Gen 25,29-34): »Ab jetzt ist es die Geschichte von Jakob. Ich aber wollte mehr wissen von Esau, und ich habe als kleines Kind meine Sonntagsschullehrerin immer wieder mit Fragen nach Esau genervt. Ich war sicher, daß sie mir etwas verheimlicht. Ich wollte wissen, wie und wer jener ist, der für einen Teller Linsen auf ein ganzes Reich verzichtet. Meine Kollegen damals hatten nicht das geringste Verständnis für Esau. Sie verabscheuten Linsen und verabscheuten Esau. Ich aber liebte sie. Ich liebte Esau, der sich für das Leben, nämlich für die Linsen, und gegen den Erfolg und die Karriere entschieden hatte.« (93) Die Fortsetzung der entsprechenden Kolumne (*Die Linsen meiner Mutter*, 2003) zeigt, daß es sich hier nicht um eine harmlose Anekdote handelt. Die Erinnerung an die kindliche Irritation über die Geschichte hat ihre Pointe in einem unmittelbaren Gegenwartsbezug. Und sein Gewicht liegt gerade darin, daß er lediglich in äußerster Verknappung in den selbstreflexiv-performativen Schlußsätzen aufscheint: »Warum ich das schreibe? Um für einmal zu schweigen über das Grauen dieser Welt. Am Morgen gelingt mir das Schweigen.« (95)

Die Schwierigkeiten beim Verständnis biblischer Texte bieten immer wieder Anlaß, nicht nur diese, sondern durch sie zugleich auch sich selbst besser zu verstehen. Das wäre an verschiedensten Beiträgen Bichsels nachzuvollziehen. In betont selbstkritischer Weise geschieht dies etwa in seiner Auslegung des Gleichnisses vom großen Gastmahl (Lk 14,16-24), wie er sie 2006 im Rahmen einer Bettagspredigt unternommen hat (vgl. 34-39). Es handle sich, so der Autor, um eine »einfache«, mit Blick auf die ›orientalische Gastfreundschaft‹ sogar um eine »selbstverständliche« Geschichte. Doch wird diese Beschreibung sogleich in Frage gestellt, wiederum unter Bezugnahme auf das Motiv der Unverständlichkeit, das hier jedoch noch einmal in anderer Weise verortet wird: »[W]äre sie selbstverständlich, Jesus hätte sie nicht erzählt.« (36) Die Un- oder nur scheinbare Verständlichkeit von Geschichten wird nicht nur als Begleiterscheinung ihrer Rezeption thematisiert, sondern – dieser vorausliegend – als Erzähl*anlaß*.[38] Dessen Klärung (etwa durch Hinweise zum Ort des Gleichnisses innerhalb der Erzählbewegung des Lukas-Evangeliums oder zu dessen Theologie) tritt dann aber in den Hintergrund. Diese Aspekte werden verdrängt durch eine Auslegung, die das Erzählte unmittelbar auf die eigene Erfahrung, das eigene Handeln bezieht – eine Auslegung, die das Gleichnis damit gerade *nicht* als solches wahrnimmt. Von einer bildhaften Darstellung der Dringlichkeit, sich auf das Angebot einer Teilhabe am ›Gastmahl‹ der durch Christus eröffneten Gemeinschaft mit Gott einzulassen, ist nicht die Rede. Die Einladung zum gemeinsamen Essen, und zwar die Einladung der »Armen und Elenden«, wird als genau das verstanden: »Die von den Hecken und Zäunen. Wer würde sie einladen zum großen Gastmahl. Ich wohl nicht. Und Sie? Würden Sie sie einladen. Bitte, ich wäre so froh, wenn *Sie* sie einladen würden. Ich könnte mich auch mit einem kleinen Beitrag an den Kosten beteiligen.« (37) Die Pointe von Bichsels Interpretation liegt also darin, daß er die Gleichnishandlung in die eigene Lebenswelt überträgt und – ausgehend von eigenen Erfahrungen mit der Schwierigkeit der Gastfreundschaft – pessimistisch fortschreibt: »Nicht mehr die Gäste fallen aus, sondern der Gastgeber. Nicht mehr die Gäste stammeln ihre Entschuldigungen, sondern der mögliche Gastgeber. Ich habe die Geschichte endlich verstanden. Es sollte meine Geschichte sein. Aber ich kann nicht, und Sie können auch nicht. Ende – eine nutzlose Geschichte.« (Ebd.)

Die Geschichte, die zunächst eine einfache, selbstverständliche zu sein schien, erweist sich durch die Auslegung als etwas ganz anderes. Da es »meine Geschichte« sein soll, ihre Aneignung im Sinn gelebter Gastfreundschaft aber unmöglich ist, handelt es sich um die Geschichte eines »Wunders«. Und dieses Wunder wird durch den Hinweis auf dessen aufklärerische Entzauberung, wie sie Johann Peter Hebel in seinen *Biblischen Geschichten* (1824) programmatisch betreibt, nicht etwa kleiner.[39] Der Auffassung Hebels, daß Gott die Hände der Menschen für seine Wunder braucht, kann Bichsel voll zustimmen. (So auch an anderer Stelle: »Das Wunder heißt nicht Überwindung der Naturgesetze – das Wunder heißt immer Solidarität.« 166) Und diese Zustimmung wirft nicht nur ein kritisches Licht auf das eigene und gesellschaftliche »Ich kann nicht«, das zum Prinzip der delegierten Gastfreundschaft führt (»Bitte, ich wäre so froh, wenn *Sie* sie einladen würden«); sie bedeutet zugleich eine Absage an die Verschiebung der Erlösung in die Endzeit. Ebendeshalb ist das Gleichnis nach seiner Auffassung auch kein Gleichnis, zumindest keines »für jenes göttliche Gastmahl, das dann irgendwo in irgendeinem Jenseits stattfindet. Aber so lange ich selbst ein Diesseitiger bin, ist mein Gott ein diesseitiger Gott oder keiner.« (38)

V. »... *eine richtige Geschichte, eine Weihnachtsgeschichte«.*
*Von und für Weihnachten erzählen*

Die Ausführungen des letzten Abschnitts müssen schließlich in einer weiteren Hinsicht spezifiziert werden. Aufgrund seiner poetologischen Überzeugungen reagiert Bichsel auch sensibel auf eine andere zentrale Institution christlicher Erzählkultur: das Erzählen von Weihnachtsgeschichten. Das alljährlich wiederkehrende Bedürfnis nach Weihnachtsgeschichten – als Geschichten *par excellence*: »eine richtige Geschichte, eine Weihnachtsgeschichte« (96) – wird dabei als ambivalentes wahrgenommen. »Es haben auch dieses Jahr wieder einige Zeitungen angerufen und gefragt, ob ich ihnen eine Weihnachtsgeschichte schreiben könnte. Noch nie wurde mir eine Ostergeschichte abverlangt, noch nie ein Pfingstgeschichte.« (96 f.) Wenn der Autor selbst eine größere Zahl von Weihnachtsgeschichten vorgelegt hat, so erstaunt es nicht, daß diese hartnäckig auch die Gattung als solche thematisieren – mit der Folge, daß sie weniger Weihnachtsgeschichten sind als Darstellungen eines meist zögerlichen *making of*. Kaum zufällig sind einige dieser Geschichten unter dem weit unverfänglicheren Titel der *Dezembergeschichten* erschienen.[40]

Das ausgeprägte Bedürfnis nach Weihnachtsgeschichten steht jedoch ganz allgemein in eigentümlicher Spannung zur Offenheit dessen, was der Begriff eigentlich bezeichnet. Daß er kaum reserviert werden kann für *die* Weihnachtsgeschichte – »Es begab sich aber zu der Zeit, daß ein Gebot von dem Kaiser Augustus ausging ...« –, welche in Lk 2 überliefert wird, scheint klar. Soll man ihn daher für alle Geschichten verwenden, die den klassischen Stoff in bestimmter Weise adaptieren (seien es nun Bearbeitungen, die am antiken Setting festhalten, seien es aktualisierende Transfigurationen, die ihn in der Gegenwart ansiedeln)? Oder ist vielleicht auch ein Verständnis plausibel, das vom Inhalt des Erzählten gerade absieht, um sich statt dessen an der zeitlichen Spezifik des Erzähl*aktes* zu orientieren: Weihnachtsgeschichten als Geschichten, die bevorzugt in den Weihnachtstagen erzählt werden?

Bichsels Antworten auf diese Fragen sind gleichermaßen von Interesse im Blick auf das weihnachtliche Erzählen wie, wiederum, auf das Erzählen an sich. In der Kolumne *Die heilige Zeit* (2003) wird das Problem etwa ausgehend von einer etwas irritierenden allgemeinen Typologie von Geschichten thematisiert: »Es gibt nur drei Arten von Geschichten: die Geschichten, die Kindergeschichten und die Weihnachtsgeschichten.« (97) Irritierend ist diese Typologie, weil sie ihren Differenzierungsanspruch in Gestalt der konkreten Unterscheidungen klar *ad absurdum* führt: Sie lenkt die Aufmerksamkeit wenigstens so sehr auf den *Akt des Unterscheidens* wie auf *das Unterschiedene*. Wenn diese ›Typologie‹ also zwangsläufig Rückfragen aufwirft,[41] so ist im gegebenen Zusammenhang doch von höherem Interesse, was unmittelbar folgend postuliert wird: »Und von keiner der drei wissen wir so genau, wie sie zu sein haben, wie eben von den

Weihnachtsgeschichten. Sie spielen in der Kälte, im Schnee, im Dunkeln – und sie haben mit jenem Ereignis vor 2000 Jahren in Palästina wenig zu tun.«[42] Man muß sich sehr bemühen, das »wenig« nicht zu überlesen. Bichsel scheint hier ein schwaches Verständnis des Begriffs zu vertreten. Das Weihnachtliche der Geschichte wird nicht exklusiv bestimmt durch die Nähe zu jener einen Weihnachtsgeschichte. Entsprechend heißt es an anderer Stelle: »Weihnachtsgeschichten? Vielleicht ist auch das eine: ...« (109) – worauf eine Anekdote folgt, die gleichfalls ganz ohne Bezug zum Kind in der Krippe, zu Maria und Ochs und Esel auskommt. Während sich die zitierte Typologie als solche selbst aufhebt und das apodiktische »Es gibt nur ...« als bloße Pose der Urteilssicherheit kenntlich wird, zeigt sich hier der vertraute bichselsche Gestus des »Vielleicht«. Er artikuliert die nämliche Fragwürdigkeit strikter Gattungszuschreibungen, nur tut er dies in rhetorisch zurückhaltenderer Weise: Vielleicht ist es eine Weihnachtsgeschichte, vielleicht auch nicht. Und sollte der Leser (dem unterstellt wird, daß er *immer* eine solche hören will) zum Schluß kommen, daß es keine ist, läßt der Autor gleich eine zweite folgen, die aber gleichfalls unter dem Vorbehalt bloßer Potentialität steht: »Oder wäre vielleicht das eine Weihnachtsgeschichte: ...« (110).

Vor diesem Hintergrund muß auffallen, daß Bichsel mit dem Begriff auch andernorts vorsichtig verfährt: Die beiden ›Weihnachtsgeschichten‹ im Band *Zur Stadt Paris* (1993) heißen *24. Dezember* (vgl. 47-50) und *Lesebuchgeschichte* (vgl. 51-53). In beiden Fällen drängt sich der Verdacht auf, daß der Terminus bewußt vermieden wird – sei es, indem die weltliche Bezeichnung des Tages (die ihn durch Einordnung in ein numerisches Schema identifiziert) der geistlich-christlich qualifizierten vorgezogen wird, sei es durch die nicht weniger technische Näherbestimmung der Geschichte in Bezug auf ihren möglichen Publikationsort.

Daß dieser Verdacht in bestimmter Weise berechtigt ist,

mag ein kurzer Blick auf *24. Dezember* andeuten. Denn die
›Weihnachtsvermeidung‹, die sich bereits im Titel andeutet –
oder vorsichtiger: das Sich-schwer-Tun mit ihr –, ist bestimmend für die Geschichte insgesamt. Erzählt wird von einer
Reihe Schweizer Zeitgenossen, die am 24. Dezember jeweils
bestimmten Beschäftigungen nachgehen: Otto und Peter
treffen sich im »Rössli« und trinken Wein; Franz Brunner
nimmt seine Waffen zur Hand und poliert sie; Walter Binswanger greift zur Schuhschachtel mit der Kartei seiner Mieter, um sie zu streicheln; Fritz geht jeweils kurz vor Laden-
schluß ins Einkaufszentrum, um seine Frau doch noch mit
einem Weihnachtsbaum zu überraschen. Die ritualisierten
Weihnachtsaktivitäten werden durch andere, mehr oder weniger kuriose, aber nicht weniger ritualisierte Handlungen
vermieden (oder, im Falle Fritzens, zumindest bis zum letzten Moment aufgeschoben). Die Figuren bemühen sich alle,
mit der Differenz umzugehen, die den 24. Dezember im
christlichen Kontext auszeichnet, und allen gelingt es nur bedingt. Otto und Peter treffen sich dreimal pro Woche im
Rössli, aber »am 24. Dezember ist es etwas anderes« (47).
Sie trinken mehr und sprechen weniger: »Man kann jetzt
nicht über irgend etwas sprechen.« (48)[43]

Die Grundfrage variierend, die den ganzen Band *Zur
Stadt Paris* begleitet – »Ob das eine Geschichte ist?« –, wird
man hier formulieren: »Ob das eine Weihnachtsgeschichte
ist?«[44] Und über Bichsels rhetorisch-zurückhaltendes »Vielleicht« hinausgehend, möchte man nachdrücklich antworten: Ja, sie ist es. Zwar hat auch sie, von der Datierung der
erzählten Ereignisse abgesehen, nichts mit der biblischen
Weihnachtsgeschichte zu tun. Doch ist sie sicher geeignet,
in den Weihnachtstagen gelesen zu werden. Als Leser kann
man sich wohl leicht in einer der Gestalten wiedererkennen,
in ihren mehr oder weniger hilflosen Versuchen, den heiligen
Abend als 24. Dezember irgendwie gelingend zu verbringen. Das könnte tröstlich sein, insbesondere wenn die Lek-

türe keine einsame ist. Weihnachten wäre dann tatsächlich »das Fest des Dazugehörens« (109), als das es Bichsel in der gleichnamigen Kolumne (2007) bestimmt. Daß dieses Dazugehören aber keinesfalls eine institutionalisierte und schon gar nicht eine familiäre Gemeinschaft meint, macht die Geschichte deutlich, die den Abschluß jener Kolumne bildet: die Erzählung von einer zögerlich zustande gekommenen Grüßbekanntschaft mit einem Mann, einem Rosenverkäufer fremder Herkunft, der jeweils den gleichen Bus benutzt wie der Autor. »Ich kenne weder seinen Namen noch seine Geschichte, und er kennt mich auch nicht. Aber wir nehmen uns nun gegenseitig wahr. Er ist jetzt da und ich auch. Wir haben fast nichts Gemeinsames – eigentlich nur diesen Bus. [...] Das ist wenig, sehr wenig. Aber in einer kalten Dezembernacht ist es doch ein kleines Etwas.« (111) – Bichsel sagt es nicht ausdrücklich, doch ist diese Geschichte zweifellos eine Weihnachtsgeschichte. Zumindest ist sie es im von ihm genannten Sinn: Sie spielt in der Kälte, im Dunkeln, und sie hat mit jenem Ereignis vor 2000 Jahren in Palästina wenig zu tun.

## VI. »Die Buchstaben weiterreichen.
### Die Arbeit des Missionars.«

Die Rede, die Peter Bichsel 2004 aus Anlaß der Verleihung des theologischen Ehrendoktors in Basel hielt – *Von der Erfindung der Heiligen Schriften* –, liest sich ein wenig wie eine Summa der Motive, die für sein Nachdenken über Religion an sich und die christliche Religion im besonderen bestimmend sind. Der biographische Hintergrund kommt zur Sprache, die problematische ebenso wie die wünschenswerte Nähe von Religion und Politik und, dominant, auch die fundamentale Bedeutung des Lesens und Erzählens – sei es des Lesens und Erzählens an sich oder desjenigen heiliger Schriften (was in seinem Fall, wie gesehen, nicht nur im Sinn der heiligen Schriften der Weltreligionen zu verstehen ist). Der Autor ist sich dessen durchaus bewußt: »Alles, was ich Ihnen heute erzähle, habe ich bereits mehrmals erzählt [...].« (170) Dieses mehrfache Erzählen betrachtet er gerade als konstitutiv für die Bedeutung, die er ihm zuweist: Erst die Wiederholung mache aus Ereignissen Erzählungen, und auf diese Erzählungen komme es an, weil nur sie ein »aufgefrischte[s] Gedächtnis« darstellten, und das heiße: ein »verbessertes«. »[N]ur die wiedererzählte Geschichte kann eine gute Geschichte sein [...].« (Ebd.)

Liest man Peter Bichsels Texte – die hier versammelten und andere –, wird deutlich, daß die eben verhandelte Frage nach dem, was eine Weihnachtsgeschichte ausmacht, in seiner Wahrnehmung kaum abgelöst werden kann von dem, was Geschichten an sich ausmacht, was das Erzählen für Menschen bedeutet. Der Bedarf an Geschichten tritt an Weihnachten vielleicht etwas deutlicher hervor, im Grunde herrscht er aber permanent. In diesem Sinn wäre das Bedürfnis nach Weihnachtsgeschichten auch kein exklusiv christliches, sondern schlicht ein menschliches. »Weil Erzählen mit dem Vergessen und dem Erinnern zu tun hat, ist es etwas Friedliches. Deshalb wohl gibt es Weihnachtsgeschichten.« (78)

Eingangs wurde darauf hingewiesen, daß Bichsel Missionar werden wollte, daß er – wie es in der Basler Rede heißt – »zu den Heiden gehen [wollte], die leben in Afrika, und ihnen das Evangelium bringen« (171). Bekanntlich ist er nicht Missionar geworden. Warum er Schriftsteller wurde, hat er an anderer Stelle in aller Kürze begründet: »Ich bin Schriftsteller geworden, weil ich ein schlechter Fußballer war [...].«[45] Ein weiterer Grund für seine Berufswahl scheint aber auch in der Rede auf, wenn die lose Verknüpfung der Erzählstränge nicht nur praktiziert, sondern thematisiert wird: »Erzählen, erzählen – irgendetwas erzählen, von Bali und Ägypten und Afrika und Sonntagsschule. Erzähl mir doch etwas, erzähl mir doch etwas. Erzählen ist mitunter ein Ausdruck der Verzweiflung: Wer nicht mehr reden kann, beginnt zu erzählen. Und das Erzählen wird zum Mittel gegen die Verzweiflung.« (173 f.) Damit kommt das Bedürfnis nach Geschichten ausdrücklich auch als eines des Erzählers selbst in den Blick. Nicht nur die Leser drängen auf eine Geschichte, der Erzähler erzählt darüber hinaus – oder auch zuerst – sich selbst. Das Erzählen wird auch zum Mittel gegen seine eigene Verzweiflung. Auch für ihn ist das Erzählen »tröstlich«, »selbst das Erzählen, zum Beispiel, der Passion von Jesus von Nazareth« (175).

Gegen Ende seiner Rede formuliert Bichsel eine einzelne, durch Kursivierung zusätzlich markierte Zeile, die das Missionarsthema wieder aufnimmt: »*Die Buchstaben weitergeben, die Arbeit des Missionars.*« (177) Diese Bestimmung folgt auf eine Geschichte, die sie, so scheint es, begründen soll: Bichsel zitiert den türkischen Revolutionär und Autor Nazim Hikmet (1902-1963), der notierte, daß er nicht auf sein literarisches Werk stolz sei, wohl aber darauf, daß er, der viele Jahre seines Lebens in Gefängnissen verbracht hatte, kein Gefängnis verlassen habe, »ohne daß nicht alle Mitgefangenen lesen konnten. / *Die Buchstaben weitergeben, die Arbeit des Missionars.*« (Ebd.) Entgegen seinem frühen Berufswunsch hat Bichsel nicht das Evangelium von Jesus Christus nach Afrika gebracht. Doch Missionar geworden ist er wohl dennoch, denn auch er hat auf seine Weise die Buchstaben weitergegeben, das Evangelium vom Lesen und Erzählen.

*Andreas Mauz*

# Anmerkungen des Herausgebers

## I. Schaut die Lilien auf dem Felde: Predigten

### Der Herr ist mein Trotz

1 »... das Recht ein Anderer zu werden«: Vgl. Dorothee Sölle, *Das Recht ein anderer zu werden. Theologische Texte*, Stuttgart: Kreuz 1981 (Neuwied: Luchterhand 1971). Vgl. aber auch den entsprechenden Abschnitt im Gespräch Sölles mit Peter Bichsel, in diesem Band S. 192.

2 »schreibt Paulus an die Epheser«: Eph 6,13. – Bichsel zitiert Bibeltexte meist nach der revidierten Luther-Übersetzung von 1984; ist dies – wie hier – nicht der Fall, wird der Wortlaut in den Anmerkungen nachgereicht: »Deshalb ergreift die Waffenrüstung Gottes, damit ihr an dem bösen Tag Widerstand leisten und alles überwinden und das Feld behalten könnt.«

3 »im Namen Gottes des Allmächtigen«: Die Präambel der Schweizerischen Bundesverfassung (Art. 1) beginnt mit der – immer wieder umstrittenen – *invocatio Dei* »Im Namen Gottes des Allmächtigen!«.

4 »Der Herr wird deine Zuversicht sein«: Auch der Luther-Text von 1984 übersetzt neu mit »Zuversicht«; die Übersetzung mit »Trotz« findet sich nur in den älteren Fassungen.

### Selig sind die Friedfertigen

5 »im Namen Gottes des Allmächtigen«: Vgl. Anm. 3.

6 »... das Himmelreich«: Mt 5,10.

7 »... dem biete die andere auch dar«: Lk 6,29. Bichsel zitiert die ›Bergpredigt‹ nach dem Wortlaut des Lukas-Evangeliums, also die Feldpredigt (Lk 6,17-49).

8 »und Bösen«: Lk 6,30-35.

9 »AHV«, »IV«: »Alters- und Hinterlassenenversicherung«, die obligatorische Renten- bzw. »Invalidenversicherung«.

### Schaut die Lilien auf dem Felde

10 »... wie eine von ihnen«: Mt 6,26-28.

11 »... ein Anderer zu werden«: Vgl. Anm. 1.

12 »Peter Lehner«: Peter Lehner (1922-1987), Schweizer Avantgarde-

Literat, Vertreter der »Konkreten Poesie«; wie Bichsel Mitbegründer der linken AutorInnenvereinigung »Gruppe Olten« (1971-2002). Das Zitat in: ders., *ein bisschen miss im kredit*, Steinbach: anabas 1967 (apero-reihe, nr. 17), S. 32.

13 »... Haschen nach Wind«: Pred 1,2.14.

### Ein Mann veranstaltete ein großes Gastmahl

14 »Abstimmungen vom nächsten Wochenende«: Am 24. September 2006 wurde in der Schweiz über das »Bundesgesetz über die Ausländerinnen und Ausländer« und über eine »Änderung des Asylgesetzes« abgestimmt. Beide Entwürfe sahen eine Verschärfung der geltenden Regelungen vor, und beide wurden angenommen.

15 »Sans-Papiers«: »Papierlose«, Bezeichnung von MigrantInnen, deren Aufenthalt in einem (westeuropäischen) Land rechtlich ungeregelt ist. Der illegale Status verbindet sich in vielen Fällen mit prekären Lebensbedingungen. Schätzungen zur Zahl der Papierlosen in der Schweiz bewegen sich gegenwärtig zwischen 100 000 und 300 000. – »Jean Gabin ... als Clochard«: *Jean Gabin* (1904-1976): *Archimède, le clochard* (F 1959, Regie: Gilles Grangier), dt. *Im Kittchen ist kein Zimmer frei.*

16 »Johann Peter Hebel ... Biblische Geschichten«: Vgl. 1. Kön 17,7-16 bzw. Johann Peter Hebel, *Biblische Geschichten* (1824), Nachwort von Iso Camartin, Zürich: Manesse 1992, S. 139-141 (»Elias, der Prophet«). Der Satz »Denn für seine Wunder ...« findet sich bei Hebel so nicht, ist aber ganz in seinem Sinn.

### Aber die Schlange war listiger als alle Tiere

17 »Frauenstimmrecht«: Die Schweiz führte das Frauenstimmrecht offiziell 1971 ein. Im Kanton Appenzell Innerrhoden wurde die Bestimmung allerdings erst 1990 umgesetzt – aufgrund eines Bundesgerichtsentscheids, der das geltende kantonale Recht aufhob.

18 »– das Recht, ein Anderer zu werden«: Vgl. Anm. 1.

19 »... ich gehe jetzt und schließe ihn«: Franz Kafka, *Der Proceß* (1925), hrsg. von Malcolm Pasley, Frankfurt am Main: S. Fischer 1990, S. 292-295.

## III. Das Fest des Dazugehörens: Kolumnen

### Nostradamus

1 »Nostradamus«: Nostradamus (Michel de Nostredame, 1503-1566), provenzalischer Arzt und Apotheker, bis heute bekannter Autor von Prophezeiungen (*Centurien*, 1555/58).

### Dummheit ist Macht

2 »Josef-Geschichte ... aus dem Buch Mose«: Vgl. Gen 37-50, insb. Gen 41,1-36.

3 »Prediger Salomo«: Pred 1,18.

### Die heilige Zeit der Gewalt

4 »Zaffaraya in Bern«: Alternatives Wohn- und Lebensprojekt in Bern, entstanden 1985 im Kontext der Jugendunruhen, bis heute existent.

### Feiertage

5 »Feiern zum Jahre 1991«: Der »Bundesbrief« der Talschaften Uri, Schwyz und Nidwalden von 1291 gilt als Gründungsurkunde der (alten) Eidgenossenschaft. Die Feierlichkeiten zu ihrem 700jährigen Bestehen waren Gegenstand heftiger kulturpolitischer Auseinandersetzungen.

### Erzählen gegen den Tod

6 »der Erste August«: Schweizer Nationalfeiertag.

7 »Alfred A. Häsler«: Alfred A. Häsler, Schweizer Journalist und Schriftsteller (1921-2009), Autor von *Das Boot ist voll. Die Flüchtlingspolitik der Schweiz 1933-1945* (Zürich: Fretz & Wasmuth 1967), einer Studie, die zu intensiven Debatten über die Legitimität der Schweizer Flüchtlingspolitik während des Zweiten Weltkrieges führte (Verfilmung 1981, R: Markus Imhoof).

8 »vom Ausland gezwungen zu erzählen ... versprechen, es zu tun«: Hinweis auf die »Unabhängige Expertenkommission Schweiz – Zweiter Weltkrieg« unter dem Vorsitz des Schweizer Wirtschaftshistorikers Jean-François Bergier. Die »Bergier-Kommission« wurde 1996 vom Schweizer Parlament eingesetzt mit der Aufgabe, die im Rahmen der Diskussion um jüdische Vermögenswerte auf Schweizer Banken heftig debattierten Verflechtungen schweizerischer Industrie-

und Handelsunternehmen mit der nationalsozialistischen Wirtschaft sowie die schweizerische Flüchtlingspolitik zu untersuchen (Schlußbericht der Kommission 2002).

### Probleme, Probleme

9 »Bischof von Chur«: Wolfgang Haas (*1948), 1990-1997 Bischof des Bistums Chur, aufgrund seiner betont konservativen Position auch innerhalb der katholischen Kirche eine umstrittene Gestalt.

10 »Holocaust-Gelder«: Auf Konten von Schweizer Banken lagen – und liegen noch immer – sogenannte »nachrichtenlose Vermögen« von Opfern des nationalsozialistischen Regimes. Aufgrund der Klagen von Angehörigen und Opferverbänden sind insbesondere seit den 1990er Jahren Restitutionsbemühungen im Gang (Einrichtung eines »Holocaust-Fonds«).

### Ein außerordentlich flugtüchtiger Engel

11 »stellen das Änneli ins ›Plateau‹ ... Bilder, die ihm nicht gefallen hätten«: Hinweis auf die Kunst- und Kulturzeitschrift *Das Plateau*, in welcher der Text erstmals erschien.

### Vor dem Haus steht ein Baum

12 Hemingway-Zitat: Freie Übersetzung eines Abschnitts von Hemingways Brief an Anderson vom 7. September 1926. Vgl. Ernest Hemingway, *Selected Letters 1917-1961*, hg. v. Carlos Baker, London: Granada 1981, S. 218 f.

### Die Linsen meiner Mutter

13 »Linsengericht«: Vgl. Gen 25,29-34.

### Etwas weihnächtliche Nostalgie

14 »Rauchverbot«: Seit dem 11. Dezember 2005 darf in den öffentlichen Verkehrsmitteln der Schweiz nicht mehr geraucht werden.

### Von der Macht und der Weisheit

15 Walser-Zitat »... zu wenig langsam sind«: Robert Walser, *Sätze* (1927), in: ders., Es war einmal. Prosa aus der Berner Zeit (1927-1928) (= Sämtliche Werke in Einzelausgaben, hg. v. Jochen Greven, Bd. 19), Frankfurt am Main: Suhrkamp 1986, S. 232.

16 »Schmutzli« (142): Begleiter des Heiligen Nikolaus, Schweizer Pendant des Knecht Ruprecht.

## IV. Wie christlich sind die Christen?: Essays und Reden

### Christentum und Politik

1 »Amsterdamer Weltkirchenkonferenz«: 1948 trafen sich in Amsterdam VertreterInnen verschiedenster christlicher Konfessionen. Im Rahmen der Konferenz wurde der »Ökumenische Rat der Kirchen« (ÖRK) gegründet, der seither als zentrales Organ der christlichen Ökumene fungiert.

2 »... und er ist jetzt schon in der Welt.«: 1. Joh 4,3.

3 »... und werden viele verführen.«: Mt 24,5.

4 »... ist gegen mich.«: Mt 12,30.

5 »McCarthy«: Joseph McCarthy (1908-1957), streng katholischer republikanischer Senator, Protagonist des US-amerikanischen Antikommunismus, der insbesondere der Bekämpfung einer kommunistischen Unterwanderung der Administration galt (»McCarthy-Ära«).

6 »Sabbatgesetze«: Vgl. u. a. Mt 12,1-14.

7 »... nicht von dieser Welt.«: Joh 18,36.

8 »Seligpreisungen in der Bergpredigt«: Vgl. Mt 5,3-11.

9 »... und Gott, was Gottes ist.«: Mt 22,21.

10 »... Untertan der Obrigkeit«: Rom 13,1.

11 »Einsatz für die Ehebrecherin«: Vgl. Joh 8,3-11.

12 »... wie dich selbst.«: Vgl. u. a. Mt 5,43; 19,19; Röm 13,9; Gal 5,14 – jeweils basierend auf Lev 19,18.

13 »Buber ... Volksgenossen«: In der Neuausgabe von Bubers Übersetzung der Thora (1954) wird der betreffende Begriff in Lev 19,18 mit »Genosse« übersetzt. Vgl. *Die Schrift*, verdeutscht von Martin Buber, gemeinsam mit Franz Rosenzweig, Bd. I (*Die Bücher der Weisung*) Heidelberg: Schneider 1985-87 (revidierte Fassung, EA 1926-1938), S. 326.

14 »Macht euch die Erde untertan«: Gen 1,28.

15 »... wohl eine unfromme Religion sei.«: Bichsel verbrachte im Frühling 1978 einige Wochen in Bali.

16 »Brüdergemeinde ... Blaues Kreuz«: Die »Brüdergemeinde« – oder auch »Herrnhuter Brüdergemeine« [sic] – ist eine evangelische Glaubensbewegung, die auf den Pietismus und die böhmische Reformation zurückgeht. Ihr Gründer ist der lutherische Theologe Nikolaus Ludwig Graf von Zinzendorf (1700-1760). – Das »Blaue Kreuz« ist eine 1877 von den beiden Pfarrern Louis Lucien Rochat (Genf, 1849-1917) und Arnold Bovet (Bern, 1843-1903) gegründete Vereinigung zur Bekämpfung des Alkoholmißbrauchs auf der Grundlage des christlichen Glaubens.

17 »Hoffnungsbund«: 1885 gegründete Jugendorganisation des Blauen Kreuzes. Vgl. Anm. 16.

18 »der tempelreinigende Jesus«: Vgl. Mt 21,12-13.

19 »Losungen ... Bibellesebund ... Ländlischwestern«: Die Losungen sind eine Sammlung kurzer Bibeltexte für die tägliche Lektüre; als Institution gehen sie zurück auf den herrnhutischen Pietismus (»Herrnhuter Losungen«). – Der »Bibellesebund« ist ein 1867 in England gegründetes und heute international tätiges evangelisches Missionswerk (»Scripture Union«). – Die Ländlischwestern sind eine Schwesterngemeinschaft innerhalb der evangelischen Kirche der Schweiz.

20 »Karl Barth«: Karl Barth, Schweizer Theologe (1886-1968), als maßgebliche Gestalt der sogenannten »Dialektischen Theologie« einer der bedeutendsten evangelischen Theologen des 20. Jahrhunderts. Barths Fragment gebliebenes Hauptwerk ist die dreizehnbändige *Kirchliche Dogmatik* (Zürich: Evangelischer Verlag/TVZ, 1948-1991).

## Wie christlich sind die Christen?

21 »Zürcher Jugendbewegung«: Insbesondere zwischen 1980-82 gab es in Zürich – wie auch in anderen Schweizer Städten – eine breite Jugendbewegung. Im Zentrum der Zürcher Ereignisse standen u. a. die Forderung nach einem Autonomen Jugendzentrum (AJZ) und der Protest gegen einen im Vergleich dazu als unverhältnismäßig empfundenen Großkredit zur Finanzierung des Opernhauses (»Opernhauskrawall«).

22 »Roda Roda«: Alexander Roda Roda (i. e. Sándor Friedrich Rosen-

feld, 1872-1945), österreichischer Schriftsteller und Publizist. Zitat leider nicht nachweisbar.

23 »Auseinandersetzung zwischen Vatikan und Küng«: Der Schweizer Theologe Hans Küng (*1928) gilt als einer der profiliertesten Kritiker der Katholischen Kirche. Insbesondere aufgrund seiner Äußerungen zum Dogma der päpstlichen Unfehlbarkeit wurde ihm 1979 die kirchliche Lehrerlaubnis entzogen.

24 »Lech Walesa«: Lech Wałęsa (*1943), polnischer Streikführer und Politiker, 1980 bis 1990 Vorsitzender der reformerischen Gewerkschaft »Solidarność«, die den politischen Wandel im kommunistischen Polen entscheidend mitbestimmte. 1983 Friedensnobelpreis, 1990 bis 1995 Staatspräsident Polens.

25 »zehn Gebote«: Vgl. Ex 20; Dt 5.

26 »Ehebrecherin«: Vgl. Joh 8,3-11.

27 »Tempelreinigung … hinwegsetzen«: Vgl. Mt 21,12 f.

28 »palästinensisches Kommando … Flugblätter – Wilhelm Tell bezogen«: Am 18. Februar 1969 nahmen vier Angehörige der »Popular Front for the Liberation of Palestine« (PFLP) auf dem Flughafen Zürich-Kloten eine startende Boeing 720 der israelischen Airline »El Al« unter Beschuß. Die überwältigten Attentäter führten Postkarten und Flugblätter mit dem folgenden Text mit sich: »Die palästinensischen Araber bitten das Schweizer Volk im Namen des Führers ihres nationalen Widerstands, Wilhelm Tell, um Verständnis für die heutigen Ereignisse und um Verzeihung für jeglichen Schaden oder gar Verlust von Schweizer Menschenleben.«

29 »Schaut die Lilien …« Mt 6,28.

30 »Bebel … Lassalle«: Ferdinand August Bebel (1840-1913), Ferdinand Lassalle (1825-1864), Gründergestalten der deutschen Arbeiterbewegung.

### Der abwesende Krieg

31 »Frieden auf Erden und den Menschen ein Wohlgefallen« (160): Lk 2,14.

32 »Gegner von Kaiseraugst«: Die Ortschaft Kaiseraugst im Schweizer Kanton Aargau war seit den 1960er Jahren als Standort eines Kernkraftwerks im Gespräch. Aufgrund des Widerstands von UmweltaktivistInnen und der Bevölkerung (Besetzung des Baugeländes 1975) wurde das Projekt nicht realisiert und 1988 ganz fallengelassen.

33 »Gegner der Startbahn«: 1984 in Betrieb genommene Startbahn des Flughafens Frankfurt am Main, deren Planung und Bau von massiven Protesten von UmweltaktivistInnen begleitet war.

### Wieviel Sicherheit braucht der Mensch?

34 »Abschaffung der Armee«: Der Vortrag fand während der Debatte um die Abschaffung der Schweizer Armee statt. Im November 1989 erlangte die Volksabstimmungs-Initiative »Für eine Schweiz ohne Armee und für eine umfassende Friedenspolitik« der »Gruppe Schweiz ohne Armee« (GSoA) den Achtungserfolg von 35,6% Ja-Stimmen.

35 »AHV-Beiträge«: Vgl. I, Anm. 9.

36 »... die Lilien auf dem Felde«: Mt 6,26.28. Wortlaut nach der Luther-Übersetzung 1984: »Seht die Vögel unter dem Himmel an: sie säen nicht, sie ernten nicht, sie sammeln nicht in die Scheunen [...]. [...] Und warum sorgt ihr euch um die Kleidung? Schaut die Lilien auf dem Feld an, wie sie wachsen: sie arbeiten nicht, auch spinnen sie nicht.«

37 »Bergpredigt ... Seligpreisungen«: Bergpredigt vgl. Mt 5-7; Seligpreisungen vgl. Mt 5,3-12.

38 »dass wenn dir jemand ... fordere es nicht zurück«: Lk 6,29-30. Bichsel zitiert die ›Bergpredigt‹ nach dem Wortlaut des Lukas-Evangeliums, also die Feldpredigt (Lk 6,17-40). Wortlaut nach der Luther-Übersetzung 1984: »Und wer dich auf die eine Backe schlägt, dem biete die andere auch dar, und wer dir den Mantel nimmt, dem verweigere auch den Rock nicht. Wer dich bittet, dem gib; und wer dir das Deine nimmt, von dem fordere es nicht zurück.«

39 »... liebt die Bösen«: Lk 6,35. Wortlaut nach der Luther-Übersetzung 1984: »[D]enn er [der Allerhöchste] ist gütig gegen die Undankbaren und Bösen.«

40 »Johann Peter Hebel ... Biblische Geschichten ... wunderbar die Seinigen retten.«: Vgl. 1. Kön 17,7-16 bzw. Johann Peter Hebel, *Biblische Geschichten* (1824), Nachwort von Iso Camartin, Zürich: Manesse 1992, S. 139-141 (»Elias, der Prophet«), S. 140 f. Wortlaut nach dieser Ausgabe: »Es ist wohl zu glauben, daß es gute Menschen aus der Nachbarschaft waren, welche der armen Frau täglich so viel zum Unterhalt des Propheten zutrugen [...]. Wiewohl Gott kann auch wunderbar die Seinigen retten [...].«

41 »Buch über den Prinzen Rama«: Das Ramayana ist eine heilige
Schrift des Hinduismus und – neben dem Mahabharata – das zweite
indische Nationalepos. Die bekannteste Gestalt des sieben Bücher
umfassenden Epos dürfte aus dem 2. Jahrhundert stammen.

42 »Ramayana«: Vgl. Anm. 41.

43 »Haussas«: Volksgruppe, die in Nord-, West- und Zentralafrika lebt,
insbesondere im Norden Nigerias.

44 »Blaues Kreuz«: Vgl. IV, Anm. 58.

45 »August Bebel … Kolpingverein«: Vgl. August Bebel (1840-1913),
*Aus meinem Leben* (1910), Ausgewählte Reden und Schriften, Bd. 6,
bearbeitet von Ursula Herrmann et al., München: Saur 1995, S. 26-
28. – »Kolpingverein«: 1848 von Johann Georg Breuer in Köln
gegründeter Gesellenverein, benannt nach dessen zweitem Präses
Adolph Kolping (1813-1865). Das »Kolpingwerk« gehört heute zu
den größten international tätigen katholischen Sozialverbänden.

46 »Nazim Hikmet«: Nazim Hikmet (1902-1963) gilt als Begründer
der modernen türkischen Lyrik. Als Kommunist wurde er jahrelang
mit einem Schreibverbot belegt und immer wieder inhaftiert. Bichsel hat auch durch Nachworte zu Übersetzungen seiner Werke auf
Hikmet aufmerksam gemacht. Vgl. u. a. Nazim Hikmet, *Die Roman-
tiker*, mit einem Nachwort von Peter Bichsel, Frankfurt am Main:
Suhrkamp 2008.

47 »Paulo Freire – war der Brunnen gegraben«: Vgl. die Hinweise Ivan
Illichs in: ders., *Plädoyer für die Abschaffung der Schule*, in: Kursbuch
24 (Schule, Schulung, Unterricht), Juni 1971, S. 1-16, S. 13.

48 »Illich«: Hinweis auf die reformpädagogischen Beiträge des öster-
reichisch-amerikanischen Autors, Philosophen und Theologen Ivan
Illich (1926-2002); vgl. Anm. 47.

49 »Das Recht, ein Anderer zu werden«: Vgl. I, Anm. 1.

50 »Schulmeisterlein Wutz«: Vgl. Jean Paul, *Leben des vergnugten Schulmeisterlein Maria Wutz in Auenthal. Eine Art Idylle* (1793), in: ders.,
Sämtliche Werke, hg. v. Norbert Miller, Abt. I, 1. Bd., München:
Hanser ⁵1989, S. 422-462, S. 446 ff. Vgl. auch Bichsels Nachwort in
der Insel-Ausgabe des Textes: Jean Paul, *Leben des vergnügten Schulmeisterlein Maria Wutz. Eine Art Idylle*, mit einem Nachwort von
Peter Bichsel, Frankfurt am Main: Insel 1995.

51 »Am Anfang war das Wort«: Joh 1,1.

52  Gesetzestafeln des Mose: Vgl. Ex 24-34.

53  »Bologna und Pisa«: Hinweis auf die »Bologna-Reform«, das 1999 von den europäischen Bildungsministern in Bologna unterzeichnete Abkommen zur Schaffung eines einheitlichen europäischen Hochschulwesens bis zum Jahr 2010, bzw. Hinweis auf die PISA-Studien, die Schulleistungsuntersuchungen (Programme for International Student Assessment), welche die Organisation für wirtschaftliche Zusammenarbeit und Entwicklung (OECD) seit dem Jahr 2000 in dreijährigem Turnus durchführt.

54  »Bruder Klaus ... vor seinen Mandalas.«: Der Schweizer Einsiedler und Mystiker Niklaus von Flüe (1417-1487) soll der Überlieferung nach ein Meditationsbild besessen haben, das die zentralen Ereignisse der Heilsgeschichte vergegenwärtigte (»Bruder-Klaus-Meditationsbild«). Auf jeden Fall wird das Bild, dessen Original sich in räumlicher Nähe zur Einsiedelei des Heiligen befindet – in der Pfarrkirche von Sachseln (Kanton Obwalden) –, auch in dessen geistige Nähe gerückt.

55  »Chassiden«: Strömung innerhalb des orthodoxen Ostjudentums, die sich durch eine mystische Frömmigkeit auszeichnet (»chassid« = fromm). Durch Martin Bubers Sammlung der *Erzählungen der Chassidim* (Zürich: Manesse 1949) wurde ihre reiche mündliche Erzähltradition einer breiteren Öffentlichkeit zugänglich.

56  »... kein Bildnis machen«: Ex 20,4; Dt 5,8.

### Man muß sie gesehen haben

57  »jüdisches Bilderverbot«: Vgl. IV, Anm. 56.

58  »Globuskrawalle«: Im Zuge der europaweiten Jugendunruhen kam es am 29. Juni 1968 auch in Zürich zu einer massiven Konfrontation zwischen Jugendlichen und der Polizei. Der konkrete Anlaß für den Zusammenstoß bildete der Entscheid des Stadtrats, ein leerstehendes provisorisches Gebäude des Kaufhauses Globus nicht für ein autonomes Jugendzentrum zur Verfügung zu stellen, sondern anderweitig zu vermieten.

## V. Das Recht, ein Anderer zu werden.
## Dorothee Sölle und Peter Bichsel im Gespräch

1 Zitat Bichsel: Peter Bichsel, *Predigt für die andern. Eine Rede für Fernsehprediger*, in: ders.: Möchten Sie Mozart gewesen sein?, Stuttgart: Radius ²2006 (Zürich: TVZ 1990), S. 39-58, S. 49 f.

2 Sölle-Gedicht »... gegen den krieg«: Dorothee Sölle, *verrückt nach licht. gedichte*, Berlin: Fietkau 1984, S. 66 f.

3 »Bekennende Kirche«: Im Zuge der Machtergreifung der Nationalsozialisten (1933) waren auch die Kirchen von einer Gleichschaltung bedroht. Innerhalb der evangelischen Kirche bildete sich die Oppositionsbewegung der »Bekennenden Kirche« (BK, 1934). Sie verfügte im »Kirchenkampf« – in der Abgrenzung gegen die regimetreuen »Deutschen Christen« – über eigene Ausbildungs- und Verwaltungsstrukturen. Das theologische Fundament der BK bildete die im Wesentlichen vom Schweizer Theologen Karl Barth (1886-1968) formulierte »Barmer Theologische Erklärung« vom Mai 1934. Prominente Mitglieder der BK waren Martin Niemöller (1892-1984) und Dietrich Bonhoeffer (1906-1945).

4 »... setzt der Staat diesen christlichen Glauben ein.«: Die Verweigerung der allgemeinen Dienstpflicht (Art. 18 der Schweizerischen Bundesverfassung) wurde bis in die 1980er Jahre mit Gefängnisstrafen geahndet. Eine religiöse Begründung der Dienstverweigerung führte meist zu einer Senkung des Strafmaßes. Die Einführung eines zivilen Ersatzdienstes aus religiösen und Gewissensgründen erfolgte erst 1995.

5 »Nicaragua ... Contra«: Der »Contra-Krieg« zwischen 1981-1990 war ein Guerilla-Krieg zum Sturz der sandinistischen Links-Regierung Nicaraguas. Paramilitärische Contra-Gruppen führten mit US-amerikanischer Unterstützung Anschläge gegen die Infrastruktur des Landes aus und töteten Tausende von Zivilisten.

6 »die Abschaffung der Armee«: Vgl. IV, Anm. 34.

7 »Trachtet am ehesten ...«: Mt 6,33.

8 »Kreditanstalt ... Geldwäscherei«: Die Schweizerische Kreditanstalt (heute: Credit Suisse) war im Zuge von Ermittlungen zur »Libanon-Connection« wegen des Vorwurfs der Geldwäsche in die Schlagzeilen geraten. Zum Zeitpunkt des Gesprächs bemühte sie sich durch großformatige Zeitungsinserate, welche die »mißbräuchliche

Nutzung« der Kapitalmärkte durch den Drogenhandel verurteilten, um eine Begrenzung des Imageschadens.

9 »Warum wollt ihr sterben«: Ez 33,11.

10 »Eher kommt ein Kamel ...«: Mt 19,24. Wortlaut nach der Luther-Übersetzung von 1984: »Es ist leichter, daß ein Kamel durch ein Nadelöhr gehe, als daß ein Reicher ins Reich Gottes komme.«

11 »Rushdie ... Satanische Verse«: Aufgrund der Publikation des Romans *The Satanic Verses* (1988) wurde der indisch-britische Schriftsteller Salman Rushdie (*1947) durch den iranischen Staatschef Ruhollah Chomeini (1902-1989) mit einer »Fatwa« belegt: Das Werk wurde als Gotteslästerung betrachtet, sein Autor zum Tod verurteilt und ein hohes Kopfgeld auf ihn ausgesetzt. Rushdie lebte jahrelang unter Polizeischutz an unbekannten Orten. Die Verurteilung ist bis heute in Kraft, obwohl ihr die Mitgliedstaaten der »Organisation der Islamischen Konferenz« mit Ausnahme des Iran bereits im März 1989 widersprochen haben.

12 »Der Schoß ist fruchtbar noch, aus dem das kroch!« Bertolt Brecht, *Der unaufhaltsame Aufstieg des Arturo Ui* (1958), in: ders., Gesammelte Werke, hg. vom Suhrkamp Verlag in Zusammenarbeit mit Elisabeth Hauptmann, Bd. 4 (= Stücke 4), Frankfurt am Main: Suhrkamp 1967, S. 1835 (Schlußvers des Epilogs).

13 »Edward Teller«: Edward Teller (1908-2003), ungarisch-amerikanischer Physiker, gilt als »Vater der Wasserstoffbombe«. Der konsequente Befürworter von Nuklearwaffen machte sich in den 1980er Jahren einen Namen durch sein Eintreten für Ronald Reagans »Strategic Defense Initiative«, ein Programm zur laser- und satellitengestützten Verteidigung der USA gegen sowjetische Interkontinentalraketen.

14 »Hoffnung des, das man siehet, ist keine Hoffnung«: Rom 8,24. Wortlaut nach der Luther-Übersetzung 1984: »Die Hoffnung aber, die man sieht, ist nicht Hoffnung.«

15 »Ernst Bloch ... Prinzip Hoffnung«: Ernst Bloch (1885-1977) deutscher Philosoph, Verfasser von *Das Prinzip Hoffnung* (1938-1947 entstanden im US-amerikanischen Exil, 1954-59 in drei Bänden erschienen im Ostberliner Aufbau-Verlag). Blochs Hauptwerk entfaltet in essayistischer Sprache einen umfassenden neomarxistischen Entwurf »konkreter Utopie«.

16 »Zeit des Aufbruchs ... Johannes XXIII.«: 1962 bis 1965 fand in Rom das Zweite Vatikanische Konzil (Vatikanum II) statt. Es wurde von

Papst Johannes XXIII. einberufen mit dem Ziel, die Lehre und Organisation der römisch- katholischen Kirche im Blick auf die Forderungen der Gegenwart zu überprüfen. Das Reformprogramm eines »aggiornamento« (Heutigwerden) betraf unter anderem auch die Frage der christlichen Ökumene und der Liturgie.

## Nachwort

1 Für umfassende Einführungen vgl.: Hans Bänziger, *Peter Bichsel – Weg und Werk*, Bern: Benteli ²1998; Herbert Hoven (Hg.), *In Olten umsteigen. Über Peter Bichsel*, Frankfurt am Main: Suhrkamp 2000; Chalit Durongphan, *Poetik und Praxis des Erzählens bei Peter Bichsel*, Würzburg: Königshausen & Neumann 2005 (Epistemata; Reihe Literaturwissenschaft, Bd. 544). Für ein prägnantes Selbstporträt des Autors als 68er-Sympathisant: Peter Bichsel, *Ich habe mich in Mehrheiten nie wohl gefühlt*, in: Heinz Nigg (Hg.), Wir sind wenige, aber wir sind alle. Biografien aus der 68er-Generation in der Schweiz, Zürich: Limmat 2008, S. 44-55.

2 Georg Pfleiderer, *Das Sakrament der kleinen Dinge*, in: Reformierte Presse, Nr. 50, 10. Dezember 2004, S. 7-9.

3 Peter Bichsel, *Der Leser. Das Erzählen. Frankfurter Poetik-Vorlesungen*, Frankfurt am Main: Suhrkamp 1997 (Darmstadt: Luchterhand 1982), S. 94.

4 Pfleiderer, *Sakrament*, S. 9. – Der Hinweis auf die »Verschwörung der Leser« gilt Bichsels Kolumne *Anton und die Verschwörung der Leser* (2004), in: Peter Bichsel, Kolumnen, Kolumnen, Frankfurt am Main: Suhrkamp 2005, S. 779-781.

5 Pfleiderer, *Sakrament*, S. 9.

6 Vgl. Peter Bichsel, *Bernhard Blumes Gläser* (2004), in: Kolumnen, Kolumnen, S. 774-776.

7 Pfleiderer, *Sakrament*, S. 8.

8 Ebd., S. 9.

9 Die Unterscheidung Kolumne vs. Essay ist von den betreffenden Texten ausgehend kaum eindeutig. Die Zuordnung zu den Kolumnen orientiert sich daher am schlichten äußerlichen Kriterium, ob der betreffende Beitrag Eingang fand in die Ausgaben der Kolumnen oder nicht.

10 Da es sich um gewichtige Beiträge handelt, sind sie hier wenigstens knapp zu skizzieren: *Predigt für die anderen* (1986) ist, so der Untertitel, »eine Rede für Fernsehprediger«. Bichsel war um einen Beitrag gebeten worden zur Verabschiedung bisheriger und zur Einsetzung neuer »Wort zum Sonntag«-SprecherInnen des Schweizer Fernsehens DRS. Sein Plädoyer, möglichst nicht das zu sagen, was man erwartet – eben: für die Anderen zu predigen – führte zu einer heftigen Debatte. Bichsel und die Verantwortlichen des Schweizer Fernsehens wurden in Leserbriefen angefeindet, wobei der Wortlaut des Beitrags auch falsch zitiert wurde usf. Die Rede erreichte selbst, was sie den SprecherInnen als Programm mitgeben wollte: den Konsens in Frage zu stellen. (Einblick in die Debatte bietet das *Kirchenblatt für die reformierte Schweiz*, Nr. 10, 15. Mai 1986, S. 155-159.) – Der zweite Text *Möchten Sie Mozart gewesen sein?* (1990) ist eine »Meditation« zu Mozarts Credo-Messe (KV 257), die im Rahmen einer Aufführung in der Kirche St. Laurenzen in St. Gallen vorgetragen wurde. Bichsel hört Mozarts Interpretation des klassischen Textes auf ihre Zwischentöne ab und orientiert seinen Kommentar, von der titelgebenden Leitfrage ausgehend, am fragilen Verhältnis von Erfolg und Erfolglosigkeit, an der Ambivalenz vermeintlicher Karrieren, und dies immer auch im Blick auf die erfolglos-erfolgreiche Gestalt, auf die sich das Christentum beruft. – Beide Texte wurden vor kurzem in einem Band neu aufgelegt: Peter Bichsel, *Möchten Sie Mozart gewesen sein?*, Stuttgart: Radius ²2006 (Zürich: TVZ 1990).

11 Im Umfeld der Verleihung des Ehrendoktorats etwa: *»Glaube ist etwas Diesseitiges«. Peter Bichsel über seinen Glauben, die Kirche und den Tod* (Gespräch mit Wolf Südbeck-Baur), in: Bündner Kirchenbote, Nr. 3, März 2005, S. 4-5.

12 Zu denken ist hier an verschiedene kürzere Texte zur Friedensthematik, an einige der »Zytlupe«- Beiträge Bichsels, die in den 1980er und 1990er Jahren im Schweizer Radio DRS gesendet wurden (u. a. zur Sektenthematik und zu Nekrologen) oder an seine Rede zur Gründung der »Arbeitsgemeinschaft zur Förderung des mehrsprachigen Unterrichts in der Schweiz«, die u. a. das Problem der Bibelübersetzung berührt: *Es gibt nur Eine Sprache*, in: Praxis Deutsch, 144, 1997, S. 4-9. Schließlich ist die Thematik auch im Fußnotenroman *Cherubin Hammer und Cherubin Hammer* (Frankfurt am Main: Suhrkamp 1999) gegenwärtig, doch lassen sich die entspre-

chenden Passagen kaum sinnvoll aus dem Ganzen des Textes heraus-
lösen.

13 Bedauerlich ist insbesondere der Verlust eines frühen Roman-Pro-
jekts über Friedrich Christoph Oetinger (1702-1782), den Theologen und Exponenten des Württembergischen Pietismus (mündliche Mitteilung Peter Bichsel). Nicht erhalten ist ferner eine 1971
in St. Gerold (Voralberg) gehaltene Predigt (vgl. den entsprechenden
Hinweis in der Bibliographie Bänzigers: *Bichsel*, S. 144), und nur als
Fragment erhielt sich die Palmsonntag-Predigt, die Bichsel im April
1995 in Kassel vortrug (Archiv Bichsel, Schweizerisches Literaturarchiv Bern).

14 Vgl. etwa Volker Drehsen et al. (Hg.), *Kompendium Religionstheorie*,
Göttingen: Vandenhoeck & Ruprecht 2005 (UTB 2705); Ernst Feil
(Hg.), *Streitfall ›Religion‹. Diskussionen zur Bestimmung und Abgrenzung des Religionsbegriffs*, Münster: Lit 2000 (Studien zur systematischen Theologie und Ethik, Bd. 21).

15 Vgl. Bichsel, *Kolumnen, Kolumnen*, S. 791-823.

16 Seitenangaben im Haupttext beziehen sich auf die vorliegende Ausgabe. – Zur »Brüdergemeinde«, zum »Blauen Kreuz« etc. vergleiche
die Anmerkungen zum Text *Abschied von einer geliebten Kirche*
(S. 124-137 bzw. 260). Es handelt sich um die ausführlichste Auskunft
über Bichsels religiöse Biographie. Die Ausführungen dieses Abschnitts beruhen im wesentlichen auf diesem Text.

17 Einführend zur Geschichte dieses Amtes: Peter Aerne, *Religiöse
Sozialisten, Jungreformierte und Feldprediger: Konfrontationen im
Schweizer Protestantismus 1920-1950*, Zürich: Chronos 2006, S. 224-
226.

18 Vgl. auch: *Wie christlich sind die Christen?*, in diesem Band, S. 137-
146, S. 141 f.).

19 Vgl. Dorothee Sölle, *Das Recht ein anderer zu werden. Theologische
Texte*, Stuttgart: Kreuz 1981 (Neuwied: Luchterhand 1971). Zu
Sölles jüdisch geprägtem Verständnis der Formel, vgl. die entspre-
chenden Abschnitte des Gesprächs in diesem Band, S. 189-223,
S. 192.

20 Bichsel verwendet den Begriff konsequent im Singular und damit in
einer Weise, die üblicherweise ein betont theologisches Verständnis
anzeigt: Kirche im Sinn der einen auch heilsgeschichtlich qualifizierten Gemeinschaft der Christinnen und Christen. Ließe sich Bichsels

Beobachtung sicher auch in dieser Hinsicht entfalten, so scheint sie dennoch in erster Linie den Kirch*en* im Sinn konkreter christlicher Gemeinschaften zu gelten, die sich *als solche* mehr oder weniger stark, doch nie gänzlich, von jenem Jesus/Christus entfernen können, an dem Bichsel besonders liegt. Denn es fällt noch eine zweite Unschärfe auf: Die theologisch fundamentale Unterscheidung zwischen der *historischen Gestalt Jesus von Nazareth* und ihrer spezifisch *religiösen Interpretation als Jesus Christus*, d. h. als die (ihrerseits in bestimmter Weise verstandene) endzeitliche Erfüllung der jüdischen Messiaserwartung, ist für Bichsel nicht von Bedeutung.

21 Man vergleiche auch die Bali-Anekdote in *Der Leser. Das Erzählen*, S. 14-16.

22 Vgl. u. a. Mt 5,43; 19,19; Röm 13,9; Gal 5,14 – jeweils basierend auf Lev 19,18. An anderer Stelle operiert Bichsel auch mit der Opposition der »biblischen« und der »Gesetze der Gesellschaft« (in diesem Band, S. 119).

23 Bibelzitate grundsätzlich nach dem Wortlaut der revidierten Luther-Übersetzung von 1984.

24 Andere Übersetzungen, die stärker das Fürsorgemoment betonen, scheinen auch philologisch gut begründbar.

25 Bichsel betont überdies den unmittelbaren biographischen Zusammenhang: »In meiner politischen Arbeit innerhalb der Sozialdemokratischen Partei bin ich eindeutig motiviert von meiner pietistischen Herkunft.« S. 134.

26 Auch hier steht, nicht expliziert, die These eines biblischen Christentums im Hintergrund.

27 Hier wäre in (religions-)historischer Perspektive sicher genauer zu differenzieren: Der als Christus interpretierte Jesus von Nazareth ist kaum in dem Sinne eine Gründergestalt, wie dies die frühen Theoretiker des Sozialismus sind. In bezug auf das Christentum denke man etwa an die kontrovers diskutierte Bedeutung des *Paulus* als seines ›eigentlichen‹ Gründers.

28 Im Gegensatz zu seiner Mitgliedschaft in der reformierten Kirche hat Bichsel der Sozialdemokratischen Partei der Schweiz 1995 den Rücken gekehrt. Der Anlaß seines Austritts war allerdings nicht eine globale Enttäuschung über die Entwicklung der institutionalisierten Sozialdemokratie, sondern, konkreter, ein sprachkritisch motivierter Widerspruch gegen einen Wahlslogan der SP des Kantons

Solothurn. Vgl. Peter Bichsel, *Ich kann nicht schweigen*, in: Tages-Anzeiger, 5. Juli 1995, S. 7.

29 Die Abschnitte, welche die gesellschaftliche Rolle der Schweizer Armee betreffen, tragen wohl mit am stärksten die Signatur der Jahre, in denen sie formuliert wurden. Hier vollzog sich innert kürzester Zeit ein erheblicher Bedeutungsverlust, so daß die Beschreibungen auf die Gegenwart kaum mehr zutreffen – im Gegensatz zu einer Reihe anderer Beobachtungen des Autors. Vgl. Peter Bichsel, *Die Totaldemokraten. Aufsätze über die Schweiz*, Frankfurt am Main: Suhrkamp 1998.

30 »Das Erzählen, nicht sein Inhalt ist das Ziel der Literatur.« (Bichsel, *Der Leser, das Erzählen*, S. 8) »Einen Geschichtenerzähler tötet man damit, daß man ihn auf die Realität verpflichtet.« (Ebd., S. 9) »Eine Geschichte trägt die Besänftigung der Welt in sich.« (Ebd., S. 12) »Während ich Geschichten erzähle, beschäftige ich mich nicht mit der Wahrheit, sondern mit den Möglichkeiten der Wahrheit. Solange es noch Geschichten gibt, so lange gibt es noch Möglichkeiten.« (Ebd.) »Vor Wörtern, die man nicht in Mehrzahl setzen kann, sei gewarnt.« (Ebd., S. 23; mit Bezug auf die nicht nur historiographisch fatale Singularisierung der Geschich*ten* auf die Geschichte.) »Die Literatur hat die Aufgabe und den Sinn, die Tradition des Erzählens fortzusetzen, weil wir unser Leben *nur* erzählend bestehen können.« (Ebd., S. 95) »Die Welt würde besser aussehen, wenn wir unserem Freund und unserer Freundin ihre Geschichten gestatten würden und unserem kranken Nachbarn auch.« (Ebd., S. 97, Schlußsatz). – Zu Recht wird man den Aspekt des *Schreibens* vermissen. Wie es scheint, wird die produktionsästhetische Reflexion von der Zentralstellung der genannten Vollzüge aber verdrängt bzw. geht sie in diese ein. Man vergleiche bereits den Titel der Frankfurter Vorlesungen, insbesondere aber die vierte, *Joyce zum Beispiel* (*Der Leser. Das Erzählen*, S. 61-76).

31 Die Begriffe sind bekanntlich problematisch, weil sie nicht zum Ausdruck bringen, daß die jeweiligen heiligen Schriften innerhalb des Systems der betreffenden Religionen sehr verschiedene Stellungen einnehmen. Religionswissenschaftlich betrachtet sind heilige Schriften *ana*loge, nicht aber *homo*loge Phänomene.

32 Vgl. auch die Kolumne *Die Leser* (1995), in: Kolumnen, Kolumnen, S. 538-540.

33 Zu Bruder Klaus die Anmerkung IV, 54 in diesem Band.

34 Bichsel spricht hier – gezielt oder nicht – etwas unscharf einmal von »religiösen«, dann wieder von »heiligen« Büchern oder Schriften.

35 Es ist längst nicht die einzige, vgl. etwa Bichsel, *Es gibt nur Eine Sprache*.

36 Man muß wohl aber gerade hier, wo die Spannung aufgelöst zu werden scheint, ganz genau lesen. Denn das »auch« des zitierten Satzes kollidiert mit einer signifikanten Abweichung zum Ausspruch des Feuerwehroffiziers, den er zu zitieren vorgibt: Aus dem »nur religiöse Bücher« (171) wird in seiner Aufnahme ein »*fast* nur religiöse Schriften« (183, kursiv von mir, Vf.).

37 Bichsel hat das Problem an anderem Ort (und ohne ausdrückliche Bezugnahme auf das Religionsthema) auf die Opposition »Lesen« vs. »Zuhören« gebracht: »Lesen ist eine Form von Zuhören. Damals konnte ich das noch. Inzwischen bin ich etwas gebildeter und routinierter und beginne beim Lesen voreilig zu verstehen. Das kann ich nicht mehr ändern – es gibt kein Zurück in die Naivität. Aber ich lese meinen Jean Paul und versuche mich zum mindesten ein wenig zu weigern, ihn zu verstehen, um ihm zuhören zu können.« Bichsel, *Vom voreiligen Verstehen* (2008), in: ders., Heute kommt Johnson nicht. Kolumnen 2005-2008, Frankfurt am Main: Suhrkamp 2008, S. 150-153, S. 153.

38 Hier wäre weiter zu fragen, ob dies in besonderer Weise für den erzählten und erzählenden Helden der Evangelien gilt oder für andere Erzähler auch.

39 Vgl. Hebels freie Paraphrase des »Speisewunders« in der Geschichte der Witwe von Zarpat (1. Kön 17,7-16): Johann Peter Hebel, *Biblische Geschichten*, Nachwort von Iso Camartin, Zürich: Manesse 1992, S. 139-141 (»Elias, der Prophet«).

40 Vgl. Peter Bichsel, *Dezembergeschichten*, hg. v. Adrienne Schneider, Frankfurt am Main: Insel 2007 (Insel-Bücherei, Nr. 1295).

41 Die Probleme, die sie nach sich zieht, werden mit keinem Wort erwähnt, geschweige denn geklärt: »Geschichte« erscheint hier sowohl als allgemeiner Überbegriff wie als konkreter Typus (Mißachtung bzw. terminologische Konfusion unterschiedlicher Beschreibungsebenen); Kinder- und Weihnachtsgeschichten werden als strikt zu unterscheidende Typen eingeführt (Problem der Trennschärfe

und Möglichkeit von Mehrfachzugehörigkeiten); schließlich könnte man fragen: und die Räubergeschichten (Vernachlässigung anderer etablierter Typen bzw. Problem der Vollständigkeit der Typologie)?

42 Ebd.

43 Das gleiche Problem kommt auch in der Kolumne *Heute ist Sonntag* (2005) zur Sprache, ausgehend von der Beobachtung des eigenen fast zwanghaften Rituals, ein Sonntagsessen herzurichten, obwohl der Autor eigentlich größere Lust hat auf eine gewöhnliche Bratwurst. »Aber es ist Sonntag, und am Sonntag gibt es ein Sonntagsessen – ob es mir paßt oder nicht. [...] Ein Sonntag ohne Ritual ist halt dann kein Sonntag mehr.« S. 103.

44 Vgl. Bichsel, *Zur Stadt Paris*, Frankfurt am Main: Suhrkamp 1993, Motto [S. 8, unpag.] und S. 44 (»Sehnsucht«.)

45 Peter Bichsel, *Eingesperrt in Sprache. Poetikvorlesung auf dem Symposium »Nationale Literaturen heute – ein Phantom?«* (2003), in: ders., Das süße Gift der Buchstaben. Reden zur Literatur, Frankfurt am Main: Suhrkamp 2004, S. 133-142, S. 136.

# Nachweise

## Motto

Peter Bichsel, *so ist es* (1957), in: Peter Hamm (Hg.), Aussichten. Junge Lyriker des deutschen Sprachraums, München: Biederstein 1966, S. 136.

## I. Schaut die Lilien auf dem Felde: Predigten

»*Der Herr ist dein Trotz*« *(Spr 3,26)*, Predigerkirche Zürich, 5. Mai 1988, unter dem Titel *Der Herr ist mein Trotz!* in: Neue Wege, 82 (1988), 7/8, S. 201-204.

»*Selig sind die Friedfertigen*« *(Mt 5,9)*, Büren a. A., 5. März 1989, in: Franz Hohler (Hg.), Festhalten. Ein Jahrbuch, Bern: Zytglogge 1990, S. 75-82.

»*Schaut die Lilien auf dem Felde*« *(Mt 6,28)*, Offene Kirche Elisabethen Basel, 24. Januar 1999, Erstpublikation.

»*Ein Mann veranstaltete ein großes Gastmahl*« *(Lk 14,16-24)*, Großmünster Zürich, 17. September 2006 (Bettag), Erstpublikation.

»*Aber die Schlange war listiger als alle Tiere*« *(Gen 3,1-7)*, Christkatholische Kirche Zürich, 15. März 2007, Erstpublikation.

## II. 24. Dezember: Geschichten

*24. Dezember*, in: Peter Bichsel, Zur Stadt Paris. Geschichten, Frankfurt am Main: Suhrkamp 1993, S. 71-77.

*Lesebuchgeschichte*, in: Peter Bichsel, Zur Stadt Paris. Geschichten, Frankfurt am Main: Suhrkamp 1993, S. 28-32.

*Kinderfragen – Warum ist der Himmel so weit von der Erde entfernt? Wieso gibt es nur männliche Gartenzwerge? Warum dürfen Kinder nicht alles tun, was die Erwachsenen tun?*, in: Das Plateau, Nr. 34, April 1996, S. 20-22.

## III. Das Fest des Dazugehörens: Kolumnen

Die Kolumnen werden im Folgenden nicht nach ihren Erstdrucken in verschiedenen Zeitungen und Zeitschriften nachgewiesen, sondern nach der Gesamtausgabe (*Kolumnen, Kolumnen*, Frankfurt am Main: Suhrkamp 2005; = KK) bzw. nach dem zuletzt erschienenen Band (*Heute kommt Johnson nicht. Kolumnen 2005-2008*, Frankfurt am Main: Suhrkamp 2008; = J).

*Im Winter muß mit Bananenbäumen etwas geschehen* (1977), in: KK, S. 123-126.

*Nostradamus* (1982), in: KK, S. 184-186.

*Dummheit ist Macht* (1985), in: KK, S. 247 f.

*Die heilige Zeit der Gewalt* (1987), in: KK, S. 302-304.

*Feiertage* (1991), in: KK, S. 412-414.

*Zum Beispiel das mit den Käfern* (1993), in: KK, S. 492-494.

*Die Weihnachtsgeschichten* (1995), in: KK, S. 536-538.

*Erzählen gegen den Tod* (1996) in: KK, S. 561-563.

*Probleme, Probleme* (1997), in: KK, S. 563-565.

*Ein außerordentlich flugtüchtiger Engel* (1998), in: KK, S. 626-629.

*Weiße Weihnachten* (2001), in: KK, S. 694-696.

*Vor dem Haus steht ein Baum* (2002), in: KK, S. 716-718.

*Die Linsen meiner Mutter* (2003), in: KK, S. 735-737.

*Die heilige Zeit* (2003), in: KK, S. 756-759.

*Der Glaube an die Muskatnuß* (2004) in: KK, S. 764-766.

*Heute ist Sonntag* (2005), in: J, S. 15-18.

*Etwas weihnächtliche Nostalgie* (2005), in: J, S. 42-45.

*Von der Macht und der Weisheit* (2006), in: J, S. 78-81.

*Das Fest des Dazugehörens* (2007), in: J, S. 142-145.


## IV. Wie christlich sind die Christen? Essays und Reden

*Christentum und Politik*, ca. 1970, Vortrag (Kontext nicht mehr rekonstruierbar), Erstpublikation, Archiv Peter Bichsel, Schweizerisches Literaturarchiv Bern.

*Abschied von einer geliebten Kirche*, Vortrag im Rahmen der Tagung »Ich gehöre (auch/noch) zur Kirche – Was bedeutet ihr das?« des Evangelischen Studienzentrums Boldern, 17./18. November 1979, in: Peter

Bichsel, Schulmeistereien, Frankfurt a/M: Suhrkamp 1998 (Darmstadt: Luchterhand 1985), S. 108-120.

*Sport als Religion?*, ca. 1980, Erstpublikation, Archiv Peter Bichsel, Schweizerisches Literaturarchiv Bern.

*Wie christlich sind die Christen?*, Vortrag in Basel, 1981, in: Peter Bichsel, Schulmeistereien, Frankfurt a/M: Suhrkamp 1998 (Darmstadt: Luchterhand 1985), S. 121-129.

*Der abwesende Krieg*, Rede zur Friedenswoche in Bergen, November 1981, in: Peter Bichsel, Schulmeistereien, Frankfurt a/M: Suhrkamp 1998 (Darmstadt: Luchterhand 1985), S. 158-162.

*Das Geschäft mit der Angst*, in: Sämann. Monatszeitung der reformierten Kirchen Bern-Jura-Solothurn, Juni 1984, S. 2.

*Wieviel Sicherheit braucht der Mensch?*, Vortrag im Evangelischen Studienzentrum Boldern, 11. März 1989, Erstpublikation, Archiv Peter Bichsel, Schweizerisches Literaturarchiv Bern.

*»Frau Müller, Sie sind verhaftet«. Ein Plädoyer*, in: Sämann. Monatszeitung der reformierten Kirchen Bern-Jura-Solothurn, April 1997, S. 1.

*Von der Erfindung der heiligen Schriften*, Rede zur Verleihung des Ehrendoktorats der Theologischen Fakultät Basel, 26. November 2004, Frankfurt am Main: Suhrkamp 2005. Zuerst in: Theologische Zeitschrift 61 (2005), Nr. 1, S. 4-13.

*Man muß sie gesehen haben*, in: Prospektiv. Theologisches und Religionswissenschaftliches aus Basel (Magazinbeilage zur »Reformierten Presse«), Nr. 1, 2007, S. 3-4.


## V. Das Recht, ein Anderer zu werden: Dorothee Sölle und Peter Bichsel im Gespräch

Gespräch in der Aula der Universität Zürich, 23. Februar 1989, Veranstaltung der Evangelischen Hochschulgemeinde, Moderation Erwin Koller, ehemaliger Ressortleiter »Gesellschaft und Religion« des Schweizer Fernsehens DRS, in: Dorothee Sölle; Peter Bichsel; Klara Obermüller, Teschuwa – Umkehr. Zwei Gespräche, Zürich: Pendo 1998, S. 67-115.

# Peter Bichsel
## im Suhrkamp Verlag

## suhrkamp taschenbücher
### Eine Auswahl

**Isabel Allende**
- Fortunas Tochter. Roman. Übersetzt von Lieselotte Kolanoske. st 3236. 483 Seiten- Das Geisterhaus. Übersetzt von Anneliese Botond. st 1676. 500 Seiten
- Paula. Übersetzt von Lieselotte Kolanoske. st 2840. 496 Seiten.
- Porträt in Sepia. Übersetzt von Lieselotte Kolanoske. st 3487. 512 Seiten
- Zorro. Roman. Übersetzt von Svenja Becker. st 3861. 443 Seiten

**Ingeborg Bachmann.** Malina. Roman. st 641. 368 Seiten

**Jurek Becker**
- Amanda herzlos. Roman. st 2295. 384 Seiten
- Jakob der Lügner. Roman. st 774. 283 Seiten

**Louis Begley**
- Lügen in Zeiten des Krieges. Roman. Übersetzt von Christa Krüger. st 2546. 223 Seiten
- Schmidt. Roman. Übersetzt von Christa Krüger. st 3000. 320 Seiten
- Schmidts Bewährung. Roman. Übersetzt von Christa Krüger. st 3436. 314 Seiten

**Thomas Bernhard**
- Alte Meister. Komödie. st 1553. 311 Seiten
- Holzfällen. st 3188. 336 Seiten
- Ein Lesebuch. Herausgegeben von Raimund Fellinger. st 3165. 112 Seiten
- Wittgensteins Neffe. st 1465. 164 Seiten

## Peter Bichsel
- Cherubin Hammer und Cherubin Hammer. st 3165. 112 Seiten
- Kindergeschichten. st 2642. 84 Seiten

## Ketil Bjørnstad
- Villa Europa. Roman. Übersetzt von Ina Kronenberger.
  st 3730. 535 Seiten
- Vindings Spiel. Roman. Übersetzt von Lothar Schneider.
  st 3891. 347 Seiten

## Lily Brett
- Einfach so. Roman. Übersetzt von Anne Lösch.
  st 3033. 446 Seiten.
- Chuzpe. Übersetzt von Melanie Walz. st 3922. 334 Seiten

**Truman Capote.** Die Grasharfe. Roman. Übersetzt von Annemarie Seidel und Friedrich Podszus. st 1796. 208 Seiten.

## Paul Celan
- Die Gedichte. Kommentierte Gesamtausgabe in einem
  Band. Herausgegeben und kommentiert von Barbara Wiedemann. st 3665. 1000 Seiten
- Gesammelte Werke in sieben Bänden. st 3202-3208. 3380 Seiten

**Lizzie Doron.** Warum bist du nicht vor dem Krieg gekommen? Übersetzt von Mirjam Pressler. st 3769. 130 Seiten

**Marguerite Duras.** Der Liebhaber. Übersetzt von Ilma Rakusa. st 1629. 194 Seiten

## Hans Magnus Enzensberger
- Der Fliegende Robert. Gedichte, Szenen, Essays.
  st 1962. 350 Seiten
- Gedichte 1950 – 2005. st 3823. 253 Seiten
- Josefine und ich. Eine Erzählung. st 3924. 147 Seiten

**Louise Erdrich**
- Der Club der singenden Metzger. Roman. Übersetzt von
  Renate Orth-Guttmann. st 3750. 503 Seiten
- Die Rübenkönigin. Roman. Übersetzt von Helga Pfetsch.
  st 3937. 440 Seiten

**Laura Esquivel.** Bittersüße Schokolade. Roman. Übersetzt von
Petra Strien. st 2391. 278 Seiten

**Max Frisch**
- Homo faber. Ein Bericht. st 354. 203 Seiten
- Mein Name sei Gantenbein. Roman. st 286. 304 Seiten
- Stiller. Roman. st 105. 438 Seiten

**Carole L. Glickfeld.** Herzweh. Roman. Übersetzt von Char-
lotte Breuer. st 3541. 448 Seiten

**Philippe Grimbert.** Ein Geheimnis. Roman. Übersetzt von
Holger Fock und Sabine Müller. st 3920. 154 Seiten

**Katharina Hacker**
- Der Bademeister. Roman. st 3905. 207 Seiten
- Die Habenichtse. Roman. st 3910. 308 Seiten

**Peter Handke**
- Kali. Eine Vorwintergeschichte. st 3980. 160 Seiten
- Mein Jahr in der Niemandsbucht. st 3084. 632 Seiten

**Marie Hermanson**
- Der Mann unter der Treppe. Übersetzt von Regine Elsässer.
  st 3875. 250 Seiten.
- Muschelstrand. Roman. Übersetzt von Regine Elsässer.
  st 3390. 304 Seiten.
- Das unbeschriebene Blatt. Roman. Übersetzt von Regine
  Elsässer. st 3626. 236 Seiten

**Hermann Hesse**
- Das Glasperlenspiel. Versuch einer Lebensbeschreibung des Magister Ludi Josef Knecht samt Knechts hinterlassenen Schriften. st 2572. 616 Seiten
- Der Steppenwolf. Roman. st 175. 288 Seiten
- Siddhartha. Eine indische Dichtung. st 182. 136 Seiten
- Unterm Rad. Materialienband. st 3883. 315 Seiten

**Yasushi Inoue.** Das Jagdgewehr. Übersetzt von Oskar Benl. st 2909. 98 Seiten

**Uwe Johnson**
- Mutmassungen über Jakob. Roman. st 3128. 298 Seiten
- Eine Reise nach Klagenfurt. st 235. 109 Seiten

**James Joyce.** Ulysses. Roman. Übersetzt von Hans Wollschläger. st 2551. 988 Seiten

**Franz Kafka**
- Amerika. Roman. Mit einem Anhang (Fragmente und Nachworte des Herausgebers Max Brod). st 3893. 310 Seiten
- Das Schloß. Roman. st 3825. 423 Seiten. st 2565. 432 Seiten
- Der Prozeß. Roman. st 2837. 282 Seiten

**Daniel Kehlmann.** Ich und Kaminski. Roman. st 3653. 174 Seiten.

**Andreas Maier.** Wäldchestag. Roman. st 3381. 315 Seiten

**Magnus Mills**
- Die Herren der Zäune. Roman. Übersetzt von Katharina Böhmer. st 3383. 216 Seiten
- Indien kann warten. Roman. Übersetzt von Katharina Böhmer. st 3565. 229 Seiten
- Zum König! Roman. Übersetzt von Katharina Böhmer. st 3865. 187 Seiten

**Cees Nooteboom**
- Allerseelen. Roman. Übersetzt von Helga van Beuningen. st 3163. 440 Seiten
- Rituale. Roman. Übersetzt von Hans Herrfurth. st 2446. 231 Seiten.

**Elsa Osorio.** Mein Name ist Luz. Roman. Übersetzt von Christiane Barckhausen-Canale. st 3918. 434 Seiten

**Amos Oz.** Eine Geschichte von Liebe und Finsternis. Roman Übersetzt von Ruth Achlama. st 3788 und st 3968. 829 Seiten

**Marcel Proust.** In Swanns Welt. Auf der Suche nach der verlorenen Zeit. Übersetzt von Eva Rechel-Mertens. st 2671. 564 Seiten

**Ralf Rothmann**
- Junges Licht. Roman. st 3754. 236 Seiten
- Stier. Roman. st 2255. 384 Seiten

**Hans-Ulrich Treichel**
- Menschenflug. Roman. st 3837. 234 Seiten
- Der Verlorene. Erzählung. st 3061. 175 Seiten

**Mario Vargas Llosa**
- Das böse Mädchen. Roman. Übersetzt von Elke Wehr. st 3932. 395 Seiten
- Tante Julia und der Kunstschreiber. Roman. Übersetzt von Heidrun Adler. st 1520. 392 Seiten

**Martin Walser.** Ein fliehendes Pferd. Novelle. st 600. 151 Seiten

**Carlos Ruiz Zafón.** Der Schatten des Windes. Übersetzt von Peter Schwaar. st 3800. 565 Seiten